Jim Collins
Bill Lazier

Beyond
Entrepreneurship
2.0

Turning Your Business
into an Enduring Great Company

[美] 吉姆·柯林斯
[美] 比尔·拉齐尔　著

陈劲　姜智勇　译

中信出版集团 | 北京

图书在版编目（CIP）数据

卓越基因 /（美）吉姆·柯林斯，比尔·拉齐尔著；
陈劲，姜智勇译. -- 北京：中信出版社，2022.5（2024. 7重印）
　书名原文：Beyond Entrepreneurship 2.0：Turning
Your Business into an Enduring Great Company
　ISBN 978-7-5217-4038-7

　Ⅰ.①卓⋯ Ⅱ.①吉⋯ ②比⋯ ③陈⋯ ④姜⋯ Ⅲ.
①企业管理 Ⅳ.① F272

中国版本图书馆 CIP 数据核字（2022）第 039598 号

卓越基因

著者：　　　[美] 吉姆·柯林斯　　[美] 比尔·拉齐尔
译者：　　　陈劲　姜智勇
出版发行：中信出版集团股份有限公司
　　　　　　（北京市朝阳区东三环北路 27 号嘉铭中心　邮编　100020）
承印者：　　北京通州皇家印刷厂

开本：880mm×1230mm　1/32　　　印张：12.5　　　字数：320 千字
版次：2022 年 5 月第 1 版　　　　印次：2024 年 7 月第 9 次印刷
京权图字：01-2021-6034　　　　　书号：ISBN 978-7-5217-4038-7
定价：89.00 元

谨以此书献给

我们的至爱：乔安妮和多萝西

目　录

优秀，
是卓越最大的敌人

吉姆·柯林斯的系列作品我都认真拜读过。作为一位管理学大师，他的管理思想深刻影响着全世界的创业者、管理者、企业家。

如何面对今天这样复杂多变，高度不确定的时代？一方面当然是试图理解驱动变革的根本原因和未来发展的大趋势，而另一方面则是试图理解什么是不变的。这是愿景和定力的结合。

阅读经典是理解什么是不变的重要途径。柯林斯的《基业长青》《从优秀到卓越》毫无疑问是管理学的经典之作。每次翻阅，总有些启发。

这本书的原版是作者在1992年出版的第一本书，《从优秀到卓越》《基业长青》两本书的主要观点这本书已经基本都触及了。这本书可以称得上是吉姆·柯林斯的开山之作。

这本书研究的对象以中小型企业为主，所以这本书有个很大的优点：对于如何行动，有更具体的建议。例如，第三章对怎样培养领导力有很详细的建议，他对领导力做了领导职能与领导风格的重要区分；第四章对如何制定愿景到战略到战术有具体的流程介绍。当然，这是很经典的思路。在今天快速多变的环境下，战略需要不断地迭代创新，有机生长。这对组织提出了更高的要求，这些观点我在《智能战略》一书中有完整的介绍。第七章对中小型企业常见的四个战略问题也做了展开讨论。所以，本书对更多的创业者而言更友好，更有具体的帮助作用。

柯林斯在书中提到，"卓越"需要初期的建造和持久的培育，并提出从7个维度打造卓越基因，包括用人决策、领导风格、愿景确立、战略、创新、战术、运气。其中愿景、战略、创新和领导力尤其重要。但实际上，追求卓越是个巨大的挑战，因为它意味着企业最终必须在各个方面都做到出类拔萃。伟大的愿景要求创新的战略，更需要卓越的领导力和组织保障。这是一个持续进步的过程。

柯林斯另一个非常重要的观点是：优秀，是卓越最大的敌人。我最早看到这个观点的时候，虽然觉得很新颖，但并不是太理解。但这些年陪伴不同的优秀企业家成长，对这点我有了深刻的领悟，并感同身受。

做到优秀很不容易，要超越大多数的人和企业，你需要变得更聪明，并且要更加努力。但相对于卓越，优秀是看得见、摸得着的。优秀需要努力的方向，必须是大多数人都认同的。更多，更好，更快，优秀比较容易形成正反馈。

但卓越完全不一样。卓越是实现近乎不可能的事情。卓越都是事后认定的。这是因为，创造卓越的人，他们的所思所为是如此超前和与众不同，以至在很长一段时间内都得不到认同。只是因为最后强大的结果让大家不得不接受，才有了所谓"卓越"的最后认同。这就是走向卓越的极为艰难的旅程。谷歌、亚马逊等巨头在早期都遇到过巨大的融资压力和生存危机，几乎无一例外。而马斯克让人敬重，就是因为他总在挑战不可能，从特斯拉到 SpaceX（太空探索技术公司）。

当在会议中越来越多地提到大多数企业都是这样做，所以我们也要这么做时，我们其实已经走向优秀，甚至是平庸。有勇气挑战常规，是追求卓越的基本要求。这本书单辟章节把战略、愿景列为企业需要打造的卓越基因，原因就在这里。

这本书很出彩的一个部分，是柯林斯三十年后对这本书的点评和更新。一方面，不再关心名声的作者更加关注问题的本质，也更关心人本身。例如，对自己导师比尔的回忆，既给人启迪，又让人感动。作者的成长也完整地践行了自己的建议。而第二章强调"先人后事"这一原则的第一重要性，反映了作者这些年思考的沉淀，我也很认同。第五章，对于坚持与运气关系的阐述也能看出作者三十年积累的智慧。第六章从优秀到卓越的路径图，总结了作者的管理思想，他在书中写道："我的目标是将自己对卓越企业的毕生心得浓缩成一张路径图。"柯林斯提出了一个整合的思考框架，可以帮助读者更好地理解走向卓越的整体思路。值得一提的是，我个人认为，优秀是可以追求的，但卓越不可以。卓越是在追求使命和愿景的过程中自然实现的。所以，看柯林斯的书，需要深刻理解他的观点和心得，在实践中慢慢消化，但不能简单照搬。很多人不认同使命和愿景的重要性，其实也很正常，因为他们对卓越没有追求。

像作者的其他几本书一样，这本书也充满了金句，值得反复咀嚼。例如，"有意义的工作是最了不起的"；"领导力是一门艺术，它让人渴望完成必须完成的事情"；"行之有效的企业领导力由两部分组成：领导职能和领导风格"；"亲身参与某些细节的处理能够有力地传达出重要的价值信号"；"我没有接连失败，我是在不断成长"；"必须先有愿景，再有战略，再有战术"；"雇用多样的人才，而不是多样的价值观"；"募集了太多风投资金的硅谷企业往往会丧失创新的灵感";"信任只是硬币的一面，它的另一面是严格的标准";"每登上一座高山，你都要为自己寻找下一座高山";"最后的秘诀——尊重"。

即使是最好的研究，往往也只是确认常识的正确和重要。然而，所谓常识，正是大多数人都知道却极少有人能做到的东西。所以，在这样复杂多变的环境下，最确定的其实就是回归常识。而这本书就是个很好的提醒。

曾　鸣

阿里巴巴集团前总参谋长

推荐序二

不要把成功的必要条件，当成充分条件

如果说每位大师在中国人心目中都有一个标签，那么，克莱顿·克里斯坦森的标签是"创新"，尤瓦尔·赫拉利的标签是"简史"，瑞·达利欧的标签是"原则"。

那么，今天这本书的作者吉姆·柯林斯呢？他的标签是：卓越。

什么是卓越？吉姆·柯林斯自己说：卓越的门槛至少是，在过去15年里，一家公司的累计股票收益率超过股市平均水平至少3倍。

原来这就是"卓越"。持续15年以上，盈利能力是"优秀"公司的3倍以上。这可是无数企业家的梦想。可是，怎么才能做到呢？

我读过柯林斯的第一本书，是一本超级畅销书，叫《从优秀到卓越》。这本书就是在尝试回答"如何变得卓越"的问题，非常棒。他在这本书里的一句警世金句广为流传：优秀，是卓越最大的敌人。这之后，我又读过《选择卓越》。你看，还是卓越。我还为他的另一本书《再造卓越》写过中译版推荐序。这本书的名字直译成中文是"巨头是如何倒下的"。它在中国出版时，名为《再造卓越》。倒下了，就站起来，继续追寻卓越。

吉姆·柯林斯把毕生的精力都花在了找到卓越的公司上，他分析它们，并寻找背后的普遍规律，然后把这些普遍规律写成书。而这一切的寻找，都是从今天你看到的这本书开始的。

这本书就是《卓越基因》，它其实是吉姆·柯林斯的第一本书，写于1992年。但是神奇的是，一直没有出过中文版。中国大部分的创业者、企业家，都是从《基业长青》《从优秀到卓越》开始了解柯林斯的管理思想的。这两本书，当然是超级经典的好书。它们都在2002年被《福布斯》评为20世纪20本最佳商业畅销书。一共20本，吉姆·柯林斯占了两本。也可能是这两本集大成的著作的光环，导致大家觉得回头再引入柯林斯的处女作意义不大吧。所以，这本书一直没有中文版。

但是，最近我收到出版社寄来的《卓越基因》的审读版。出版社告诉我，柯林斯对他这本30年前的处女作，做了很多的修订升级。出版社希望把这个升级版带给中国读者。

作为一名也写过不少商业书的作者，我知道，修订出版自己的处女作是一件多么不容易面对的事情。尤其是对一名已经功成名就的管理大师来说。30年后的自己给30年前的自己批改作业，改得多，说明当时的自己太幼稚；改得少，说明30年来的进步太小。左右为难，特别不容易。但是，我非常想强调，这样的批改对读者而言非常有价值。因为，我们能看到作者的思想是如何"一路走来"的。

于是，我抱着一种考古的心态，快速阅读。读完后，我心中的一个重要困惑终于被解开了。这个困惑就是，这个世界上到底有没有"卓越基因"，到底有没有企业能"基业长青"。

用这篇推荐序，谈谈我在这本书里找到的答案，谈谈我对吉姆·柯林斯整个管理思想体系的看法。

就像《基业长青》《从优秀到卓越》一样，这本书里的观点给了我很多启发。

如果说卓越就是持久的超级盈利能力，柯林斯说拥有这种能力的人，基本上都在这7个维度做得很优秀，这7个维度就是所谓的基因：用人决策，领导风格，愿景确立，运气，战略，创新，战术。

至于这7个维度的具体内容是什么，可能要麻烦你看书了。柯林斯说得很好，我就不再班门弄斧地复述了。这本书的章节安排，基本上对应了这些维度。柯林斯说，只要具备了这些要点，你就具备了卓越的基因。

除此之外，柯林斯甚至给出了从优秀到卓越的路径图。这个路径图分为4个阶段：

（1）训练有素的人。在这个阶段，他介绍了培养第5级经理人，先人后事的思想和方法。

（2）训练有素的思想。在这个阶段，他介绍了兼容并蓄的融合法，斯托克代尔悖论，刺猬理念。

（3）训练有素的行为。在这个阶段，他介绍了飞轮效应，日行20英里征程，"先子弹，后炮弹"。

（4）基业长青。在这个阶段，他介绍了具建设性的焦虑，造钟而非报时，保存核心、刺激进步，等等。

柯林斯说，只要做到这4个阶段包含的原则，你就能拥有一流的业绩，卓尔不群的影响力，长久发展的能力。

仔细读，7个维度，4个阶段。对真正的创业者来说，这些一定非常有启发意义。

但是，我为什么说我一直有个困惑呢？因为我读了柯林斯的很多书。他的表述，他的语气，似乎总是在试图建立一种因果之间的"充分条件"关系。我调研了很多企业，甚至用了"双盲实验"的方法，终于找到了"卓越"这个"果"的真正的"因"。你"只要"能做到这些，"就"能变得卓越。

"只要……就……"就是一种典型的"充分条件"归因法。你只要努力了，就能考上好大学。但是我们知道，努力只是考上好大学的"必要条件"。除了努力，你还需要正确的学习方法，聪明的报考策略，甚至一点点运气。努力，不是充分条件；努力，是必要条件。

果然，在《基业长青》里，被吉姆·柯林斯列为"卓越"的、被无数后辈公司学习的18家百年企业，在不到15年的时间里，都遇到了各种经营问题。它们中的大部分公司，甚至都没有跑赢股市的平均水平。也就是说，它们大部分都"从卓越回到优秀"了。

这是为什么？它们不是有"卓越基因"吗？它们衰退甚至倒下，是因为卓越基因消失了吗？

我在这本书里找到了答案。不是，是因为"卓越基因"是成功的"必要条件"。

什么是必要条件？

想要赢得蝶泳比赛，必要条件是什么？是你懂得正确的蝶泳姿势。这是必要的，是必须的。但是，懂得正确的蝶泳姿势，你就能赢得蝶泳比赛吗？当然不。因为参加比赛的每个人都会。

你会了，不一定能赢；你不会，就一定赢不了。这就是"必要条件"。

会用人，就能变成卓越企业吗？不。不少失败的企业，也挺会用人的。仅仅会用人，不一定会成功，你可能栽在产品不好上。但是不会用人，你几乎一定会死掉。用人，是卓越的必要条件。

有愿景，就能变为卓越企业吗？不。懂战略，就能变为卓越企业吗？不。会创新，就能变为卓越企业吗？不。都不一定。这些全部是卓越的必要条件。有了它们，不是一定能成功；但是没有它们，一定成不了。

不要把成功的必要条件当成充分条件。

理解了这件事后，再看吉姆·柯林斯的书，我豁然开朗。其实如何读他的著作的这把钥匙，一直藏在他 30 年前的这本处女作里，就藏在他的"7 个维度"的其中一个维度里。这个维度，就是运气。

如何正确看待运气？

柯林斯在书里写道：

"运气事件"的定义需要满足三个条件：第一，事件不是你引发的；第二，事件具有潜在的重大的结果（好的或坏的）；第三，事件具有不可预测的要素。问题的关键不在于你会不会遇上运气——你当然会，无论是好运还是霉运……关键在于，你如何利用这些运气。我已经开始相信，领导力是否卓越，一半以上取决于你如何应对意料之外的事情。

也就是说，成为卓越企业，其他 6 件事具有不到一半的重要性。另外一半多源于你如何处理"运气事件"。

那该怎么处理呢？

建议你仔细阅读这本书的这一章节。

感谢柯林斯，30 年来坚持不懈地研究"卓越"，并且分享他极富洞察力和说服力的见解。他的管理思想，也许深深影响了好几代创业者和企业家。

感谢出版社，把这一切的起点，这本《卓越基因》引入中国。让我们看到这位管理大师深邃思想的起点。

让我们一起，变得更卓越。

刘　润

润米咨询创始人

序言

本书的源起

多年前，我和比尔·拉齐尔合作撰写了《超越创业》（*Beyond Entrepreneurship*）一书。该书以我们在斯坦福大学商学院共同讲授的课程为基础，我们希望能绘制一张路径图，帮助那些中小企业领导者建立基业长青的伟大企业。

然而，实战经验和学术思考的融会贯通谈何容易，但是比尔做到了。《超越创业》蕴含着他多年积累的智慧。虽我后来还撰写（或者共同撰写）过几本关于卓越企业成功之道的著作，忝列《纽约时报》和《华尔街日报》图书畅销榜，但是很多企业领导者告诉我，《超越创业》这本书始终是他们最喜爱的作品。我在 2014 年 KIPP[①] 会议上初识网飞创始人里德·哈斯廷斯，他说他在创业初期把《超越创业》读了 6 遍，我当时的吃惊可想而知。斯坦福大学曾把网飞评为最具创业精神的企业，并为它颁发了 ENCORE 奖。里德·哈斯廷斯

———————————

① KIPP，知识就是力量项目，美国一种大学预科公立学校。——编者注

曾经建议年轻的 CEO（首席执行官）们"熟背《超越创业》前 86 页的内容"。在《超越创业》一书中，比尔化身创业者素未谋面的导师，激励创业者为建立真正卓越的、基业长青的企业而奋斗。

我决定再版《超越创业》，并把它升级为《卓越基因》（*Beyond Entrepreneurship* 2.0，简称 BE 2.0）。为什么再版？为什么选择现在？主要有以下三点原因。

第一，我始终对创业者和中小企业领导者怀有热忱的感情。他们是我最渴望获得的读者。这也许会让我的老读者感到惊讶，毕竟我的作品的研究对象都是成熟的大型企业。然而，这些企业的庞大规模或许掩盖了这样一个事实：无论是《基业长青》、《从优秀到卓越》还是《选择卓越》，作为其研究对象的大型企业都曾是微不足道的小型初创企业。我研究的是这些企业成立至今的完整历史。为什么有些企业能在早期阶段脱颖而出，成长为长盛不衰的卓越企业，而别的企业没有做到这一点？这是我探究的重点。

第二，我积累了全新的素材，它们对如今的创业者和中小企业领导者具有直接的助益。新的素材涉及组织的用人决策、领导力、愿景、战略、运气的作用等等，而本书的再版是提出和阐释这些新素材的绝佳选择。在阅读本书的过程中，读者可以把它看作一座添置了重要装饰的老房子。新内容或者独辟全新的章节，或者以"插入式叙述"的形式出现。无论采用哪种形式，所有新内容都会标注"吉姆·柯林斯最新思考"。新内容占全书近一半的篇幅。我保留了比尔和我在 1992 年最初版本里的所有篇章和全部文本，未做改动（仅做几处修正和微调）。

第三，也是最重要的一点，再版是为了纪念比尔·拉齐尔，为了把他的精神遗产传承下去。比尔不仅是我的合著者，更是我最重要的人生导师。是他塑造了今天的我，成就了我如今的人生。早在 2004

年比尔去世时，我就想写一些纪念文章，记录他为人们带来的深远影响。在这篇序言之后，我会分享比尔的故事，讲述我从他睿智而慷慨的灵魂中学到的一切，让更多人认识这位曾经影响了数千位后来者的可敬师长。

希望本书能帮助你打造一家伟大企业，希望它能把比尔的谆谆教导带入你和你领导的那些人的生活。

吉姆·柯林斯

美国科罗拉多州，博尔德市

2020 年 3 月 2 日

第一章

我和我的导师比尔

比尔·拉齐尔是我生活中最接近父亲角色的人。在我23岁时，我的父亲去世了。他从未花时间教过我如何判别是非对错，更没有提到过核心价值观和性格品质问题。我的青少年时代恰逢20世纪70年代越南战争结束和水门事件的落幕。那个时代全无远大的事业观、方向感或者使命感可言。直到1980年大学毕业时，我从未和我的同学讨论过服务于社会的话题，也没有考虑过以此作为人生的主题的可能性。我们很少谈到怎样遵循一套核心价值观，用它来指导自己的事业。20岁出头时，我总是有种挥之不去的痛苦感——我好像错过了某些重要的东西。它们是什么？我说不清，也道不明。

接下来，我遇见了比尔。

快过25岁生日时，我正在斯坦福大学商学院读大二。就在这时，"人运"（who luck）与我不期而遇了。"人运"指的是一个人遇见贵人、改变自身命运的可能性。比尔当时50多岁，是一位成功的企业家和创业家。斯坦福大学商学院教务长向比尔抛出了橄榄枝，邀请他到校讲授一门选修课。比尔欣然接受了斯坦福的邀请。他决定把积累多年的实践智慧分享给学生，把主要精力从创办新企业转到了年轻领导者的培养上。我当时正想换一门选修课，结果随机选课系统恰好把我分到了比尔平生的第一堂课上。我问周围的同学："谁听说过拉齐尔教授？"每个人都在摇头。"好吧，我先上几节课，看看这位老师怎么样。"

我做对了。假如选课系统把我分配到别的课堂，假如我中途放弃了这门课，我也许永远不会是今天的我，也不会有今天的诸多成就。这本书将不可能存在，其他由我撰写（或者合作撰写）的著作也不可能问世，例如《基业长青》《从优秀到卓越》《再造卓越》《选择卓越》等。我有幸做过的研究和由此撰写的著作统统不可能存在。最重要的是，我的个人品质——实际上也是我的核心价值观——一定是另一副完全不同的模样。

不知道为什么，比尔似乎对我很感兴趣。也许他当时已经感觉到我就像一台能量充沛的推进器，苦于没有明确的目标来指引方向。他定期邀请我和乔安妮（我的太太）到他家做客，与他和多萝西（他的太太）共进晚餐。即使我毕业后，比尔的邀请也从未间断。他用这样的方式促使我努力思考——怎样最好地发挥自身的才华，做出不同凡响的贡献。比尔的做法既温和又执着，不断激励着我投身科研、写作和教学工作。

1988年，在我刚满30岁时，比尔为我做了一个真正勇敢的决定。我的人生从此发生了翻天覆地的变化。当时，斯坦福大学商学院突然失去了一位明星教授，这位教授本来和比尔搭档，为他的"创业与小型企业"课讲授辅导课程，这门课很受欢迎。教务长急于找到一位"真正的"人选，补上下个学年的教职空缺。他们问比尔有没有合适的人选，比尔推荐了我。

教务长对此深表怀疑，比尔极力为我争取。比尔说："我非常相信他，而且我会负责指导他。我们教的是同一门课，只是分讲不同的部分，我会带着他的。"

教务长也没有别的人选，只好同意了比尔的提议。他把希望放在比尔身上，希望他能把好关，不要让我表现得太糟糕。

想象一下，假如你是一名小联盟的年轻投手，有一天，大联盟球队的大巴车在开往新洋基球场的路上抛锚了，比赛即将开始。球队经理心急如焚地寻找一位能够上场投球的人，而你恰好站在旁边。这时，有人站出来对你说："嗨，年轻人，拿上手套和球，上场投球！"这就是我当初走进斯坦福大学的 MBA（工商管理硕士）课堂，填补一位明星教授空缺时的感受。

比尔交给了我一副极其沉重的担子——他信任我，对我充满期待——我不能让他失望。比尔指导我，教我怎样在最重要的时刻做出最好的表现。就好比我站在赛场边，面对一生中最重要的比赛，比尔教练对我说："你的机会来了。如果投得近乎完美，你就会有更多上场机会，这会改变你的一生。拿起手套，上场投球吧！"

结果，我在斯坦福大学商学院这座"新洋基球场"一口气征战了7个赛季。

比尔是谁

比尔的伟大之处并不在于他的成功。当然，无论从哪个方面来说，他无疑都是成功的。比尔是一位成功的创业家，即使在他离世后，他创办的企业也在创造工作岗位和财富。他还是一位成功的教师和学者，卓著的声望让他成为斯坦福大学法学院第一位南希与查理·芒格讲席教授（比尔退休于斯坦福大学法学院）。比尔对法学院的学生影响至深，为了纪念他，学生们把芒格研究生公寓的户外活动中心命名为拉齐尔庭院。比尔还是一位成功的社会工作者，他为很多社会事业贡献过时间和金钱，包括连续 6 年担任格林内尔学院董事会主席。

比尔最重要的身份还是导师。他不仅是我的导师，还是几百位年轻人的导师。因此，在开始本书的商业篇章之前，我想先分享一些来自比尔的人生经验，作为本书的开篇。这样的开篇无疑是恰当的，因为比尔早已通过自己的人生告诉我们：如果一个人连自己的生活都过不好，那就谈不上真正的成功。

永远不要扼杀慷慨的冲动

有一天，我家门口出现了两个巨大的木箱。木箱是比尔寄来的。我和乔安妮打开了木箱，发现里面装着几十瓶上好的红酒，产地包括法国、意大利和美国加州。我打电话给比尔，问他为什么突然寄来如此令人心满意足的好礼。比尔回答："我和多萝西遇到一个小问题，我们的酒窖满了，需要腾出些地方装新酒。于是，我们想到了你们，也许你们可以帮忙分担一些酒，解决一下我们的燃眉之急。"

比尔善于让别人接受他的慷慨馈赠，并让对方感到自己是在帮他的忙。我知道比尔有一座巨大的酒窖。我们不大相信他真的酒满为患了。此前不久，我和乔安妮在一次晚餐上和比尔说过，我们非常享受他选的红酒。比尔知道，我们当时还收藏不起如此上乘的好酒。于是，他决定送些酒给我们。这为我和乔安妮带来了甜蜜的烦恼——我们狭小的地下室里只有一个小小的架子可以放酒，该如何安顿这几十瓶佳酿呢？

在灿若群星的著名商业领导者中，比尔提到最多的是惠普公司的联合创始人威廉·休利特（即后文的比尔·休利特）。休利特认为，一家企业对它接触到的每个人，以及为之努力工作、助其成功的每个人都负有责任，他们有资格分享自己参与创造的财富。在20世纪40年代的美国企业界，这样的价值观尚未得到普及，但是休利特已经身体力行地做到了这一点，远远地走在时代的前面。惠普建立了惠及所有长期员工的利润分成和持股机制，成为最早做到这一点的少数几家科技公司之一。休利特也是最早捐出大部分个人财富的几位科技巨子之一。无论是在经营企业还是在生活中，休利特始终都遵循这样一条简单的格言，并经常把它挂在嘴边："永远不要扼杀慷慨的冲动。"

休利特对我们影响至深，比尔完全接受了这条格言。他相信，梦想不是独善其身的个人奋斗，而是想方设法地创造机会，做出对他人有益的事，不计回报地帮助别人。一个人可以奉献自己的财富，也可以奉献自己的时间，或者投身某项事业、报效祖国，可以选择教育事业培育下一代，也可以为了自己深信不疑的事业甘冒风险。对比尔来说，他做到了上述这一切，甚至比这更多。比尔的慷慨无私并没有耗尽他的精力，恰恰相反，他的无私奉献为他带来了更大的力量。他是如此慷慨，他给予别人的是如此之多，所以这一切最终为他带来了巨大的回报，大大增强了他的感恩之心。比尔又把这一切变成了更多的馈赠，这些馈赠又为他带来更多力量——如此循环往复、永无休止。慷慨之心就像飞轮一样转动不休，为比尔的人生积蓄了越来越高的动能。

关键时刻放手一搏

比尔的职业生涯始于一家声名显赫的会计师事务所。他在那里成为一名注册会计师。他的事业顺风顺水，他知道自己即将被提名为合伙人。

即将晋升为合伙人，比尔做何反应？

他选择了辞职。

比尔后来告诉我："我一直怀揣创业梦想。我想完成这次飞跃，创办属于自己的公司。我当时想，如果当上了合伙人，我可能就被套牢在一个名利双收的安乐窝里。惬意的日子可能让我的飞跃变得难上加难。"就这样，在即将成为合伙人的前夕，他毅然放弃了可能扼杀自己创业梦想的舒适和安全，选择了纵身一跃，跳向深渊的对岸。

要知道，当时不比现在。人们追求的是名望和中上阶层专享的安全保障。创业在当时被视为一种怪异的、离经叛道的职业选择，只有胆大疯狂的冒险家才会选择创业。对新婚未久、孩子尚小的职场人士来说，他们几乎不会放弃常规意义的成功之路，选择未知和冒险。但是，为了让近乎不可能的梦想变成现实，人们有时不得不倾尽一切，全身心投入，置之死地而后生。比尔认为，很多人没能实现自己的大胆梦想，是因为他们在关键时刻畏首畏尾，没有全身心投入。

需要说明的是，比尔并不是鼓励人们盲目地做出选择，倾尽所有、孤注一掷。相反，在大胆投入、一往无前之前，他会谨慎地选择。尽管如此，道理还是不言自明：为了不易实现的梦想倾尽所有无疑太冒险了，但是，如果不能在关键时刻放手一搏，实现梦想的机会就会从非常渺茫变成完全不可能。

如果比尔选择留在那家会计师事务所，那就等于选择了一生与数字打交道的生活方式，那就意味着一切都是摆明的、确定的。只要循规蹈矩，他的人生就会成为一幅岁月静好的画，这几乎是确定无疑的。但是比尔还有另一个选择，就是他最终做的那个选择。我们可以选择放弃笃定无疑的生活，放弃千篇一律的美丽画作，为自己选择一张空白画布，也许一幅传世杰作会由此诞生。

再后来，我同样迎来了自己的关键时刻。大约做了 5 年教师后，我遇到了一次决定命运的人生选择。当时的我可以选择随波逐流，走上传统的学术道路：攻读博士学位，沿着终身教职的漫长阶梯拾级而上。或者，我可以在学术圈之外开辟一条自己的路，把全部赌注押在自己的研究和写作上。

在那些年里，经常有学生问我，身为"创业教师"的内在矛盾是什么。终身教职的结构化和安全感与创业精神固有的冒险和不确定性有什么联系？我问自己："为什么不改变一下？与其做教人创业的教授，不如做创业的教授。"

我告诉比尔，我想"成为一名自主创业的教授，为自己授予讲席和终身教职"。他觉得这听上去很奇怪，也很难实现。比尔认为我天生就是教书的材料，是搞科研、写论文的好手，非常适合做教授。一开始，他极力劝导我，认为我应该走更传统、更稳定的学术道路。后来我告诉他，我仍然是教师、研究者、作家和教授——只是不再依托大学。比尔很反对，这个前所未有的大胆想法让比尔觉得匪夷所思。

我请比尔想想他自己的人生经历：在即将晋升为合伙人时，他选择了出走，义无反顾地走上另一条道路。我问比尔："如果当时你接受了人们的劝告，选择做一名安安稳稳的合伙人，而不是去创业，那么你现在的人生会是什么样？"他没有回答我的问题，但他脸上呈现出一丝稍纵即逝的微笑。现在回头看，我觉得比尔是在考验我，成为自主创业的教授离不开决心和投入，他想知道，我的信念到底够不够强。他对我的挑战完全出于情真意切的关心。

我和乔安妮做出了无法回头的决定。我们称它为"末路狂花般的一刻"。在这部经典电影的结尾，塞尔玛和路易丝把敞篷车开到了最高速度，手挽着手，决绝地冲向了沙漠深谷（我们和两位女主人公不同，我们想活着降落在深谷的另一边）。我们险些一败涂地。我们的现金储备几乎用光了，不止一次，我们觉得马上就要撞上悬崖峭壁了。但是，如果当时为自己留有退路，随时准备回归斯坦福舒适惬意的生活，我们当时的做法可能就会大大不同，可能少了很多决绝和投入。如果真是那样，我们实现成功的可能性就会从很低变成零。

如果一个人习惯了为自己留后路，也许他一生都在寻找退路……当回首往事时，他会因留有余地而悔恨，会因畏首畏尾而羞愧。

信任赌注

离开斯坦福远离尘嚣的生活和学府文化后，我接二连三地做出了糟糕的用人决定，总是信错了人。我向比尔讲述了自己的经历。我问他："比尔，有人辜负过你的信任吗？"

"当然了，这本来就是生活的一部分。"他回答。

我接着问："你有没有因此变得多疑，变得充满戒心？这些事让我增加了不少防人之心。"

比尔说："吉姆，这是人生中最重要的选择之一。你可以一直信赖某个人，直到不争的事实证明你是错的。你也可以先假设某人是不可信的，直到他（她）证明自己可信为止。我们只能在二者间做出选择。一旦选定，你就要坚定地相信。"

我猜比尔选择的是前者。我问他："但是，人并不总是可信的。这又如何是好呢？"

"我会把人往最好处想，同时准备好接受偶尔的失望。"

"照你这么说，我被伤害得还不够，是吗？"我继续挑战他。

"当然，我曾经因此撞得头破血流！"他斩钉截铁地回答，"而且这样的情况发生过不止一两次。尽管如此，更多的情况还是人们因此提高了自己，达到我相信他们能达到的水平。只要我真心地相信，人们就会感到自己有责任维系这份信任。吉姆，你有没有想过这样一种可能性，实际上，信任本身会让人变得更可信？"

"有些人会利用你的信任，对你造成伤害。"我不依不饶地说。

比尔讲了这样一件事，有人滥用了他的信任，让他损失了"很多钱，损失惨重"，但那并不是毁灭性的伤害。（比尔还教导我说："永远不要让别人有机会对你造成毁灭性伤害，要盯紧现金流。"）尽管如此，这件事造成的伤害还是相当深刻的，而且主导者是一位与比尔相识多年的人。

比尔为我分析了其中的得失。假如你相信一个人，对方没有辜负你的信任，这是一种极好的情况。对值得信任的人来说，这样的信任会让他们感到自身的价值，让他们充满动力。如果你的信任出了错，会有什么样的害处？只要没有把自己暴露在无法承担的损失面前，你就只是感到痛苦和失望，仅此而已。反过来想，不信任他人的积极一面是什么？你痛苦和失望的程度是最低的。不信任他人的消极一面是什么？比尔教导我，这也是他的观点中最关键的点，如果认为他人不值得信任，你就会让人们感到灰心丧气，让最优秀的人才离你而去。这就是比尔提到的"信任赌注"——要坚定地相信，胸怀坦荡地信任别人比狐疑寡信的好处大得多，害处小得多。

我问比尔："如果发现有人确实在利用你的信任，那么你会怎么办？"

"首先你要确认是不是存在误解，你的信任是不是超出了对方的能力范围。"

"超出能力范围？会有这种事？"

比尔回答："当然。信任的落空可以分为两种。第一种是你发现一个人的出发点是好的，但是他能力不足，这样你会失去对他能力的信任。第二种是对某人的人品丧失信心。你可以帮助能力不足的人提高能力，但是，如果发现一个人故意地、一再地利用你的信任，你就不能再信任他了。"

比尔对他人的信任和信心就像一块磁石，把人们聚拢在他身边。人们不仅实现了更高标准的作为，还因此培养了更高标准的性格品质。原因非常简单：他们不想让比尔的信任落空。偶尔的失望永远无法阻止比尔信任他人。他一次又一次对人们寄予厚望，甘愿为此押下赌注。当其中一些人证明了自己值得比尔的"信任赌注"时，他们在比尔的有生之年会始终忠诚于他。

交易与关系

比尔曾经对我说："终其一生，一个人可以选择不停地交易，也可以选择不断地建立关系。交易也许能带来成功，但是只有关系才能带来美好的人生。"

我问比尔："你怎么知道自己拥有非凡的关系？"

比尔想了想回答我："如果有人问你们，谁在这段关系中获益更多，你和对方都回答'是我'，那就是最好的关系。"

我不解地问："你不觉得这种看法有些自私自利吗？"

比尔解释说："并不，它说的是双方都为这段关系贡献良多，双方都感到自己变得更丰富、更充实了。我来问你，吉姆，在你我的关系里，谁受益更多？"

"哦，这个问题太简单了……当然是我！你给我的太多了。"

比尔笑着说："这就是我想说的。要我说，我的收获比你多。"

只有关系的双方都付出了，比尔的方法才是有效的。关键在于，双方想为这段关系贡献什么，而不是从中"获取"什么。

比尔是一位慷慨的导师。在比尔人生最后的 25 年里，他和数百位年轻人有过交集，或多或少地为他们提供过指导。我好奇地观察过比尔选择辅导哪些人，选择为哪些人提供持续不断的帮助。他们都懂得，接受导师的指导并不是"拉人脉""处感情"，也不是"多个导师多条路"。导师制度——既包括做导师，也包括接受导师的指导——是一种关系，而不是一项交易。

比尔为人宽厚，他认为，在我们年深日久的关系中，他才是获益最多的人。无论他怎么想，我都能感觉到，我从他的指导中得到的远远大于我所能回报他的。其他曾经受教于比尔的人告诉我，他们的感觉和我一样。比尔对我们所有人抱有一条未曾言明的期许。他希望自己指导过的人都能加入一种善的循环，接受指导的人终有一天能为后来人提供指导，再后来的人能把这一循环继续下去。薪火相传，绵延不绝。如此一来，导师关系就不再是一种双向关系，而是一个不断扩展的关系网络。它会远远超越导师和学生的生命本身。

从价值观开始，永远珍视价值观

比尔特别喜爱里昂比恩公司的案例，尤其喜欢和学生分享这家公司的创始人里昂·比恩的故事。比恩的决策更多地从核心价值观出发，而不是公司的发展和收入的最大化。对此，比尔一直津津乐道。这一点和 MBA 教育中常见的心智模式大异其趣，后者以更多的收入为目标，而里昂·比恩更多地选择分享财富。他用这些钱更好地照顾顾客，像对待老朋友一样善待他们，他用这些钱培养出令人自豪的企业文化，然后把更多时间花在公司之外。在比尔看来，创业的成功主要不在于一个人做了什么，而是一个人成为什么样的人。伟大的绘画或音乐作品反映的是艺术家的内在价值观，同样的道理，一家伟大企业反映的是企业领导者的内在价值观。

比尔用比恩的案例引导学生、挑战学生，帮助他们建立明确的人生哲学：一种不被金钱定义的人生理念。比尔最喜欢引用的案例名句（读者会在随后的旧版原文中读到这句话）同样来自里昂·比恩。有人认为，比恩应该谋求更快的发展，赚更多的钱。对此，比恩给出这样的回答："我已经为自己挣得了一日三餐，吃不下第四顿了。"

金钱从来都不是比尔最主要的人生评价标准。假如比尔在人生最后 20 年里更注重商业成功的最大化，他本可以赚到更多钱——很多很多的钱。可他选择了教书育人。比尔以言传身教的方式让我懂得了一条最基本的人生道理：如果把金钱当作衡量人生成败的唯一标准，那么你永远不会成功。真正的标准应该是一个人在多大程度上建立有意义的人际关系，在多大程度上按照核心价值观度过自己的一生。这意味着价值观先行，目标排在价值观之后，同样排在价值观之后的，还有战略、战术、产品、市场选择、融资、商业计划和每一项决策。比尔让我懂得，一家企业不应该过多地从商业计划书出发，而是应该从自己的"独立宣言"出发。它指的是对自身价值观的明确宣示。它应该开宗明义地指出：我们认为下述真理是不言而喻的。价值观永远先行，其他紧随其后——商业经营如是，工作如是，生活亦如是。

比尔教导我，核心价值观并不是"软物质"（soft stuff）。用价值观指导生活是硬道理。

我的一项核心价值观来自比尔经年累月的教导，它就是重信守诺。比尔告诉我："一定要谨慎地承诺。根本不存在'体面'的失信。"

2005 年，我承诺做一场闭幕主旨演讲。那是一场在佛罗里达州劳德代尔堡举办的活动，时间是 10 月 25 日。没想到，在我原计划起飞的 10 月 24 日，飓风威尔玛横扫整个佛罗里达州南部。600 万居民断电，机场关闭，机库大门紧闭不开。我以为组织者会打来电话，取消之前的约定。但那场活动在飓风前已经开始了。组织者如果取消活动，就可能彻底断送自己的前途。组织者希望我无论如何都赶到现场，为在场的嘉宾演讲。反正他们困在了佛罗里达，无处可去。

我该怎么办？

要不要取消？我和我的团队争论不休。这时，我想起比尔曾经的教导，提出一个很简单的问题："说好的演讲真的做不到吗？确确实实不可能吗？"

并非如此，但是希望很渺茫。我可以先飞到奥兰多，那里的航班还照常起飞。我会在24日深夜到达，接着连夜驱车前往会场，全程需要四五个小时。只要没有断路，只要避开满地的电线、断树枝和扭曲变形的交通标志牌，我就有望在25日上午抵达会场。我就是这样做的。24日午夜，我飞到了奥兰多，连夜开上了萧索无人的高速公路。当我抵达劳德代尔堡时，当地的电力还没有恢复，人们在超市门口排着长队购买饮用水和食物。我准时抵达会场，在柴油发电机的轰鸣声中完成了闭幕主旨演讲。

比尔让我慢慢懂得，谨守核心价值观的生活通常不够方便，它不可能是一帆风顺的，有时甚至是代价高昂的。这的确是一场硬仗。无论何时，无论什么样的核心价值观，我都没做到过尽善尽美，但是，比尔的教导和示范让我不断地贴近它。比尔告诉我，一个人必须不断地自我修正，就像一艘在星群的指引下在大海上航行的船——有时难免偏离航向，但价值观一直在头顶闪耀，让你回到正确的航向上来。一个人的航行会一直这样继续下去。我们会这样走过整个人生，我们的人生会因此充满意义。

享受人生纯粹的价值

1991年，我开始绞尽脑汁地撰写《超越创业》初稿。我向比尔抱怨，我觉得自己走上了一条暗无天日的绝望之路，每天搜肠刮肚地推敲文字。《超越创业》是我的第一部著作。我强烈地感到自己才疏学浅，不足以胜任这项工作。每一天，当我阅读前一天写下的文字时，这种感觉就会变得愈加强烈。我当时的想法是："我花了足足6个小时，写出来的东西只配扔到废纸篓里。"

我当时的痛苦就像马拉松选手的最后几公里，只有自律能帮助我渡过难关。我希望比尔能教我如何自律。后来我才懂得，行云流水般的写作原本就离不开苦思冥想的煎熬。写作就像赛跑：想跑出最好的成绩，就必须忍受痛苦。赛跑从来都不是一件轻松愉快的事，你唯一能做的就是跑得更快。

比尔并没有提到自律，反而谈起了乐趣："吉姆，如果不喜欢自己正在做的事，你就不可能长期坚持下去，这样一来，你就不可能真正做到擅长。"他又补充说："人生苦短，人不应该为难自己去做不喜欢的事。如果真的无法从中找到乐趣，你现在就应该搁笔不写！"

就在我们把《超越创业》的书稿交给编辑的第二天，比尔突发心脏病，做了五重旁路心脏搭桥手术。几个月后，我和比尔在（加州）帕洛阿尔托的 Peninsula Creamery 餐厅吃华夫饼早餐。我们经常在周六早上在那里碰面。华夫饼被端上来时，比尔在饼上抹了一层厚厚的黄油。

"哎，比尔，你在干什么？！"我大声对他说，"你的心脏出过问题，他们没告诉你不许吃黄油吗？"

比尔没理我，他不慌不忙地在华夫饼上倒了一堆热糖浆，看着黄油和糖浆不紧不慢地交融在一起，化作一种糖脂混合的美味。

直到这时，比尔才顾得上回答我："我非常肯定，在我被推进手术室时，他们一定看到了我脸上的笑容。当时我发现，如果我的生命注定要在那一刻结束，那就结束好了。我和多萝西这辈子过得非常成功，我们的人生美好极了。我是在被推进手术室时才明白这一点的——更确切地说，才感受到的，我那时才发现，我这一生过得真的很值。"

"这和往华夫饼上抹黄油有什么关系？"我追问。

"我已经拥有了美好的一生。从进手术室那一刻起，后面的岁月都算额外的恩赐，所以我非得抹黄油不可！"

比尔从未把美好的人生和长寿的人生混为一谈。当走出餐厅时，我不禁反思，我无法确定自己的生命有多长。面对无常的人生，每个人的生命都是短促而脆弱的，我们随时可能被疾病或者意外击倒。40 年、50 年、60 年、100 年，甚至 110 年——在时间的滔滔长河里，都不过是微不足道的瞬间。

而且，时间是在不断加速的。有一天，在我们开车去学校的路上，我问比尔有没有发现，人的岁数越大，时间就过得越快。

他问我："此话怎讲？"

"我发现，每个星期倒垃圾的日子好像来得越来越快，不知不觉间，垃圾车又来了。我知道，一个星期永远是 7 天，但是，和 10 年前相比，现在的 7 天似乎短得多。"我说。

比尔哈哈大笑："别着急，等你到了我这个岁数，圣诞节来得和垃圾车一样快。"

所以，如果生命注定短暂——即使活到百岁也算短暂，最重要的问题就不是怎样长生不老，而是怎样让每一天过得充满意义。无论生命会在什么时候结束，你都会觉得不枉此生。

这里的重点并不是华夫饼上的黄油……特别是如果你不喜欢华夫饼或黄油。这里的重点是一条人生经验，我希望自己能更好地做到它，更多地懂得其中的纯粹价值：寻找快乐，享受人生，热爱工作，直面悖谬的假设努力地生活，这里的悖谬指的是，你的生命可能还有几十年，也可能明天就结束。

2004 年 12 月 23 日，在一场小睡后，比尔刚刚起身走了几步，充血性心力衰竭突然发作。他跌倒在地板上，溘然长逝。多萝西后来告诉我，当时比尔的脸上还挂着笑容，他走得很安详，似乎对自己的一生非常满意。几个小时后，有人打电话通知了我。放下电话，我对乔安妮说："比尔走了。"当我父亲去世时，我哭了，我哭的是自己没有得到父爱；当比尔走时，我也哭了，我哭的是自己失去了父爱。

比尔的悼念仪式在斯坦福大学宽阔的纪念教堂里举行，1 000 多人赶来为他送别，很多人曾经以比尔为榜样，接受过他的教诲。我坐在教堂里，把到场的每个人想象成一个个穿越时空的向量。由于比尔对每个人价值观和人生选择的影响，每个向量的轨迹都发生过这样那样的改变。如果衡量美好人生的一项指标是改善他人的生活——人们的生活因为我们的影响而变得不同、变得更好，那么，比尔度过了天底下最美好的一生。

第二章

人才优于愿景

只要拿走 20 位顶尖人才，微软就会变成一家平凡无奇的企业。

——比尔·盖茨

2007 年 10 月，我接到史蒂夫·乔布斯的电话，他和我讨论了创办苹果大学的想法。乔布斯想把苹果公司建成改变世界的伟大企业，即使有一天他离开了，这家公司也能延续超一流的业绩和独树一帜的影响力。创办大学正是这个宏大战略的一部分。乔布斯希望苹果公司能摆脱令人沮丧的下滑期。许多辉煌一时的大企业都在创始人谢幕后迅速走上下坡路，沦为一家平庸的、对这个世界来说可有可无的大公司。

我们的谈话还没结束，我按捺不住好奇心，问了他一个问题：1997 年，他回归苹果公司并拯救了它，那段黑暗的日子究竟是什么样的？要知道，当时几乎没人相信苹果能凭借一人之力存活下来，更不要说走向成功和卓越了。当时还没有 iPod（苹果播放器）、iPhone（苹果手机）、iPad（苹果平板电脑），也没有 iTunes（数字媒体播放应用程序）。即使这些改变世界的产品的构思已经初露端倪，真正的产品也要等到多年后才能问世（直到乔布斯重返公司近 10 年后，苹果才发布了第一款 iPhone）。当时，微软的 Windows 系统在个人计算机标准之争中取得了决定性胜利。毫无疑问，苹果是有史以来最伟大的初创企业之一，但是在 1997 年，这家公司已经走到了失败和消亡的边缘。因此，我问乔布斯："为了从黑暗边缘走出来，你首先做了什么？是什么带来了希望？"

电话那头的乔布斯也许是那个时代最伟大的产品擘画者，我以为他会谈到面向对象的操作系统，或者 Mac 电脑不容小觑的巨大潜力，或者其他一些"酷毙了的"产品创意。然而，这些都不是乔布斯给我的答案。

乔布斯的答案是人。他发现公司里有很多"合适的人"，虽然他们暂时深藏不露，但是最终和他一起力挽狂澜、完成惊天逆转的必定是这些人。因为他们依然对乔布斯初创苹果时提出的"改变世界"的愿景怀着滚烫的热情，他们和乔布斯一样，对创造精美绝伦的产品满怀激情澎湃的使命感。制造"头脑的自行车"（指计算机）、提高个人创造力依然令他们激动不已。听乔布斯的语气，他几乎把这些员工说成了散布于公司各处的绝地武士，他们不露形迹，躲开帝国组织的雷达，随时准备在时机成熟时再度崛起。苹果公司的核心价值观就藏在这些人的心里——潜伏着、沉睡着，甚至萎缩着，但是未死。乔布斯重建苹果公司的首要任务就是找到他们，找到这些满怀热情的、信仰坚定的"合适的人"。

人们总是把乔布斯的绝地反击与 iPod、iPhone 联系在一起，但这一切并不是因为他从未失去创造正确产品的动力，而是因为他领会了这样一个至关重要的道理：想要打造一家历久弥坚的伟大企业，创造伟大的产品，唯一的方法就是拥有合适的人，并为他们创造适宜的文化。乔布斯是一位富有远见的企业家，在苹果公司的初创时代，他的领导风格可以概括为"1 个天才加 1 000 个助手"。回归之后的乔布斯变得更坚定了，他要把苹果建成一家高瞻远瞩的企业，而且它要在没有乔布斯的情况下做到这一点。乔布斯回归后，苹果一跃成为美国第一家市值超过 1 万亿美元的企业。这 1 万亿美元市值有多少产生于乔布斯（在他生命的最后一年）离开公司之后？足足 6 000 多亿美元。

在准备把《超越创业》修订为本书时，我问自己："我和比尔有没有在最初版本里遗漏至关重要的内容，需要在新版中另辟章节说明？"答案是肯定的。我们应该用独立的一章论述用人决策，而且应该把它放在全书的开篇作为第一章。在过去的 25 年里，我们孜孜不倦地细致研究卓越企业的运作机制。反思这些研究，我发现"先人"具有超越一切原则的重要意义，不容有失。最要紧的是拥有合适的人，这项工作的重要性超过了所有其他活动。在《从优秀到卓越》这本书里，我和我的研究团队提出了"先人后事"这项重要原则（先找到合适的人，然后确定车的行驶方向）。这全新的一章不会重复《从优秀到卓越》的内容，它会进一步扩展这一原则的思想。自《从优秀到卓越》出版以来，我积累了不少关于"先人后事"的经验和教训，也会在本章一并分享给读者，尤其是那些与本书的读者相关的经验和教训。

拥有合适的人远比拥有合适的商业创意更重要，因为任何一个创意最终都会过时。如果你的团队只会机械地执行你的某项创意或者策略，其他什么都不做，那么，当你的创意行不通时，当公司需要转向下一项、再下一项创意时，情况会怎样？反过来说也一样，假如你的第一项创意获得了成功，接下来需要追求更优秀、更卓越的创意（例如苹果公司从个人计算机业务扩展到 iPod 和 iPhone），这时情况又会如何？如果你招聘的人才只适合单一战略，相当于从一开始你就埋下了失败的伏笔。即便你富有远见，就算你是下一个乔布斯，想要打造卓越的企业，最重要的能力也是做出最好的用人决策。如果没有合适的人，那就不可能有卓越的企业，绝对不可能。

艾德·卡特姆是皮克斯的联合创始人，也是曾经与乔布斯合作最紧密的同事之一。卡特姆认为，只要拥有合适的人，即使最初的创意很糟糕，也能收获良好的结果。他在《创新公司：皮克斯的启示》（我热情地推荐这本书）中写道："我们早期的每一部电影都很差。如今人们交口称赞的那些电影曾经糟糕得一塌糊涂。"有时，皮克斯团队甚至会发现，最初的故事概念必须被完全抛弃，《怪兽电力公司》就是一个例子。这部电影最初的剧本讲述了一位专门对付怪兽的男子，他带领观众认识了一个又一个怪兽。每个怪兽代表一种无法解决的恐惧。这个故事拍不下去了。于是，导演和他的团队开始返工，一遍又一遍、一版又一版，直到找到恰当的方案。在皮克斯的发展过程中，卡特姆的指导思想是，首要的问题并不是"可以为之放手一搏的剧本在哪里"，而是"可以为之放手一搏的人是谁"。卡特姆明白，一项富有远见的创意加上错误的人，只能带来糟糕的电影，但是，只要有了优秀的人，即使一开始剧本错漏百出，人们也可以把它改造成一部优秀的电影。几乎每一部皮克斯电影都经历过接二连三的危机，尽管如此，卡特姆"先人后事"的策略还是帮助公司一口气制作了14部雄踞榜首的冠军电影。

历史学教授爱德华·奥唐纳说过："历史就是对意外事件的研究。"这句话道出了世界的真相。我们就生活在历史中，总有事件会超出我们的意料。就在我们认为一段时间内不会有更多重大"惊喜"时，更多的事情就会发生。如果说21世纪的前两个10年教会了我们什么，那就是不确定性是长期的，动荡无常是永久的，颠覆是普遍的。我们既无法预见事件的发生，也无力进行有力的管控。所谓"新常态"并不存在，永远存在的只有接连不断的、走马灯似的"非常态"。它们让大多数人的推测和预见落空，直到事情在眼前发生时，我们才看得见它们的真面目。这就要求我们加倍坚定地遵循"先人后事"的原则。比如，你想攀登一座高耸入云、让人望而却步的大山，一座之前从未尝试过的高山，你能用来预防未知艰险的最好办法是确保登山绳的另一端站着一位"合适的"搭档。无论你在山上遇到什么情况，他总能应付裕如。即使是最有远见的人，也不可能永远准确地预知哪些想法是行得通的。没人能准确预测未来。即使是眼前即将发生的事，人们也很难准确地预知。

第一指标

在你每周、每月或者每个季度的管理例会上，排在第一位的、最重要的评价指标是什么？是销售收入，利润率，还是现金流？或者是产品或服务水平指标？或者是其他指标？无论你的答案是什么，有一个指标永远都高于其他指标。这是一个需要我们锲而不舍地追求的指标，它关系到整个企业的卓越和伟大。然而，颇具讽刺意味的是，对绝大多数企业来说，它极少被作为首要指标加以讨论——即使有幸被加入讨论之列。即便如此，为了建设真正卓越、基业长青的企业，我们也必须把它放在首要位置。

这个指标就是团队中有多少关键位置被安排了"合适的人"，具体比例是多少？请静下心来思考：多大比例的关键位置上坐着合适的人？如果答案是不足90%，那么，你应该把用人问题作为首要工作来抓。想建立一家真正卓越的企业，至少要让90%的关键位置上坐着合适的人。

为什么不是100%？因为，无论何时，都有少部分关键位置会出现临时空缺，这种可能性非常高。还有一种可能，某人刚被调到某个关键位置，你暂时无法确知他（她）在这个岗位上的真实表现。还有些时候，关键位置的要求提升太快，可能超出现有人员的能力范围。

什么是关键位置？只要符合下面条件中的任意一条，就是关键位置：

1. 该位置上的人有权做出重要的用人决策。

2. 该位置的失职可能会把整个公司置于重大风险中，可能造成灾难性后果。

3. 该位置的成功可能对公司的成功形成显而易见的重要影响。

如果你无法轻而易举地解雇员工，那么，安排谁到关键位置就成了至关重要的问题。束缚手脚的情况可能有很多，例如亲属关系、准长期编制、内部政治，甚至是对某些早期功臣的忠诚，等等。但是，无论因为什么限制因素，无论出于怎样的理由，我们都要确保把合适的人安排到关键位置上。这是领导者始终不变的责任。

"培养"还是"替换"

请想象这样一个场景，某个关键位置的员工的表现中规中矩，但是谈不上优秀。你很看好这个人，希望他（她）能成功。为此，你投入大量的时间和精力，但你并没有看到应有的优异业绩。面对这样的情况，你会倾向于投入更多以培养这位员工，还是果断地替换他？（注意，替换一个人并不代表非要让他／她离开公司，也可以另有他用。）

这个问题没有标准答案。在我们研究过的杰出领导者中，倾向于培养的人和选择替换的人各占一半。举例来说，下面是10位有史以来最杰出的企业领导者，当关键位置上的人员缺少上佳表现时，其中的5位倾向于培养，另外5位则倾向于替换。

倾向于继续培养的领导者

安妮·马尔卡希，施乐公司

比尔·休利特，惠普公司

赫布·凯莱赫，美国西南航空公司

J. W. 马里奥特，万豪国际集团

威廉·麦克奈特，3M 公司

倾向于替换的领导者

凯瑟琳·格雷厄姆，《华盛顿邮报》

安迪·格鲁夫，英特尔

肯·艾弗森，纽柯钢铁公司

彼得·刘易斯，前进保险公司

乔治·拉斯曼，安进公司

即使对倾向于培养的领导者来说，临界点也是存在的。当情况达到某种程度时，领导者会直面残酷的现实，更换关键位置上的人。我问过很多高管这样一个问题："在下面两种类型的错误中，你犯过较多的是哪一种？第一种，如今回头看，在决定更换关键位置人选时等待时间过长。第二种，如今回头看，当时有些操之过急，本该更耐心才对。请仔细想一想，你犯过最多的是哪一种错误？"大多数人选择了第一种——在果断采取行动之前等待时间过长。

平心而论，发觉自己犯了第一种错误远比发现第二种容易得多，尤其是在第二种错误的当事人已经离开公司的情况下。即使如此，这也改变不了每个组织都会在关键位置人才的培养与替换的矛盾中挣扎摇摆的事实。对此，没有一位领导者能保证做出万无一失的决定。有时他们为培养人才投入的时间过长，有时他们过于急躁地做出了换人的决定。培养还是替换？想做出百发百中的正确决策，没有一种算法可供应用，没有一种流程可供遵循，也没有一种公式可供套用。最好的领导者会深切地关怀员工，这也是他们经常等待时间过长的原因。与此同时，领导者也在慢慢提高自己的决断力。

这为我们带来一个至关重要的问题：怎样才能知道自己是否达到了那个临界点？也就是说，对关键位置的关键人员而言，我们应该在什么时候从"培养"转向"替换"？在我看来，最好的方法是提出一系列深思熟虑的问题，让这些问题带着你找到答案。我把多年来的思考浓缩为下面7个问题。当面对"培养还是替换"的难题时，它们可以启发你的思考。需要明确的是，这些问题并不是灵丹妙药。你可能只关心其中的某一项，决定换人。或者，可能有6项与你有关，因此你决定继续培养。

1. 此人留任该位置是否造成了其他位置的员工流失？

最好的人才都是相互吸引的。如果感到自己不得不长期忍受关键位置人员的平庸表现，顶尖人才可能选择离开这里。更糟糕的是，领导者一旦容忍高绩效人群公然挑战核心价值观的行为，真正信奉这些价值观的人就会因此灰心丧气，变得玩世不恭，一些人会选择离开。毁掉一种卓越文化的最好办法就是容忍在关键位置上玩忽职守的人，容忍肆意破坏公司核心价值观的人。

2. 是价值观问题、意志力问题，还是能力问题？

如果关键位置上的某个人明目张胆地对抗企业的核心价值观，合格的领导者就一定会撤换他们。如果有人只是被动地拥护企业的核心价值观，实际上心机深沉，为了保住自己的位子不惜动用任何手段，那么，在决定撤换他们之前，也许你需要多一些耐心。最难决断的是意志力问题。这个人是不是缺少（或者丧失了）提高自己、适应岗位的意志品质？如果确实如此，那么你能帮他点燃斗志吗？最好的领导者从不会低估人的发展潜力，与此同时，他们也明白，一个人的成长取决于提升自我的谦逊和永不止步的意志。("价值观—意志力—能力"框架的提出者是翰威特咨询公司的戴尔·吉福德。他生前教会了我这个框架。)

3. 此人的"窗口—镜子"模式如何？

关键位置的合适人员会表现出一种"窗口—镜子"模式。当一切顺风顺水时，他们会看向窗外，把工作成果归功于其他因素，而不是自己。他们把功劳归于为成功做出贡献的其他人，不抢风头、不摘果子。当工作出现差错时，他们会把挫折和失败归咎于自身，而不是怨天尤人地指责客观环境或其他人。他们会看到镜子里的自己，他们会说："我来负责。"有些人会对着镜子问自己："我本来哪里可以做得更好？我疏漏了什么？"这些人会一直不断地进步。而那些总是指着窗外、推脱责任、转移问题的人永远不可能得到充分的发展。

4. 此人把工作视为差事还是职责？

关键位置的合适人选懂得，自己面对的并不是"一份差事"，而是"一份责任"。他们能理解任务清单和真正职责之间的区别。一位优秀的医生拥有的并不是一份照章办事的"差事"，而是救死扶伤的责任；一位伟大的教练拥有的并不是一份安排训练的"差事"，而是让运动员变得更优秀的责任；一位优秀的教师肩负的并不是从早上8点到下午3点蹲教室的"差事"，而是让每个孩子学有所得的责任。每个关键位置的人都肩负着某种责任，这种责任远远大于他们手上的任务清单。合适的人从来不会以"反正我完成了分内工作"这句话为挡箭牌，为自己未能完成更重大的责任开脱。

5. 在过去一年里，你对此人的信心是增长了还是下降了？

投资者对一家企业的业绩和发展前景的信心有升有降，这会带来公司股价的上扬和下挫。同样的道理，随着一个人的成长和工作表现的起伏，我们对他的信心也会有增有减。最关键的变量在于长期信心的变化轨迹。当一个人对你说"明白了！"，你是会把担心放在一边，还是觉得有必要更紧密地跟进？

6. 是公司层面的问题还是位置的问题？

有的时候，你的人选本身没有问题，问题出在人与位置的错误匹配上。可能你安排的位置与他（她）的能力或性格不匹配，也许位置需求的增长太快，超出了人的能力范围。这种情况通常出现在快速成长型企业中。

7. 假如此人离开了公司，你会有什么感受？

如果你会暗自庆幸、如释重负，那么，也许你早该确定他（她）不适合这里。如果你会发自内心地感到沮丧、心烦意乱，那么，也许你依然相信他（她）是"合适的人"。

一旦触达临界点，需要做出关键位置上的换人决定，你就要做到坚决彻底，但不冷酷无情，请牢记这一点。坚决代表对自己诚实，正确地面对把某人移出关键位置的必要性。但是，决策时的果断并不代表实施时的冷酷无情。要做到坚决彻底，而不是冷酷无情，这离不开勇气与慈悲的结合。勇气体现在坦率和直言相告上，不要编造理由掩盖实际情况，也不能把这个艰巨的任务交给别人。如果没有勇气做出决断，通知当事人，承担起个人责任，你就没有资格做领导。慈悲主要体现在尊重和说话的语气上。想想自己在做出这一变动决定时的态度，问问自己，等到离开的人明年过生日时，你好不好意思打电话祝他生日快乐？后年、大后年的生日呢？对方会热情地回应你吗？

选择成为卓越的领导者

安妮·巴卡尔从未想过自己有一天会成为 Telecare 公司的首席执行官，更不可能想到自己 29 岁就坐到这个位子上。她的父亲因药物不良反应意外离世，巴卡尔不得不挑起大梁，为父亲与人联合创办的这家小型精神疾病服务企业寻找出路。在和巴卡尔初次见面时，我和比尔刚刚完成《超越创业》的初稿。她告诉我："我深爱自己的父亲，我要为他创造的事业争光。我想让 Telecare 成为一家卓越而持久的企业。"我们给了她一份《超越创业》的初稿。为了奠定 Telecare 成为卓越企业的基础，她召集 24 位团队成员，来到伯克利的克莱蒙特酒店开会。巴卡尔和她的团队讨论的基础正是《超越创业》中关于愿景的一章（本书原封不动地保留了这一章）。她们由此明确了公司的核心价值观，树立了长久不变的目标：帮助精神受损的人充分发挥他们的潜能。

这是一家由年轻 CEO 担纲的小型企业，它征战的是医疗保健与精神诊疗的巨大市场。两相对比，这无疑是个雄心万丈的目标。巴卡尔对此充满了热情——父亲的信念激励了她。巴卡尔的父亲始终相信，精神受损的人仍然可以实现极大程度的康复。巴卡尔还有敏锐的战略头脑，这来自她在蒙哥马利证券公司的工作历练。在那里，她必须透彻地分析各个企业，做出投资决策。而且，她充满勇气，敢于在审慎选择的前提下，在实证经验的基础上豪赌未来。

尽管如此，要把 Telecare 建设成一家卓越的企业，巴卡尔必须不断成长，成为一名真正了不起的领导者。只有这样，她才能在公司成长壮大的同时不断提高自身能力。可以这样说，"安妮·巴卡尔 1.0"是一位聪明的、颇具战略眼光的年轻人，朝气蓬勃。她的领导本能足够她把 Telecare 带入正轨。但这还不够。她必须不断成长，成为"安妮·巴卡尔 2.0"，进一步成为"安妮·巴卡尔 3.0"。

她学会了如何招聘卓越的人才，把他们融为一支团结向上的队伍。她懂得了文化不仅能支持战略，而且文化就是战略。她学会了如何根据价值观和性格气质而不仅仅根据聪明才智和工作经验招聘人才。她学会了如何授权，何时授权，何时不授权。她学会了如何落实部门领导责任，保持一线业务部门的文化活跃度。她学会了如何做出睿智的决定，为了长期的卓越降低短期的利润。她学会了如何在出现问题时保持冷静，抑制从员工手中夺过控制权的冲动。她学会了怎样在公司以外结交导师，加强智识和情绪方面的学习，以便更好地面对生死攸关的挑战。后来她总结说："面对整个公司的重大危机，我选择向外拓展，而不是困守公司。我尽可能多地请教相关专家，不知疲倦地寻求最好的建议。在不确定、混乱不堪时，人们通常的反应是缩减开支，而我有意选择了相反的方向。这对我的学习和成长起到了关键作用。"然而，巴卡尔的成长并没有就此停止。在本书写作时，她正在努力成为安妮·巴卡尔3.0，在此之后，她会继续成长为安妮·巴卡尔4.0。为了成为Telecare的合格领导者，巴卡尔要孜孜以求地走好每一步，她最突出的能力是稳扎稳打、全力以赴地走好每一步。

2015年是Telecare成立的50周年。在巴卡尔的领导下，这家企业早已成长壮大，在美国的8个州运行着85个项目，为数以万计的患者服务。在此过程中，Telecare的员工持股计划（ESOP）的价值增长超过了标准普尔500指数。2017年，巴卡尔入选旧金山湾区商业名人堂，这是货真价实的认可。此前进入名人堂的都是思科、软件服务提供商Salesforce、英特尔、苹果、惠普和嘉信理财等著名企业的创始人、首席执行官和董事长。

大多数卓越的领导者并非天生卓越。当然，天生的怪才也是有的，这些人似乎天生具备领导力。他们看上去让人很感兴趣，有种天然的独特性。这些人与我们的讨论无关，是不是天生就奇异、独特，这根本无法控制。最重要的是，大多数杰出领导者的能力是后天形成的。这并不是因为他们想"成为"一位卓越的领导者，而是他们要努力提高自己，以配得上自己领导的人。如果想让员工提升自身的业绩，你就要先提高自己。如果想提升他人的能力，你就要先提升自己的能力。

1936 年初的艾森豪威尔在做什么？他是一名默默无闻的少校，在菲律宾担任麦克阿瑟将军的助手。8 年后，艾森豪威尔当上了盟军的最高指挥官。他在西点军校时默默无闻，并没有表现出特别的发展前景。没人会说："快瞧，那就是明日的将星，未来的艾森豪威尔将军。将来有一天，人们会用他的名字来命名一座剧院。"他最初并没有成为我们今天印象中的那个艾森豪威尔，他是一步步变成那个艾森豪威尔的。当然，这一切离不开马歇尔将军这位伯乐的大力提携。马歇尔当时担任美国陆军参谋长，是他发现了艾森豪威尔的才能，帮助他快速升迁，一路担任要职。在建设和领导自己的组织时，也许你也应该问问自己："我那个深藏不露的艾森豪威尔在哪里？"

如果把 20 多岁的乔布斯放在 21 世纪初，他不大可能带领苹果公司打一场漂亮的翻身仗。青年时的乔布斯出了名地脾气暴躁，待人苛刻，动辄大发雷霆。在人们眼里，他是个幼稚的天才，对无法跟上他特异看法的人完全不留情面。但他没有在幼稚的状态里原地踏步。年轻的领导者可以在布伦特·施兰德和里克·特策利合著的《成为乔布斯》中学到很多东西。这本书准确地捕捉到乔布斯的成长历程和最终的成熟。我们既不能把乔布斯 20 多岁时的青涩行为和他 50 多岁时的高效领导混为一谈，也不能把那个"1 个天才加 1 000 个助手"的苛刻天才与后来那位奋发图强、思想深沉的乔布斯混为一谈。是后者试图打造一家卓越的企业，使之长盛不衰。不要把乔布斯 1.0 同乔布斯 2.0 混为一谈。想理解乔布斯的一生带给我们的启示，就不能把它看作成功的故事，而应该看作成长的故事。

有一种迷信，破坏力很强，流传很广：创始人或小企业的领导者都不可避免会遭遇管理极限，为了企业发展大计，要用"真正的"首席执行官取而代之。乔布斯 1.0 听信了这样的迷信，几乎葬送了苹果公司。乔布斯 2.0 力挽狂澜，拯救了这家公司。如果有人向你传播这种迷信，你可以这样回答："哦，如果这是真的，那么请问，历史上很多伟大企业都是创始人一手建立的，你怎样解释这个无可否认、铁证如山的事实？"

创业型创始人（或联合创始人）不断成长蜕变、带领企业走向卓越的例子不胜枚举，下面只是其中的几例（我能列出极长的名单）：温迪·科普（为美国而教），戈登·摩尔和罗伯特·诺伊斯（英特尔），乔治·拉斯曼（安进），比尔·盖茨（微软），杰夫·贝佐斯（亚马逊），华特·迪士尼（迪士尼），比尔·休利特和戴维·帕卡德（惠普），罗伯特·约翰逊（强生），J. W. 马里奥特（万豪国际集团），赫布·凯莱赫（西南航空），山姆·沃尔顿（沃尔玛），艾德·卡特姆（皮克斯），弗雷德·史密斯（联邦快递），以及菲尔·奈特（耐克）……如果你是一名创业型创始人，不要相信任何人的错误说教，不要相信打江山的人无法坐好江山的鬼话。我们的研究证明，对长期卓越的企业来说，打下江山的创始人（总体设计者）的平均任期更多是 30 年，而不是 3 年。

这个逻辑同样适用于传承家族企业的领导者，如前文提到的 Telecare 的安妮·巴卡尔。就纯粹的统计比例而言，或许大多数二代或三代家族领导者都做不到这一点。但是，需要再次强调的是，很多例子可以击碎这种创始人的儿孙通常不成器的民间智慧。彼得·刘易斯年仅 32 岁就接管了自己的家族企业——前进保险。他把前进保险从一家小型区域性企业打造成美国领先的汽车保险企业之一。小 J.W. 马里奥特最初在他父亲创办的小型连锁餐厅 Hot Shoppe 里工作。他把这一家族企业打造成了享誉全球的顶级酒店和度假村集团。

凯瑟琳·格雷厄姆是 20 世纪最伟大的 CEO 之一，但她是在丈夫自杀身亡的情况下意外继承家族企业领导权的。我曾有幸为《财富》杂志撰写过封面文章《史上最伟大的10位CEO》。我把格雷厄姆列入这一名单。我在文章中这样形容她：

震惊和悲恸尚未消散，格雷厄姆不得不挑起另一副沉重的担子。她父亲本来打算把《华盛顿邮报》交给她丈夫打理，再传给他们的孩子。现在怎么办？格雷厄姆当机立断。她通知董事会，她不会卖掉公司，她会亲自管理公司。

然而，"亲自管理"并不能准确描述格雷厄姆在新岗位上的作为。当时的《华盛顿邮报》只是一家名不见经传的地区性报纸，格雷厄姆想让它成为读者心目中足以与《纽约时报》比肩的大报。决断时刻发生在1971年。当时摆在格雷厄姆面前的难题是，如何处理"五角大楼文件"——一份遭到泄露的国防部研究报告，它揭露了美国政府关于越南战争的种种谎言。就因为刊登了这份报告的节选，《纽约时报》已经收到法院的禁令。《华盛顿邮报》如果发表这份文件，很可能就会遭到《反间谍法》的起诉和制裁。这样可能会危及公司的IPO（首次公开募股）进程，公司可能还会失去为其带来丰厚利润的电视牌照。在她的回忆录《我的一生略小于美国现代史》中，格雷厄姆写道："这个决定非同小可，它关系到整个公司的生死存亡。"格雷厄姆最终下定决心：与其牺牲公司的灵魂，换取笃定的生存，不如关门大吉。《华盛顿邮报》发表了这份文件。

最终，最高法院判定《华盛顿邮报》无罪。格雷厄姆当上首席执行官纯属意外。她的人生充满了不安全感，她的回忆录里满是"我当时吓坏了"和"我吓得双脚发抖"这样的句子。对这样一位领导者来说，这样的决定确实令人惊叹。很快，这种紧张和焦虑达到了顶点，因为《华盛顿邮报》记者鲍勃·伍德沃德和卡尔·伯恩斯坦开始了一项锲而不舍的调查，也就是后来的"水门事件"。今天的我们对它的结局早已知晓，但是当时《华盛顿邮报》基本上就是在孤军奋战。格雷厄姆选择公开报道这一事件。这个决定成就了《华盛顿邮报》，成就了这家企业——它成了过去25年间业绩最好的50家上市公司之一，赢得了巴菲特的投资。然而，格雷厄姆从未把功劳揽到自己身上。她坚持认为，关于"水门事件"，"我从未感到自己有什么需要抉择的"。实际上，她当然做出了抉择。有人说，勇敢并不是无所畏惧，而是在心怀恐惧时依然坚定行动。按照这个定义，凯瑟琳·格雷厄姆也许是这10位CEO中最勇敢的一位。

从统计学意义上来说，"富不过三代"这句老话也许是对的，但它绝对不是颠扑不破的自然定律。我和比尔都非常喜欢在斯坦福的课堂上讲授里昂比恩公司的案例。这个案例提到，公司创始人的外孙里昂·戈尔曼即将接管公司领导权。我们请学生思考这样一个问题：戈尔曼是合适的人选吗？他当时30岁出头，拥有文科学士学位，刚在海军服完兵役，没有读过MBA。很多学生给出了否定的回答。他们认为，这家公司应该招聘一位"货真价实"的管理者，一位拥有深厚的品牌建设和公司发展经验的职业经理人，最好是斯坦福大学毕业的，或者读过哈佛的MBA。

在他的回忆录《里昂比恩：一家美国代表企业的成长史》（*L.L. Bean: The Making of an American Icon*）中，戈尔曼提到这样一件事，在成为公司总裁之前，他总是随身携带一个黑色的小笔记本，随时记录公司运营的改善方法。他翔实记录了400多条想法。从成为总裁的那一刻起，戈尔曼立即着手落实这些想法。在他的领导下，里昂比恩的销售收入增长了40多倍（已将通货膨胀因素考虑在内）。富不过三代的"定律"在这里恐怕说不通了。

所以，真正的问题在于，为了信任你、追随你的人，你愿意付出一切必要的努力，成长为一个部门、一个组织、一家企业或一项事业的合格领导者吗？如果你的公司规模增长了1倍、2倍、5倍、10倍，你会相应地把自己的领导力提高1倍、2倍、5倍、10倍吗？你会让自己的领导力日渐成熟，从1.0版本升级到2.0，进而升级到3.0吗？你会知足常乐地做一位好领导，还是会像安妮·巴卡尔、艾森豪威尔、乔布斯和凯瑟琳·格雷厄姆那样，永不停下成为卓越领导者的脚步？领导二字是一份责任，而不是一个头衔。它意味着决断，而不是心血来潮；它意味着意志坚定的奋斗，而不是简单的子承父业。归根结底，一个人有没有成为卓越的领导者，是一个选择问题。

发现和利用"人运"

人们最常想到的是"物运"（what luck）——也就是发生在我们身上的、不期而遇的重大事件，例如彩票中奖，被一场突如其来的风暴耽误了重要的会议，或者染上罕见的疾病，等等。而我更习惯思考另一种也更有力量的运气："人运"（who luck）。

想想自己生活中的"人运"。它可能是偶遇一位改变自己人生的导师，可能是结交一位挚友或者遇到理想的生活伴侣，遇到一位绝佳的上司或工作搭档，也可能是不经意间招聘到绝妙的人才。

在我的研究团队中，有一位顶尖人才是我在博尔德经常光顾的一家汉堡餐厅里发现的。我和我的妻子乔安妮接连几次在那里遇到一位手脚麻利、热情友好的服务员。有一天晚上，我开始和他搭话。

"特伦斯，你是博尔德本地人吗？"

"不是，我的老家在新泽西。"

"怎么跑到这里来了？"

"我在这里的科罗拉多大学读书。"

"你是辍学一段时间来这里打工吗？我们好像总能遇见你。"

"不是的。我一边读书一边打工，我要为自己挣学费。"

"你每星期工作多长时间？"

"40 到 50 个小时。"

"一边读书一边打工吗？"

"是的。"

"你学什么专业？"

"经济学和金融学双学位。"

"成绩怎么样？"

"全 A。"

在开车回家的路上，我和乔安妮一直在谈论这位优秀的年轻人。他给我们留下了很深刻的印象。短短几天后，我们又去了那家餐厅，这次是专程为了特伦斯。我想把这个小伙子招进自己的团队。

一见到我们进来，特伦斯就过来打招呼："你们是真的喜欢吃汉堡。"

"我们今天不是为汉堡来的，我们专门为你而来，想要说服你申请我们暑假研究团队的一个职位。"我对他说。

特伦斯加入了我的团队。在毕业之前的几年里，特伦斯一直和我保持着紧密的工作关系。他为我们的工作带来了巨大的有生力量，为接下来三本书的出版做出了重要贡献：《从优秀到卓越（社会机构版）》《再造卓越》和《选择卓越》。很明显，特伦斯的加入让这三本书变得好上加好。

"先人后事"意味着始终敞开招贤纳士的大门，始终保持高度开放的态度，时刻准备着在任何可能的地方遇到绝妙的人才。我们永远不知道"人运"会在什么时候降临，但我们肯定会一而再、再而三地遇到它。只要以"先人后事"的眼光看待所有工作，你就能在"人运"降临时发现它。

我的人生充满了好运，其中最多的好运来自对"人运"的发现和利用。读大学时，我幸运地邂逅了乔安妮。我们第一次约会后的第四天就订婚了。偶然的一次选课让我走进了比尔·拉齐尔首次开设的创业课堂并与他结识。在斯坦福的一个研讨项目上，我有幸收到杰里·波勒斯的合作邀约。这个项目最终带来了我们的经典著作《基业长青》。回首人生的前60年，我发现它更多是由"人"而不是"物"定义和塑造的；它更多是由"人运"组成的——人生导师、老师、好友、同事、合作伙伴等等，是他们改变和塑造了我的人生轨迹。如今，每当遇见像特伦斯这样的年轻人时，我都希望能为他们带来"人运"。

我们都生活在"物"的文化里。我们会问政治候选人，你会（在教育、外交、财政预算等方面）做些什么？我们会问满怀抱负的创业者，你的伟大创意是什么？我们会问年轻人，你会选择什么职业方向？我们会问导师，我应该选择什么工作才好？在面对迫在眉睫的问题时，我们会问自己，我们应该做什么？我并不是说这些问题糟糕透顶。我想说的是，同"人"相比，这些都属于次要问题。只要把外交政策交给恰当的人负责，我们自然就会收获上乘的政策。为你的初创团队选对人，你就更有可能收获绝妙的想法，并把它们付诸实践。只有遇到良师，你才更有可能做出绝佳的职业选择。只有遇到一位好上司，你才更有可能拥有美妙的工作体验。把问题交给合适的人来负责，而不是绞尽脑汁地亲力亲为，你才能有更多机会收获更好的解决方案。

我们对卓越企业成功之道的研究包括很多概念。在这些概念中，从"先事后人"到"先人后事"的心智结构转变为我的人生带来了最大的改变。成就本身并没有太多意义，也不会给人带来持久的满足感，但是，与合适的人并肩作战、坚持不懈地追求成就会带来巨大的满足感。如果你的工作既是自己擅长的又是自己喜爱的，那么你实在太幸运了。如果能和志同道合的人一起从事有意义的工作，那简直就是中了头彩。

单元领导者

我有幸在西点军校 1951 届美国军事科学院领导力研究班担任了两年的讲席教授。我在西点最大的收获之一是，懂得了单元领导的根本重要性。无论是哪种真正卓越的组织，它的基本结构都是一个个拥有良好领导者的业务单元，整个组织的卓越就是在这些基本单元中实现的。如果没有单元层级的杰出领导，顶层的卓越领导就没有多大意义。如果想打造一家真正卓越的企业或社会部门，你就必须培养大批单元领导者。他们会反过来在追求胆大包天的目标的过程中形成单元凝聚力。如果想让组织文化融入企业，如果想把卓越的企业建成基业长青的伟大企业，你就必须在培养输出合适的单元领导者上加大投入。

合适的单元领导者会把业务单元的责任放在首要也是最重要的位置上——他们会让自己加大投入，成为卓越的代名词，而不是执着于谋求上位。很多年轻人向我请教"职业建议"，我有时会告诉他们："别把焦点只放在'你的事业'上，这是你为自己的事业所做的最好的一件事。"接下来，我通常会讲述安妮·马尔卡希和劳埃德·奥斯汀将军的故事。

安妮·马尔卡希从未谋求过施乐公司首席执行官一职。21 世纪初，这家公司处于生死边缘，股价一路狂跌了 92%，公司的债券信用评级极低。公司董事会很为难，苦寻不到能够力挽狂澜的合适人选。施乐最初尝试从外部引进"变革促进者"，但是这个办法没有奏效。

接下来，施乐董事会展现出美国企业界难得一见的智慧。他们决定不再从外部寻找救星，而是从内部找出一位久经考验的领导者。员工会追随谁？大家相信谁？谁的工作成果是经过实践检验的？有谁在自己职业生涯的每一步始终都能创造卓越？这时，一个人脱颖而出：安妮·马尔卡希。公司请她挑起领导重任。马尔卡希不负众望，成功地打赢了现代史上最让人不可思议的企业翻身仗，把施乐从倒闭的边缘拉了回来，重建了强劲的盈利能力，改善了施乐的财务状况，为公司赢得了涅槃重生的机会。施乐夺回了阵地，再次成为美国商业史上最富传奇色彩的企业之一。

历史上最伟大的 CEO 是怎样走上领导岗位的？尤其是那些刻意回避自我晋升的领导者？和马尔卡希一样，无论面对怎样的工作职责，无论面对职业生涯中的哪一步，他们都会尽心尽力地领导自己所在的部门做到尽善尽美。随着工作业绩不断提高，他们会被要求承担更多的责任。他们仍会专注于眼前的工作，无论它是大是小。他们会带领自己的团队实现耀眼的卓越。马尔卡希把整个身心投入业务单元的工作，发扬公司的核心价值观，照顾自己的员工。员工信任她，因为她同样信任员工。人们追随她，因为她最关心的从来都不是自己。当董事会突然宣布由马尔卡希来领导施乐时，她并没因此改变自己的领导风格。她沿用了原来领导业务单元时的方法来领导整个公司。

劳埃德·奥斯汀将军 1975 年毕业于西点军校，一路晋升至四星上将。在辉煌的军事生涯接近尾声时，奥斯汀将军成为美国陆军副司令，并很快升任美国中央司令部司令。在此期间，他负责美国从中东到埃及再到巴基斯坦的全部军事行动，包括叙利亚、伊拉克和阿富汗。

从西点军校毕业后的前几年，奥斯汀一直为自己没有快速晋升而忧心忡忡。他告诉我："直到后来的某一天，我终于恍然大悟。我决定不再只关注自己的事业前途。相反，我决心照顾好自己的下属。接下来，一切都不一样了。他们反过来照顾我，不允许失败发生在我身上！"

有一次，我去拜访奥斯汀将军，他当天组织了一场小型晚宴，招待来自商界、政界和军队的领导者。当晚宴进行到一半时，奥斯汀将军打断了贵宾们的谈话。他说："请各位少安毋躁，我们有件重要的事要做。"接下来，从厨房里走出三位军人，他们是当天的炊事员。奥斯汀将军希望在场的每个人都认识他们。他简要介绍了他们的服役情况和个人背景，请大家感谢他们准备了如此精美的晚餐。我从未见过奥斯汀将军错过任何一次照亮他人的机会，也从未见过他提高嗓门说话。虽然他总是沉静如水，但是人们能从他身上清晰地感受到一种权威，以及个人的谦逊和坚定的决心。奥斯汀将军的领导风格反映了一种奉献精神——报效祖国，完成使命，配得上自己有幸领导的人。

安妮·马尔卡希和劳埃德·奥斯汀将军的例子说明了一个道理：要照顾你的下属，而不是你的前途。越早学会这一课越好。你担负的每项职责、负责过的每项业务、领导过的每个部门——无论多么微不足道——都要让它们达到完全的卓越。如果这样做了，你就更有可能因为工作机会太多而分身乏术，而不会因为机会太少而一筹莫展。

拥抱"豪尔赫·保罗困境"

我很高兴也很荣幸能近距离观察巴西商人豪尔赫·保罗·雷曼的人生轨迹。雷曼是全世界最令人激动的企业家和公司创始人之一。雷曼和他的两位合作伙伴马塞尔·赫尔曼·特莱斯和卡洛斯·阿尔贝托·斯库彼拉联合创办了一家小型经纪公司，并一手把它打造成拉丁美洲最成功的投资银行之一。三位合伙人都是绝顶聪明的人，善于管理财富。他们还发现他们拥有另一项非常特别的才华：营造一种特有的文化，建立精英主义制度，吸引渴望一展抱负、不知疲倦的人才。

三位合伙人的文化建设能力极强，他们开始考虑整体并购其他企业，再用自己的文化体系管理和建设这些企业，让它们长盛不衰地发展下去。他们的想法是："既然我们如此相信自己的文化能力，那么我们为什么不赌一把大的？"

就这样，他们买下了一家名叫 Lojas Americanas 的零售企业和博浪啤酒公司。他们最初的假设是对的：只要有合适的人和适宜的文化基因，他们就可以并购其他企业，取得更大的成功。雷曼和他的合伙人致力于打造"人才机器"，招聘和培训更大规模的员工队伍，吸引雄心万丈的年轻领导者，把他们分派到各个工作岗位上去。他们的根本"战略"是找到激情澎湃、有上进心的年轻员工，把他们放到极端精英主义的文化中，用大胆的工作目标挑战他们，与他们分享业绩——他们把这种战略总结为"梦想—人才—文化"。雷曼和他的合伙人知道，最终进军什么行业并不重要，重要的是拥有足够多的优质人才，他们具备适宜的文化基因，有能力赢得巨大的商机。这才是第一位的，也是最根本的。而且，这样的商机会不断涌来，越变越大。雷曼和他的两位合伙人最终并购了比利时啤酒企业英特布鲁，建立了英博啤酒集团。

从 21 世纪初开始，这家公司的董事会每年都会来到我位于科罗拉多州博尔德的管理实验室，紧锣密鼓地完成两天的苏格拉底对话课程。课程围绕一个重要问题展开：要建立一家长盛不衰的伟大企业，接下来我们需要做什么？在课堂上，公司董事会开始认真考虑并购安海斯－布希和克莱兹代尔（Clydesdales）等啤酒企业。

在课间休息时，雷曼对我说："吉姆，你对这件事好像有点儿紧张。"

"是的。我知道，一次又一次的豪赌为你们带来了繁荣，但是，这次的赌注会不会太大了？我们要确保董事会的决策是严格自律的，而不是狂妄冒进的。"

雷曼说："我懂你的意思，但你可能不明白我的根本问题是什么。"他停顿了一会儿，然后说："我的问题是，出色的年轻人才太多了，我必须让他们做真正了不起的事。千万不要低估保持团队持续势头的力量。"

直到那时，我才完全懂得雷曼、特莱斯和斯库彼拉是怎样创造出如此强大的动能机器的。早在经营小型初创企业时，他们就执着于发现、吸引和培养卓越人才。他们招聘的不是只具备一种专门技能的人，他们不会为某个空缺职位招人，或者为达到某种特定目的招人，也不会为了追求某个市场机会招人。他们颠覆了整个公式，实现了观念上的跃迁。他们认为，只要让这台机器充满奋进的人，就能推动前进动能良性循环的飞轮。先要有优秀的人才，然后，你需要为他们找到重要的工作任务。如果选定的任务足够重大，你就需要更多优秀人才，接下来还要为这些人找到更多更重要的事去做，这些事又会吸引更多人才，迫使你找到更多重要工作。重复，一遍又一遍，不要停止，不要减速，永远推动飞轮旋转，这是一种保持前进动能的神奇魔力。

你遇到过豪尔赫·保罗式的困境吗？你是不是也有太多优秀的、才华横溢的年轻领导者，有太多雄心勃勃、能力超群、奋发向上的人才？如果能为自己的公司制造出这样的"难题"，你就能实现下一个巨大的梦想。如果不是，你就可能失去最好的人才——因为他们会为自己找重要的事做。

金钱激励与卓越的相关性

通过研究我们发现，高管薪酬与企业从优秀到卓越的过程并不存在系统性的关联。金钱激励并没有——也不会——帮助企业实现卓越。这里的原因非常简单：我们不可能用奖励把不合适的人变成合适的人。毕竟，如果一个人需要金钱激励才能高效产出，他（她）就缺乏做大事所需的强烈内在驱动力和多产性。

我曾经有幸研究过一些全球绩效最高的组织，或者与它们有过合作，其中包括商业企业、精英军事团体、成功的 K-12 学校、冠军运动队、典范医疗体系和社会事业组织等等。在整个研究过程中，我目睹了令人惊叹的领导力和绩效表现，但是，在它们的工具箱里，我很少见到金钱激励的影子。

在写作这一章时，我的研究团队和我正在开展一项关于 K-12 教育的研究，研究对象是教育系统里出色的单元领导者（校长）。他们在最不利的环境下极大提升了教育成果。这项研究的假定前提是：拥有合适的单元领导者能够建立一种业绩文化，这种业绩文化是激发卓越教学必不可少的。这些学校的领导者没有一个把金钱激励当作重要的驱动力，一个都没有。

通过吸引全球最顶尖的精英医生，克利夫兰医学中心成了世界上最受欢迎的医疗机构之一。它的理念是，优秀的医生会吸引更多的优秀医生与之共事，共同追求一个高尚的目标——为患者提供最好的服务。黄金时代的克利夫兰医学中心把这种"用对人"的执着追求变成一种自我强化的飞轮效应：招聘合适的人，在合作的文化中推动患者服务的工作成果，吸引来自世界各地的患者，为自己赢得更好的声誉，吸引更多资源和投资建造最好的研究机构与设施。这一切进一步吸引了更多顶尖医生加入这家医院。克利夫兰医学中心仅凭一套简单至极的工资结构就做到了上述这一切——它没有与业绩挂钩的奖金，也不计算接诊人数或者完成了多少项流程。

该中心的 CEO 曾经邀请我去参观，观察它的特有文化是如何发挥作用的，包括一次见证体外循环心脏手术的机会。它仿佛是一幕在手术室里上演的优美舞台剧。每当医生伸出手时，他根本用不着抬头看，也不用说一个字，他的手术助理已经准确地准备好了合适的工具。医生张开他的手，工具被放到他的手上。接下来，医生拿好工具，对患者的胸腔做手术，整个过程一气呵成，仿佛是一个完整的连贯动作。心肺机操作师（心血管灌注师）会抓住最完美的时机，鼓起患者的肺。一切恰到好处，每个人完美同步，共同完成了整台手术。我仿佛在观赏一场绝妙的芭蕾舞，编排精美绝伦，演出妙不可言。金钱的刺激绝对不可能提高医生的专业水平。在参观过程中，我问了一些克利夫兰医学中心的医学专家，是什么把他们从各地吸引到俄亥俄州的克利夫兰的。他们给出的答案出奇地一致：希望与业内最顶尖的人才一起完成最出色的工作。

精英军事单位也是一样。想一想，领导一支特种部队，完成一次事关国家利益、充满危险的秘密行动，这需要何等水平的责任感、训练、能力和决断力？特种部队的领导者拿着中产阶层的工资，不可能获得类似利润分成或股票期权之类的巨额收入。读一读美国海军海豹突击队员马库斯·鲁特埃勒的《孤独的幸存者》，你完全看不到这样的语句："只要完成这些艰险的任务，一笔丰厚的年终奖金就会等着你。"这并不是说海豹突击队缺乏激励，而是他们的激励大多与金钱无关。

队友之间的尊重远比任何数目的金钱更有力。迪克·库奇曾是一位海豹突击队排长，他的好几部著作都在突击队员中得到了极高的认可。在《拉马迪的警长》（The Sheriff of Ramadi）一书中，库奇做出这样的总结："身在海豹突击队，声誉就是一切。海豹突击队员的声誉会一直跟着他，从训练营到作战部队，再到行动部署。突击队的圈子小极了，大家都彼此认识——或者只隔着一位熟识的朋友。"为了不放弃队友，突击队员通常要冒着生命危险。这并不是出于金钱的激励，而是出于队员之间一份神圣的承诺。想象自己置身于这样一种文化，你可以 100% 地确定——不是 95%，不是 98%，也不是 99%，而是绝对、百分之百地确信：无论发生什么，你永远不会被抛弃。你可以给一支海豹突击队 100 万美元，让他们放弃一位战友，而你得到的回答可能先是茫然不解，然后是毫不掩饰的鄙夷。这已经是最有风度的回答了，你也可能被胖揍一顿。

即使是军衔最高的星级将官，他们的收入也远远低于企业里的首席执行官——动辄差出 5 倍、10 倍，甚至 20 倍。每当听到企业的董事会成员说，"我们需要支付数千万美元才能聘请到一位真正的顶级领导者"，我都会不由自主地想起军队里的军官。他们要对成千上万人的生命安全负责，他们肩负着巨大的战略风险，他们要完成艰巨的国家目标。如果金钱激励真的那么重要，那么我们要怎样解释下面的事实？为什么有些全球最顶尖的领导者选择了从军、教书育人或加入顶级医疗机构？还有一些顶尖领导者深受千百位热血青年的鼓舞，投身社会运动？

需要明确的是，并不是说金钱激励缺乏影响力。实际上，经济学上的证据早已清楚地表明：金钱确实会激发人的反应（即使金钱激励不是最优秀的人的主要动力来源）。忽略金钱激励的影响就等于忽视人的本性。这为我们带来非常关键的启示：错误的金钱激励不仅毫无益处，而且完全是危险的做法。如果想在一套深入人心的价值观指导下建立一家卓越的企业，你就不能用金钱来强化有违核心价值观的行为，或者，更糟糕的是，用金钱强化错误员工的错误行为，逼走合适的人。实际上，错误的金钱激励体系可能会鼓励人们做错事，甚至会把一家企业推入危机的深渊。

富国银行就是个例子。20 世纪 80 年代到 90 年代，迪克·库利和卡尔·赖卡特带领富国银行完成了从优秀到卓越的蜕变。在赖卡特的卓越领导下，富国银行得到巴菲特的伯克希尔－哈撒韦公司的青睐和投资。巴菲特在 1991 年写道:"我们认为,富国银行找到了全行业最好的管理者。"巴菲特欣喜地看到,伯克希尔对富国银行的投资正在不断增值。这让他逐步购入了更多富国银行的股票。

然而,富国银行的品牌在 2017 年遭受重创,这让一些人不禁怀疑,这家公司是不是放弃了最初推动它从优秀走向卓越的原则。富国银行此时的做法与库利和赖卡特体现出的领导哲学正好相反,与几十年来建立客户信任的做法正好相反。用富国银行时任董事长的话来说:"(富国银行)辜负了客户的信任,在客户没有要求,甚至毫不知情的情况下,为某些小额银行业务客户开设了账户。"蒂莫西·斯隆在这场丑闻后成了富国银行的首席执行官。他在一封致股东的信中说:"因为法律诉讼,加上大约 13 万个无法澄清是否存在客户授权的账户的费用,公司的整体损失不下 320 万美元。"

13 万个账户!这个数字让人瞠目结舌。这一切是怎样发生的?要知道,在库利 – 赖卡特时代,富国银行一度是业内最卓越的企业。部分原因是富国银行形成了一种急于求成的销售文化,加上一套与之呼应的激励机制,这迫使人们做出了有悖公司核心价值观的行为。尽管公司董事会独立董事的报告列举了多种因素,但是,该报告把根本原因归结为,"社区银行销售文化与业绩管理体系的扭曲,当这一点与冒进的销售管理结合在一起时,为员工带来了巨大的压力,这迫使他们向客户出售没人想要也没人需要的产品,甚至在未经客户授权的情况下为他们开设账户"。为了解决这个问题,富国银行调整了关键领导岗位,改革了绩效体系。

无论卓越与否,面对错配的激励和关键岗位错误用人的恶性循环,哪家企业都不能做到完全免疫。当你把不合适的人招进公司时,厄运之轮就开始运转了。他们会做出违背公司核心价值观的行为,造成企业文化的退化。接下来,他们中的一些人会攫取到足够的权力,推行与核心价值观相悖的错误激励措施。这会进一步加强错误人员的错误行为，赶走合适的人。企业文化会越来越多地受到不合适的人的控制，对合适的人越来越恶劣。合适的员工选择出走，不合适的员工的比例越来越高，逐渐达到引发质变的临界点。接下来的某天早上，当你醒来时，你会愕然发现，你苦心经营的企业文化早已被摧毁了。

这里的重点并不是企业不应该运用金钱激励机制。实际上，在我们的研究中，多数卓越企业都有金钱激励机制，甚至超越了传统意义上的工资。但是，只有在与公司价值观相符、有利于实现薪酬根本作用的情况下，这些激励机制才能发挥有效作用。它指的是什么？在建立真正卓越的组织的过程中，无论薪酬体系的结构如何，它的基本目的始终都应该是确保你能吸引和留住合适的人——奋发向上、严于律己、奉行公司核心价值观的人。它绝对不是试图"鼓舞"不合适的人。这一切都要回到"先人后事"这个原则上：先让合适的人上车，让不合适的人下车，并将合适的人安排到关键位置上。

当然，合适的人应当拿到业内领先的优厚薪酬，他们需要感到薪酬体系是公平合理的。如果你从未想过把公司的财务成果更多地与帮助公司变得更卓越的人共享，那么你要记住比尔·休利特的那句格言："永远不要扼杀慷慨的冲动。"

打造"人依靠人"的文化

威廉·曼彻斯特是 20 世纪最负盛名的传记历史学家之一。他的传记作品广为人知，包括约翰·肯尼迪、道格拉斯·麦克阿瑟的传记，还有他最钟爱的《最后的雄狮》系列。《最后的雄狮》讲述了温斯顿·丘吉尔的生平。在我读过的曼彻斯特的作品中，《最后的雄狮：第二卷》的序言堪称他最杰出的传记文章。我非常喜爱曼彻斯特的传记作品和历史著作，其中对我影响最深的是他的回忆录《再见，黑暗》。

在《再见，黑暗》中，曼彻斯特把目光转向自己，解开了自己人生中最难解的一个谜团。第二次世界大战期间，作为一名美国海军陆战队员，曼彻斯特参加了太平洋战争。1945年6月2日，他所在的连队与敌方交火，曼彻斯特挂了彩。他的伤被称为"千金之彩"——严重到足以终结一名军人的戎马生涯，为他换来一枚紫心勋章，但又轻微到足以让他完全康复，过上正常的生活。回国前，曼彻斯特躺在战地医院的病床上接受康复治疗。他决心违抗命令，溜出战地医院，回到自己的连队。他知道，自己的连队当时驻扎在冲绳，远在火线之后。归队后没几天，曼彻斯特的小队遭到迫击炮的直接袭击。曼彻斯特身受重伤，人们都以为他牺牲了，幸亏一名医护兵发现他还有呼吸。这一次，他被直接送回了美国。

之后的几十年里，曼彻斯特经常被噩梦惊醒。他梦见自己还是那名年轻的中士，在一处山顶遇见业已中年的自己。用他自己的话来说，那就像"一个人分了身，遇见了年轻时的自己"。曼彻斯特无法逃离这些噩梦，于是，他决定写本书，把三则故事编织在一起：（1）太平洋战争的故事；（2）曼彻斯特作为一名年轻海军陆战队员参战的故事；（3）人到中年的曼彻斯特重游旧地、探访太平洋战争各个岛屿的故事。这些故事在冲绳岛的甜面包山上彼此交汇、融为一体。那里发生过最惨烈的战斗，短短10天，有7 000多名陆战队员牺牲在那座山上。

还有更深一层的故事，曼彻斯特迫切地想要揭开一个谜团：他当初为什么执意返回自己的部队，为此不惜违抗军令，擅离医院，冒着丧命的危险？他当时完全可以回到安全舒适的地方，这丝毫不会损害他的荣誉。我在曼彻斯特的书中找到了答案，他用最有力的语言揭开了谜团——对战友的手足之情。"我的战友从未让我失望，我也不能让他们失望。我必须和他们待在一起，明知自己也许能救他们的命，却眼睁睁地看着战友去送死，我做不到。"

我想说的重点并不是商业和组织生活应该像打仗或者类似战争的事件一样。我不是要把创业——无论是生产计算机、制造生物科技药品、创办零售商店、运营航空公司，还是在公益的驱动下提供社会服务——和甜面包山上的战斗归为一类，这样的想法无疑是对烈士的一种亵渎。我想说的重点是，要创造和凸显一种文化，让人们清楚地认识到，队友在依靠我们，我们不能让他们的依靠落空。

有一次，海军陆战队的指挥官邀请我为100位高级军官做演讲。在演讲前的午餐中，我问他："为什么要设立新兵训练营？为什么要保留这种有些残酷的做法？"他告诉我，人们总是错误地认为，新兵训练营的唯一目的是发现最强悍的士兵。他告诉我，新兵训练营的目标并非如此，它是为了淘汰那些在面对压力时只顾自己的人，他们不会帮助身边的战友。

在耶鲁大学就读期间，弗雷德·史密斯第一次提出了可靠的隔夜送达服务，并把它写进一门商业课程的作业里。结果，他的作业只得了C，因为教授认为他的想法是行不通的。1966年，史密斯从耶鲁毕业，他选择了耶鲁毕业生不可能做的事——应征入伍，成为一名海军陆战队员。在一场战斗中（由于作战勇敢，史密斯获得了一枚银星勋章和两枚紫心勋章），史密斯收获了一项至关重要的核心认识，这帮助他把联邦快递从一个想法变成了一家企业，并从一家普通公司成长为一家卓越的企业。和曼彻斯特一样，史密斯发现，为了实现诺言，人们往往会做出不合常理的事——不是因为伟大的创意、金钱激励、老板的命令、等级制度，甚至不是为了获得认可，而是为了彼此。

史密斯从越南战争的经历中总结出一种信念，一种日益增强的信念：如果一开始你就建立了对人最基本的尊重，营造出"我必须说到做到，因为有人在依靠我"的氛围，并通过这样的方式表达出对他人的信任，人们就会想尽一切办法完成任务。要知道，当你的卡车和飞机需要充分调度和协调安排时，如果你不能按时到达转接点，那就可能造成整条运输线延迟，危害"隔夜送达"的品牌承诺，这时，仅凭金钱激励、计算机系统、飞机和卡车是无法保证成功的。

联邦快递现在已经很普遍了，变成我们生活的一部分。它甚至成了一个动词（"你能把它联邦快递给我吗？"）。实际上，创业之初的联邦快递一度濒临破产。据说，史密斯在绝望之下跑到了赌城拉斯韦加斯。他在那里赢了 2.7 万美元，这让公司有钱给飞机加油，维持系统的正常运转。这个故事也许不足为信，但它一直流传在这家公司的逸闻趣事里。它说明了如今的巨头公司也曾作为小型初创企业经历过痛苦和挣扎。尽管如此，在公司为了生存而努力抗争的早期阶段，真正帮助它在生死边缘迎难而上的力量并不来自拉斯韦加斯的赌桌，真正的秘诀在于，史密斯建立了信任、尊重和关爱的文化——一种人与人相互依赖的文化。兰加纳特·纳亚克和约翰·克廷汉在他们的杰出著作《创意成真》中很好地讲述了这个故事（它也是有关创新者如何迎难而上的最好的著作之一）。他们把史密斯建立的这种相互依赖的文化称为真正的突破。

我时常想起，比尔为了我向斯坦福大学商学院教务长努力争取，为我争取到任教机会，提携我走上长达 30 年的研究之路，和我一起揭示了卓越企业的成功之道。是比尔激发了我最大的潜力，因为如果我失败了，我就会令他失望。的确，高尚使命与胆大包天的目标的结合总能极大地激发人的能力。但是，归根结底，当别人的成功有赖于我们时，我们不能允许这种依靠落空，我们会因此做到最好。

我们生活在一个成功却意义贫乏的世界里。如果一个人的生活里只有无休止的工作而没有意义，这样的生活就是残酷且黑暗的。在日常工作中，我们大多数人可能永远体会不到曼彻斯特对陆战队战友那种深沉的手足之情，但我们可以建立一种人与人相互依靠的文化，做到尽可能地接近。这样的做法势必带来无法估量的价值——有意义的工作。有意义的工作是最了不起的。

第三章
领导职能与领导风格

领导者的影响力系于真诚二字。

只有自己深受感染，才能用这种情绪激励他人；

只有自己涕泗横流，才能让别人热泪盈眶；

只有自己深信不疑，才能让他人信服。

——温斯顿·丘吉尔

我们姑且称之为 M 综合征。M 是一位领导无方的首席执行官，也是我们的观察对象。M 还是"弊病"（malaise）一词的首字母。

M 的智商高达 150，他拥有博士学位，读过 MBA，有 20 年扎实的行业经验。他和业内最顶尖的领导者熟识，他们会直呼彼此的名字。M 每周工作 80 个小时。M 公司的市场份额以每年 30% 的速度不断猛增。

然而，在早期的辉煌过后，这家公司遇到了困难，跌入暗无天日的下行螺旋——陷入平庸、低迷和苦闷。为什么会这样？因为 M 的领导风格过于低效，让人感到极其压抑。它笼罩在整个组织之上，就像一团深入毛孔的寒雾。它让员工感到压力重重。它削弱了人们的信心，吞噬着人们的气力和进取心。一天又一天，一周又一周，它在慢慢地杀死这家公司。

M 哪里做得不对？

- M 鼓吹"尊重他人"（因为他读过惠普公司崇尚尊重理念的资料），但从未真正信任过员工。M 终日赞颂团队合作，但他把团队精神错误地定义为盲目顺从。

- 优柔寡断，极度缺乏决断力。每当面临重大决策时，他总会反复分析，一再拖延行动。公司错过了重要机遇，小问题演变成大危机。

- 缺乏清晰的工作重点。他会情绪激昂地抛出 10 到 20 项行动计划，告诉员工"每一项工作都是重点"。

- 在大部分时间里，M 会把自己锁在办公室里，关在厚重的门内，那里"安全"得很。他很少走进员工所在的大开间，也不会顺路看看员工感觉怎么样。

- M 会无休止地责备员工，但从来不会给予任何正面强化建议。很久以前的一次错误会被他永远抓住不放——从来不给员工机会证明他已经从错误中吸取了教训。

- 从未清晰有效地传达公司的愿景。员工感觉公司似乎没有愿景。整个公司像一艘毫无方向的船，颠簸在惊涛骇浪之中。

- 无论是平时讲话还是撰写文稿，M 喜欢堆砌枯燥晦涩的术语。这不仅无法激励员工，反而让他们感到乏味和迷茫。

- 在公司达到成功的顶峰（约 1 500 万美元的销售收入，75 名员工）后，M 拒绝接受任何大胆冒险的新鲜事物。公司的发展陷入停滞。雄心勃勃的人才纷纷离职。

和 M 的案例一样，领导无方是很多企业走向卓越的一大障碍。企业即使拥有最先进的技术、最无懈可击的战略和最杰出的战术执行，也可能被糟糕的领导方式蒙上失败的阴影。这适用于所有类型的企业，尤其是中小型企业。这些企业的最高领导者具有极大的日常影响力。因为对这些企业来说，要实现卓越，总设计师只能由最高领导者来担任。

一言以蔽之，破坏性的领导风格不可能建立起卓越的企业。

乘数效应

作为最高领导者，你的领导风格势必影响整个组织的基调。无论是好是坏，它都会产生乘数效应。你在顶层奠定的基调会加倍影响整个企业里每个人的行为模式。如果你的领导风格行之有效，它就会成为强有力的促进因素，有助于企业实现卓越。反过来说，如果你的领导风格不尽如人意，甚至消极有害，它就会成为一张沉重的湿毯子，覆盖在整个企业之上，使之不堪重负。

多元的领导风格

领导风格应该千篇一律吗？不是，当然不是。你的领导风格是你独特性格特征的产物。

实际上，行之有效的领导风格有很多。有些影响巨大的领导者比较安静、腼腆、矜持；另一些高效领导者比较外向，善于交际。有些人极度活跃，意气风发；有些人有条不紊。有些人年高德劭，经验丰富；有些人年轻气盛，敢冒奇险。有些人喜欢演讲，滔滔不绝；有些人在众人面前表现拘谨。有些人充满个人魅力；有些人平凡无奇（不要把领导力同个人魅力混为一谈，个人魅力不等于领导力，有些最杰出的领导者毫无个人魅力可言）。

历数世界各国的领导者，我们会发现，他们的风格截然不同：甘地（身体虚弱、轻声细语）、林肯（忧郁、深沉自省）、丘吉尔（像一只暴躁的、不屈不挠的斗牛犬）、撒切尔夫人（严厉、坚毅的"铁娘子"）、马丁·路德·金（激情澎湃、口若悬河）。尽管他们的风格相差极大，但他们都是极其高明的领导者。

要培养自己的领导风格，不要一心想着成为别人，也不要尝试模仿某些并不适合自己的风格。你能想象丘吉尔模仿甘地的风格吗？你能想象丘吉尔裹着缠腰布，用一种轻浅的、几乎让人听不到的声音说话吗？反过来，你能想象圣雄甘地一边叼着粗大的雪茄，一边高声怒吼："我们的策略就是血战到底，在海上、在陆地上、在天上……倾尽上帝赐予我们的全部心血和力量……"这样的场景难免让人觉得荒唐。如果总想模仿别人的独特风格，你恐怕就会做出比这更荒唐可笑的事。

行之有效的风格是由内而外逐渐生发的，它应该完全彻底地属于你一个人。你的风格只有你能塑造，除了你，没有一个人能做到。

有效领导：职能与风格

行之有效的企业领导力由两部分组成：领导职能和领导风格。

领导职能是领导者的首要责任。领导职能意在促成一种明确的、整个公司的共同愿景，确保人们坚决投入和积极追求。（本书第四章解释了愿景的概念，阐述了愿景是如何建立的。）它是对领导力的基本要求。你的领导风格要服务于你的领导职能。

相比之下，领导风格因人而异。各种领导风格都能实现领导职能。但是，有一个比较棘手的问题需要解决。一方面，我们确定地提出，你的风格应该专属于你自己，有效的风格是多种多样的；另一方面，我们必须提防 M 综合征。我们都看到了，M 的领导风格是企业走向卓越的主要障碍。那么，应该如何解决这个矛盾？这是否意味着，尽管领导者各有各的独特风格，但是有些领导风格确实比其他风格更有效？

为了解决这个矛盾，我们观察了很多高效的企业领导者，总结提炼了多种风格要素。尽管领导者的个人特征各不相同，但是，那些真正有效的领导风格的确存在某些共性，参见图 3-1。

领导职能　　　　　　**领导风格**

促进建立明确的、引人入胜的共同愿景，使之成为组织行动的基础	有效领导的 7 要素** 个人性格特征 有效的领导风格的共性 （因人而异）

** 真诚、决断力、专注、个人色彩、硬性/软性社交技能、沟通、一往无前

图 3-1　有效的企业领导力

类比可以帮助我们更清楚地说明这个问题。以杰出作家为例，每位优秀作家都有自己的风格：福克纳与海明威风格迥异，芭芭拉·塔奇曼与威廉·曼彻斯特的风格大不相同。对每位作家来说，写作风格是个人独有的，尽管如此，有些要素还是可以跨越这些风格，成为伟大作家的共通之处，例如，他们都能一开篇就吸引读者，通过生动的细节描写抓住人们的想象力；他们都会出色地运用语言，精心编排开头和结尾；等等。这样的共通要素还有很多。

吉姆·柯林斯最新思考

究竟什么是"领导力"？

在不断探究领导力问题的过程中，我最重要的经历来自 2012 年和 2013 年。当时，我有幸被西点军校授予两年期的讲席教授资格，帮助美国军事科学院开展有关领导力的研究工作。它是全球最杰出的领导力开发机构之一，主要致力于培养性格特征鲜明的领导人才。为此，我多次来到西点军校，与那里的师生切磋，思考领导力的本质、优秀领导者是怎样炼成的、怎样帮助优秀的领导者成为卓越的领导者等多项问题。

我的目标之一是深入理解一个看似简单的问题：什么是领导力？我们总在谈论领导力，可是领导力究竟为何物？

首先需要澄清一点，世界上根本不存在所谓的"领袖人格"。我们生活在个人崇拜大行其道的名人时代。这个时代的人错误地把人格与领导力混为一谈。这把我们带入了一种危险的境地。

以最近几十年最有影响力的一位创业家为例，她也是我心目中的英雄人物，她就是"为美国而教"的创始人温迪·科普。在西点军校工作期间，我曾邀请科普作为嘉宾，为一个小班的学员做一次特邀讲座。学员们首先发现，科普在人前显得那么腼腆矜持，甚至有些不自在。那堂课被安排在一间只能容纳约30人的小型研讨室里，尽管如此，因为科普说话的声音太小，加上附近建筑工地远远传来的轰鸣声，有些学员还是听不清她讲话。

科普谈到自己在大学最后一年时的焦虑感，因为她当时还不知道自己将来想做什么。她在"生存还是毁灭"的恐惧中彷徨，同时还要按时完成毕业论文。因为对教育抱有热情，她决定把教育作为论文的方向。科普的论文从两个基本前提出发：第一，无论家庭和社会背景如何，每个孩子都应该有权利和机会接受优质教育；第二，应该鼓励名牌大学毕业生自发走进全美教育最落后的地区，至少从事两年支教工作，例如密西西比三角洲、哈莱姆区和布朗克斯区等等。就这样，她找到了自己一生的事业，成立了"为美国而教"。

成立至今，"为美国而教"已经激励50多万年轻人申请加入，累计安排了6万多成员走进课堂。2009年，《公司》杂志即将推出30周年专刊，一位编辑为此采访了我。我们谈论的话题是史上最伟大的创业家。我在这次采访中提出，就当前的10年而论，我眼中最当仁不让的人选就是温迪·科普。

温迪·科普的领导才能出于一种把合适的人同其他合适的人团结在一起的本能，然后用教育孩子的神圣使命感洗礼他们。在创办"为美国而教"的初期，科普一心吸引能力超群的人才加入公司，释放他们的潜能，帮助他们成为成功的教师和教育领导者。随着"为美国而教"的不断发展，以及如今"为世界而教"（和"为美国而教"的组织网络相似，服务遍及世界各国）的发展，科普的领导观不再那么精英化，而是转向更为大众化。在这种模式中，整个体系的不同层级的不同角色——学生、家长、教师、校长、地区行政管理人员、政策官员、商界人士、卫生工作者等——都向着同一个目标努力。从这个围绕孩子展开的生态系统出发，科普吸引了组织内外数以千计的人才，他们追求同一个梦想：有一天，全世界每个孩子都有机会接受优质教育。

在西点军校的那间研讨室里，温迪·科普诠释了一个重要的事实，为军官们上了关于"领导力"的重要一课：要激励人们成就伟大的事业，你不需要强悍的个性或者魅力四射的人格，也不需要传统意义上的权力。她没有公司制度赋予的权威，没有等级带来的职权，没有尊贵的头衔，没有表决权股股票，也没有政府背书。她甚至无权决定财务激励方式，对大部分教师来说，他们如果选择另谋他职，完全可以挣到更高的工资。正如詹姆斯·麦格雷戈·伯恩斯在他的经典教材《领袖论》中指出的，我们不应该把领导力与野蛮的权力混为一谈。

真正的领导力只有在人们有选择不跟随的自由时才存在。许多企业领导者认为自己在领导，但实际上他们只是在行使权力。有一天，他们可能会惊恐万状地发现，一旦失去权力，就不会有人再跟随他们。如果你的领导力主要建立在级别、头衔、资格、金钱、重赏、名声或者其他形式的原始权力的基础上，你基本上毫无领导力可言。那些依靠权力发号施令的人站在了领导力的对立面。我强烈推荐鲍威尔将军的著作《我赢定了：鲍威尔生活和领导的艺术》这本书。他在书中指出："35 年戎马倥偬，我不记得对谁说过'这是命令'之类的话。"鲍威尔知道，"巧妙的命令"才是更好的方法。

如此说来，如果领导力不等于个人性格、权力、级别、地位和官衔，那么它究竟是什么？在西点军校期间，艾森豪威尔将军的言语和思想对我影响很深，帮助我最终领悟了领导力的简明定义。它与我此前所有的研究和观察不谋而合。这个定义很简单：领导力是一门艺术，它让人渴望完成必须完成的事。

请注意这个定义中的三个要点。第一，作为领导者，要搞清楚必须完成的事是什么，这是你的职责所在。你可以通过自身的洞察力和本能做到这一点，或者通过与合适的人开展对话和辩论做到这一点。后一种的可行性更高。无论以哪种方式，都必须清楚明白。第二，重要的不是强迫人们完成某件事，而是让人们渴望完成这件"必须完成的事"。第三，它不是一门科学，而是一门艺术。

我很喜欢"艺术"这个词——我直接从艾森豪威尔将军那里借用了这个词，它能准确道出我和比尔最初想在《超越创业》的领导力篇章中所探寻的东西：你必须发现和培养自己的风格要素，形成与众不同的领导艺术。它会帮助你有效地找到合适的人，你们会一起充满热情地工作，携手完成必须完成的事。

也许你也有温迪·科普式的天赋，能够用寥寥数语表达出明确而充满吸引力的愿景，能够让人们相信他们能实现看似不可能的梦想，让人们把他人眼中的不可能当作可能实现的目标（全世界的每个孩子！）。也许你像科普一样，能吸引各种各样的合适人才，不事张扬地为他们奠定合作的基调，打造适宜的环境，让真理能够被听见，为最好的创意营造获得成功的空间。也许你也能像科普一样，总能发现聪明务实的人才，他们能满腔热情地把远大的理想变成可实现的体系。

或许你的天分完全不同。也许你能通过令人动容的演讲掌控全场，就像安妮·马尔卡希那样。也许你能保持工作的乐趣，让人们感受到爱与尊重，就像西南航空公司的赫布·凯莱赫那样。也许你天生不甘失败，能用坚忍的决心感染身边的每个人，带给人们信心，就像凯瑟琳·格雷厄姆那样。或者，你的天赋是把复杂的事物变简单，让精力充沛的人们感受到信心，清楚自己应该把力气用在哪里，就像比尔·盖茨那样。

关键在于发现自己的领导天赋，并且——就像温迪·科普那样——持续不断地完善它。这很像伟大的画家、作曲家、演员或建筑师，几十年如一日地专注于提升自身的才华，精益求精。

回顾我和比尔在初版《超越创业》中提出的简单框架——把领导职能与领导风格分开讨论的想法，我禁不住惊叹，我们当时竟如此接近领导力的本质表达。时至今日，我对个人性格特征的崇拜的怀疑在不断加深。我长期专注于研究企业如何从优秀向卓越转变。相关研究以令人信服的证据表明，一些史上最伟大的企业领导者并不具备最起码的、显而易见的个人魅力。我们的研究进一步表明，有些企业糟糕至极的衰落和失败恰恰发生在魅力型领导者在任期间（详见《再造卓越》一书）。我们宁可做一个毫无魅力但是有能力用对人、直面残酷现实的领导者，也不要做一个魅力四射、带领一群怨气冲天的下属冲向灾难深渊的领导者。拥有个人魅力并不妨碍长青企业的建立。但是，请不要忘记一点：如果没有你个人魅力的激发，公司将无法保持卓越，它就算不上真正卓越的企业。

领导风格 7 要素

本章定义了领导风格的几种要素。卓有成效的领导者普遍具备这些要素，它们包括：

1. 真诚
2. 决断力
3. 专注
4. 个人色彩
5. 硬性／软性社交技能
6. 沟通
7. 一往无前

领导风格要素 1：真诚

领导效能的最关键要素是真正实现企业的愿景。一家企业的价值观和抱负并不是完全依靠领导者的话语灌输的，它们主要是通过领导者的行动深入人心的。

在一家健康的企业里，人们所说的和他们内心深处所相信的不会不一致——企业的价值观来自领导者内心，并通过日常活动体现在组织中。它就像和面——不断地揉搓按压，把价值观揉进组织的核心本质里。

即便领导者可以意识到价值观带来的实际益处，但是在没有这些益处的情况下，他们的行动也会与价值观保持一致。这恰恰是他们能成功领导、有效领导的关键。

惠普公司在初创时，比尔·休利特和戴维·帕卡德并没有坐下来讨论"我们最实用的价值观是什么"。他们深信不疑地尊重人，并把这个朴素的信念体现在各项工作中。对他们来说，尊重他人就像呼吸一样自然。

表现出你的坚信

我们发现，卓有成效的企业领导者对价值观、信念和愿景会表现出惊人的坚定信仰。他们不惧表现出对价值观的热情，有时甚至表现得很情绪化。

吉姆·根茨是运动设计公司 Giro Sports Design（以下简称 Giro）的创始人。很多人都知道，每当谈到 Giro 的产品挽救生命或者帮助运动员实现梦想时，根茨都会极为动情。

耐克公司的 CEO 菲尔·奈特个性内敛。他不属于上蹿下跳、啦啦队长式的类型。但是，在 1990 年的一次员工大会上，当说到他为员工感到骄傲时，奈特显然动了感情。他创办的企业是这个时代最成功的企业之一。他是一位为业绩、竞争和胜利所驱动的企业家，但是他当时泪流满面，哽咽得几乎无法完成他的演讲。这触动了耐克员工内心最深的角落，因为它是真实的。

成为最好的榜样

仅仅做到言辞真诚是不够的，你还必须付出真诚的行动。你的每一项决定和行动都必须与你自身的价值观吻合，它们本身就是你的核心价值观的体现和宣示。

领导者的行为应当深刻地影响企业中的每个人。企业领导者的角色应该更像父母或老师。只有如此，人们才有可能跟随你树立的榜样。

千万不要低估你的行为对下属的影响力。你的谈吐风度、决策风格、行为举止和很多其他特征都会对他们产生影响。举例来说，在约翰·肯尼迪成为美国总统的短短几周，白宫的工作人员就开始用肯尼迪式的断句法谈话了。他们还会一边讲话一边用手指在空中比画，简直和肯尼迪的风格一模一样。

上行下效是人们在面对权威人物时的正常反应。人们总是不可避免地模仿领导者。即使在非等级化环境里，领导者也会被视为权威人物，人们也会做出上述反应。

因此，构建企业文化，领导者首先要以身作则，成为榜样。

山姆·沃尔顿是沃尔玛公司的创始人和早期领导者。在他的领导下，沃尔玛从一家小型独体零售商店成长为成功的折扣连锁店。沃尔顿深知自己作为沃尔玛最高榜样的重要意义。就像万斯·特林布尔在《山姆·沃尔顿传》（Sam Walton）中描述的那样，沃尔顿相信，沃尔玛的文化内核应该是简约——无往不胜的强大竞争优势来自极致的精益和高效。

沃尔顿成了简约理念的模范。每次出差，他从不租用任何比微型汽车更贵的车。在乘坐飞机时，他只坐经济舱。董事会每次开会时，沃尔顿只提供不加热的三明治和薯条——董事会成员还要自带可乐。和所有人一样，他在公司大厅的咖啡售货机里买咖啡。沃尔顿平时开着一辆破旧不堪的老式皮卡，即使接待来自英国的显贵时也不例外（这让对方懊恼不已）。

伯顿·斯泰西曾在沃尔顿老家的银行工作，他告诉我们："他（沃尔顿）不允许自己的标准比员工高……山姆·沃尔顿不会住超过员工标准的酒店……不会去更好的餐厅、开更好的车。"沃尔玛前董事会成员杰克·斯蒂芬斯也说过："山姆·沃尔顿——他以效率为生。"

和所有优秀的企业领袖一样，沃尔顿做到了100%的纯粹真实——不带一丝一毫的矫揉造作。

相比之下，Fortune System 电脑公司堪称反面典型。尽管这家公司资金雄厚，而且很早就进入了市场，但是它在 20 世纪 80 年代中期遭遇惨败。这家公司的一位高管曾经表示："我们崇尚团队合作，从本质上讲求人人平等，朝着共同目标一起努力。我们奉行的工作方式是集中力量切实做好手上的工作，而不是埋头钻营身份和地位。"

然而，公司高管明目张胆地违背这一核心价值观。他们有独立的"行政套房"，首席执行官拥有专属停车位。当看到这种不一致时，我们就知道，这家公司正在大踏步地走向平庸。最后，它连保持平庸都没做到。

归根结底，我们公开宣示的企业理念必须是自己深信不疑的价值观和信念的真实反映。价值观必须是我们的重要组成部分——核心精神的一部分。在对外界环境做出反应时，我们会本能地做出与自己宣示的理念一致的行为，根本用不着刻意去想它。同样，假如看到有些人的行为有违这些价值观，我们内心最深处会生出困扰和不安。

这样的真诚还应该体现在公司的重大战略决策上，这一点同样重要。正如我们会通过日常行为形成公司价值观和信念的表率一样，公司本身也应该通过重大决策的示范作用践行这些理念。

伊冯·乔伊纳德深信，落箭公司（巴塔哥尼亚公司的母公司）应该在自然环境的保护中发挥重要作用。这家公司每年向环保事业捐献 10% 的税前利润。尽管环保面料的成本更高，但是落箭公司坚持从环保企业采购这种原材料。乔伊纳德用这样的行动支持自己的环保理念。

乔伊纳德长期运用这种理念管理落箭公司，这一点更让人印象深刻。早在 20 世纪 70 年代初（距离环保主义流行还有几十年的时间，当时的企业远远谈不上具有环保意识），乔伊纳德已经通过自己的企业彻底改变了攀岩者在峭壁上保护自己的方式。他希望攀岩者使用不一样的设备，避免给岩石留下累累伤痕。为此，他推出了被称为"岩塞"（chocks）或"岩楔"（nuts）的非破坏性保护装备。

当时，很多人认为这是一种非常不明智的做法。没有攀岩者想把岩钉（一种敲入岩石的金属长钉，会永久性破坏岩体）换成岩塞或岩楔。很多人认为乔伊纳德在蛮干，不可能成功。但是乔伊纳德还是固执地推出了新装备，卖力地改变攀岩者群体。

他的苦心没有白费。到了1975年，几乎没有人使用岩钉了。岩壁被完好地留给了后人。乔伊纳德的行动吸引了公司里富有献身精神的忠诚员工。他们知道，这家公司和大多数只会空喊"关心环境"口号的公司不同，乔伊纳德是认真的。他的认真激励了很多人。

别只是说，要真正做

我们从不同情那些言行不一的管理者。虽说人无完人，谁都不可能百分之百恪守自己的理想，但是有些企业的领导者连25%都做不到。他们总是口若悬河、滔滔不绝。这样的虚伪令人作呕。他们不配当领导，更不可能建成卓越的企业。

你怎么说就要怎么做。别只是说，要真正做。

吉姆·柯林斯最新思考

在奉献中引领

在西点军校担任领导力讲席教授期间（前文详细谈过此事），我惊讶地发现，我遇到的很多学员看上去比斯坦福的MBA学生快乐得多。我认为其中一个重要原因在于奉献精神——投身更大的事业，而不是只顾自己，这种精神渗透到西点军校学员的整个学习生涯中。它是一种大写的奉献。学员们明白，他们甚至要为此献出自己宝贵的生命。

安妮·马尔卡希、戈登·摩尔、温迪·科普和乔治·马歇尔的共同之处是什么？他们都投身于更大的事业，在奉献精神的指引下领导他人或者接受他人领导。对马尔卡希来说，她为之献身的事业是拯救施乐（她最心爱的企业）。她要为同事创造一个振奋人心的未来。对摩尔来说，他为之奉献的事业是把英特尔变成一种促进变革的力量，借助微电子技术日益增长的力量革新人类文明的运行方式。对科普来说，她立志奉献一生的事业是一个更宏大的目标——让全世界的每个孩子有机会获得优质教育。对马歇尔来说，这个目标是为国效力，击溃那些擅越国界、压迫自由民众的残暴政权。为了各自的事业，这些领导者心甘情愿地克制个人理想和自我意识。

以马歇尔为例，他在第二次世界大战期间担任美国陆军参谋长，是盟军取得最终胜利的主要策划者。1944 年，作为最高军事将领之一，马歇尔本来可以通过游说成为诺曼底登陆日的总指挥，带领盟军攻入欧洲，铸就一名军人一生中最辉煌的英雄事业，坐享不朽的盛名。但是，就像军事历史学家、马歇尔传记作家马克·斯托勒教授在他的课程"反思美国史"中指出的，马歇尔向罗斯福总统清楚地表明，为了保护国家利益和战争果实，他愿意接受任何工作安排。罗斯福说，如果没有马歇尔在华盛顿陪他，他晚上就无法入眠。就这样，前线指挥权被移交给艾森豪威尔。马歇尔留在幕后，运筹帷幄。坚决服从更高的目标，甘愿放弃个人荣誉，这让马歇尔成了有史以来最伟大的军事将领之一。

在撰写《从优秀到卓越》一书时（这本书是在我和比尔出版《超越创业》整整 10 年后推出的），我和研究团队发现，从优秀到卓越的领导力中存在一种"X 因素"。它就是"5 级经理人体系"。第 5 级经理人是一系列能力水平中的最高级。它从第 1 级（个人能力）起步，逐步上升到第 2 级（团队合作能力）、第 3 级（管理技能）、第 4 级

（领导技能），最终抵达第 5 级。第 5 级经理人会综合使用第 1 级到第 4 级的全部技能，为更大的事业服务，他们会把个人的谦逊品质和职业化的坚定意志结合起来，创造持续的卓越业绩。第 5 级经理人具有令人难以置信的雄心壮志。他们积极进取、矢志不渝、狂热偏执、永不懈怠，常常让身边的人们感到筋疲力尽。尽管如此，他们最重要的雄心壮志还是为了事业、为了公司、为了使命、为了工作，而不是为了他们自己。

安妮·马尔卡希、戈登·摩尔、温迪·科普和乔治·马歇尔都是第 5 级经理人的杰出代表，此外，还包括本书提到的其他领导者，例如安妮·巴卡尔和奥斯汀将军、弗雷德·史密斯和凯瑟琳·格雷厄姆。盛年时期的乔布斯也是典型的第 5 级经理人，也就是乔布斯从乔布斯 1.0 成长为乔布斯 2.0 的那段时间。他运用自己的创意天才，把苹果公司变成一家伟大的企业，并让它的存在和发展远远超过自己生命的长度。

许多人问我，他们能不能成为第 5 级经理人。答案是肯定的。怎样才能成为第 5 级经理人？点燃第 5 级领导力的最好引信是一个简单至极又困难至极的问题：你为什么而奋斗？你甘愿为哪些事业牺牲自己，忍受煎熬？你甘愿做出艰难决断，甘心忍受痛苦，以换取哪项事业的发展？什么事业让你的生命充满意义？它也许是宏大的、指向明确的，也可能是比较个人的、没那么显眼的，这都不重要，重要的是你会为这项事业献身，而不是为自己奋斗。

领导风格要素 2：决断力

乔治·马歇尔说过，上天给予一位领导者的最好馈赠是决断力。从有那么多高管长期处于优柔寡断中来看，我们认为马歇尔说的是对的。

卓越企业的领导者很少受到优柔寡断的困扰。在信息不完备的情况下（也许根本就不存在所谓的完备信息），做出决策的能力也是优质团队与领导者的一个基本特征。

不要让分析阻碍决策

当分析一件事时，我们可以做假设，但是现实生活不存在假设（对中小企业来说尤其如此）。

审慎明断地做出分析是好事，但不能因此沦为"分析麻痹症"的受害者。充足的事实或数据很少存在，我们不要指望有充足的信息作为一项决策的充分根据，以此消除所有风险。不仅如此，所有的商业分析都会极大地受到分析者自身所做的假设的影响。面对同样的一组事实，不同的人可能得出完全不同的结论。为什么？因为人们赖以得出结论的基本认知框架各不相同。

举例来说，你可以尝试这样一个实验：请一组员工评估一种潜在新产品的可行性，确定是否应该继续下去。他们都是最出色的员工，接受过完全相同的业务培训。你会为他们提供充分的事实依据。即使如此，也会有大约一半的人选择推进，另一半选择终止。为什么？因为为了分析这个问题，他们会首先做出假设，再得出结论，是他们从自己的假设推出了自己的结论。

这一点适用于大多数商业情境。从理论上说，可做的分析是没有止境的，但是，分析本身是没有结论性的。我们终究还是要拿定主意，做出决断。

这并不代表我们应该在采取行动之前不加考虑，听从盲目狂乱的冲动任意而为。在形成决策的过程中，事实、分析和可能性各有作用。请务必记住一点：你的目标是做出决策，而不是用分析的石磨把它研成齑粉。

要合理判断自己是否已经做了足够的分析，收集了足够的事实，然后向前推进。斯坦福大学第一任校长戴维·斯塔尔·乔丹的决策风格很好地抓住了这一点。乔丹说过："当所有的证据看上去都已具备时，我会立即判断做还是不做。接下来就要看运气了。"

跟随直觉

乔丹校长的"做或不做"的判断为我们留下了一个未解难题：怎样在信息不完备的情况下做出最终决策？部分答案在于：要听从你内心的声音——跟随你的直觉。

有些人无法接受直觉式决策，这一点毋庸置疑。因为直觉看上去不够科学，不够理性，对未经训练的人来说，跟随直觉可能会让他们感到很尴尬。实际上，多数高效决策者会结合冷静的分析和直觉。

保罗·库克就是个很好的例子，他是瑞侃公司的创始人和领路者。在一次演讲中他指出：

说起来很奇怪，这家公司犯过两三次大错误。假如我当初选择忠实地跟随自己的直觉，这些错误就可以被避免。我绝对不会让这样的事再发生。我学会了忠实地信任自己的直觉。这带来了极大的不同。

和库克一样的人还有很多，例如保罗·高尔文（摩托罗拉公司创始人）、威廉·麦克奈特（3M 公司创始人）、山姆·沃尔顿（沃尔玛创始人）、克里斯汀·迈克迪维特（担任巴塔哥尼亚 CEO 长达 17 年）等等，他们都是乐于听从直觉、善于运用直觉的领导者。

世界上根本就不存在没有直觉的人。困难之处在于，如何发现和运用直觉。怎样高效地运用直觉？下面是我的几点建议：

- 抓住问题或决策的核心。不要让漫无边际的数据、分析、看法和可能性淹没你、压倒你，造成灾难性的优柔寡断。
- 清除乱麻一般的次要问题——长长的利弊清单，单刀直入地研究核心问题。在面对问题时，问问自己："它的本质是什么？不要纠缠于细节，最重要的问题是什么？"不要无休止地琢磨问题的特点和复杂之处。把问题简化到核心要素。

- 有一种非常有用的办法，可以帮你直达问题的核心。问自己一个简单至极的问题：你对这件事的直觉是什么？是"做"还是"不做"？

直觉是慢慢培养的，它会变得越来越精确。你会越来越真切地听到心中直觉的声音。这种"直觉"具有一种特质——你就是知道事情对不对劲儿。在做出一项决策时，仔细体会自己对这项决策的内心感受，这是培养"直觉"的一个有效方法。

举例来说，如果发现自己陷入无边无际的泥淖，不断地权衡利弊得失，你就可以先随意选择一项决定，体会自己的感受。如果它让你如释重负，也许它就是正确的决定。相反，如果它让你如坐针毡、焦虑不安——你的心仿佛被拧在了一起，也许你就应该另做决定。你也可以做出一项决策，24 小时内不告诉别人，先体会自己的感受，再公之于众。

对直觉本能的畏惧可能会对你造成不利影响，你务必小心提防这一点。畏惧会造成掩耳盗铃式的自我蒙蔽。有时，看似直觉的决策实际上是披着伪装、受恐惧驱使的决策。当对风险的畏惧驱使我们做出决策时，我们的内心深处明明知道什么是正确的，却不敢去做。这种决策很容易和直觉式决策混淆，因为这种决策能减缓恐惧，往往能带来一种以假乱真的轻松感。（然而，这种虚假的轻松感并不持久，直觉的"痛苦感"终究会卷土重来。）

如果你心里想的是"我知道这样做是对的，但是我担心……"，这证明你已经处于一种危险的境地，即将做出违背直觉的决策。想高效运用直觉，你就要勇敢一点儿，做自己认为正确的事情，无论它有怎样的风险。

杜鲁门是美国历史上最善断的总统之一。1951年，他按照自己的"直觉"解雇了麦克阿瑟将军。当时，这算是一个不得人心的决定。杜鲁门的决定事关重大，不仅关系到他自己的政治地位，还牵扯到朝鲜半岛日益升级的军事冲突。但是杜鲁门仍然解雇了麦克阿瑟。多年后，他回忆起这段往事：

麦克阿瑟这件事教会我一个道理：如果直觉告诉你，有件事非做不可，你就应该及早去做，这样对每个人都有好处。

糟糕的决策总好过没有决策

无论是怎样的天纵奇才，你都不可能做到决策百分之百正确。我们的很多决策是次优的，生活本来就是这样。可以肯定的是，如果非要等到完全确定再做决定，你就一定会陷入犹豫不决的泥沼无法自拔。

什么都不做可能让人感觉更舒服，因为它不会产生即时危险。但是，中小企业的世界必须一刻不停地向前。对它们来说，什么都不做意味着灾难。在迫在眉睫的问题面前，你必须做出决断、展开行动。

优柔寡断的害处通常比错误决策的害处还要严重。快速理解问题、主动解决问题，而不是被问题逼入角落、陷入被动。如果因此做出了糟糕的决策，你就要坦然面对它。你很快就会发现错在哪里，然后正确地解决之前的决策错误。

遗憾的是，大多数人都怕犯错。一个"怕"字使这条建议变得更难落实。我们中有很多人害怕遭到奚落、责怪和批评，害怕沦为别人的笑柄。也就是说，犯错的心理后果常常比它造成的实际后果更令人恐惧。我们不愿意做出决断，因为我们害怕自己可能会——倒吸一口凉气——犯错。

你要学会接受自己会犯错——会犯很多错——的事实，学会从错误中吸取教训。实际上，错误是非常重要的力量源泉。人会犯错，就像运动员会通过训练锻炼肌肉一样。请对这一比喻稍事思考：一名运动员是如何变得更强的？他（她）是通过不断地挑战自己的极限而变强的。假如你现在只能做3个引体向上，第4个无论如何也做不了了，你的身体就会做出调整，你变得更强壮。也许，在下一次尝试时，你做到了4个，但是第5个会失败。再下一次，你做到了5个，但是做不到第6个。如此这般，持续下去。

做出决策的过程，有些是做出"失败"的决策并从中学习的过程，都是"锻炼肌肉"的过程。如果连犯错都不敢，你就只能永远在3个引体向上的水平上原地踏步。

为自己偶尔会犯错误感到自豪，这表明你不是一个怯懦的人。怯懦的人害怕犯错，终其一生，他们做不成任何值得做的事。摩托罗拉的创始人保罗·高尔文说得很好："不要怕犯错。错误是智慧之母。"

要善断，但不要一意孤行

善断并不代表顽固执拗、一意孤行。我们当然要做出决断，并且付诸行动。但你也要乐于做出调整，适应新的信息或环境。如果决策需要调整，你就应该放手去做。这总好过固执地坚持一项糟糕的决定，更好过根本不做决定。从长期看，正确远比一致重要得多。

关于团体决策

你应该在多大程度上让他人加入你的决策？大卫·布拉德福特和艾伦·科恩在《追求卓越的管理》（*Managing for Excellence*）中指出，人的决策风格多种多样，形成了一个连续统一体。它的一端是完全彻底的授权型决策，领导者会把决策权交给他人。他们会说："你来决定吧。"

比授权型决策更进一步的是纯粹的共识型决策，这种决策是在领导者的协调下由团队做出的。在纯粹的共识方式中，决策出自团队。领导者无法把自己的方案强加给这个团队，只能在这个团队中寻求一个获得"广泛认同"的方案。领导者的能力主要体现在提出问题、进行观察、提供看法、促进决策的形成等方面。有效的共识型领导者会适时引导团队做出决断——他们既不会提前终止决策的形成过程，也不会让商议过程毫无意义地延续下去。

共识并不等于全部同意！有太多领导者错误地把共识等同于100%的同意。实际上，取得共识并不需要每个人都认同最终决策，只需要取得广泛认同就够了。广泛认同当然是远远高于51%的大多数，但通常距离全部同意还有一段距离。它更多是做出合理的判断而不是进行量化的分析。共识一旦达成，在决策过程中不认同这项决议的人就要选择同舟共济，否则只能选择离开。

比共识型决策更进一步的是参与型决策，即由领导者征集想法和建议，评估替代方案，确定最终解决方案。与纯粹的共识型决策不同，参与型决策最终由领导者一人（而不是一个团队）做出。（参与型决策的案例可以参考罗伯特·肯尼迪的《十三天》，它详细记叙了美国政府处理古巴导弹危机的经过。）

参与型决策的优势在于，它既有多重视角与探讨充分的益处，也有利于做出快速决断。在充分并反复地思量之后，领导者可以坚决果断地宣布："我们就这么做。"

决策风格统一体的另一端是独断型决策。独断型领导者仅从他人身上获得信息（而不是建议或方案）。这种领导者不容许他人参与决策过程，也不会组织关于替代性方案的集体讨论。整个决策过程完全把控在领导者一人手中。

从组织的长期健康和成功的角度看，哪种决策方式最有效？这个问题并不存在简单干脆的答案。我们提出了以下观察和思考结果，可供参考。

总体而言，最有效的领导倾向于广泛采用参与型决策的方式。最好的决策通常是在一定程度的参与下做出的——没有一个人的才智或经验能高到无所不知的程度。一个都没有！

MIPS 技术公司的首席执行官鲍勃·米勒是一位卓有成效的领导者。他做出这样的解释：

最好的决策往往来自一群聪明人的想法和建言。一定要让自己身边围绕着聪明人，让他们参与到你的决策中来。这会帮你做出更多英明的决策。

参与程度主要取决于决策的重要程度。如果凡事都要寻求最广泛的参与，即使是鸡毛蒜皮的小事也不例外，那么人们可能除了开会什么都做不了。但是，总体而言，随着决策重要性的不断提升，邀请更广泛的人员参与决策是一种比较明智的做法。

与高层直接做出的决策相比，人们通常会对自己参与制定的决策更投入。的确，群体决策可能会让决策过程变得更长（包括参与型决策和共识型决策在内），但是，由此产生的决策可能会得到更快速、更彻底的执行。最重要的恰恰是决策之后的实际行动，而不是决策本身。切记一点，与其对人们施加影响，促使他们接受一项既定决策，不如从一开始就邀请他们参与到决策的制定中来，后者比前者要省时省力很多。

但是，群体决策真的不会带来成员之间的意见冲突——甚至带来令人不快、难以调和的矛盾吗？当然会，但这是一件好事。

再次强调：决策中的意见不一致是件好事。在制定重要的决策时，允许有益的争论和不同观点的交锋是非常明智的。不同的意见能够澄清问题，形成更完备的解决方案。如果没有出现不同意见，很可能是因为你们没有完全搞懂问题。

在谈到古巴导弹危机时，罗伯特·肯尼迪写下了不同意见在最佳决策的形成过程中发挥的重要作用：

> 我们会探讨、争辩、驳斥、不认同，然后进行更多的争辩……实际上，这对我们做出最终决定至关重要。这样的交锋和激辩能让各种看法，包括事实本身，得到最好的评判。相反，如果众口一词、意见一致，我们就一定错失了某个决策的关键因素。

卓越企业的领导者会广泛采用授权型决策。要建成卓越的企业——组织的各个层级充满高效领导者的企业，你需要从很多具体的决策中退出来，让下属独立自主地完成决策。当然，还会有很多决策需要你参与，但是，在很大一部分决策中，你不是必不可少的。除此之外，许多创新型企业会尽可能地把决策权下放，把机会交给各个层级的员工。这样可以带来更快的行动，更好地发挥创造力的作用，更好地运用众人的智识，更精准地落实责任。

授权型决策并不代表领导者可以置身事外，也不意味着在组织遭遇重大危机时他们只能袖手旁观。它的含义很简单，就是把决策权交到员工手上，让他们更好地完成本职工作。这会让人们有机会反观自我，锻炼决策"肌肉"。

切记一点，没有一种决策风格能够适用于所有情况。熟练地掌握多种决策方式是非常有益的。下面几项关于群体决策的原则可供参考：

1. 只要时机适合，应当尽可能授权让下属做出决策，想方设法为员工创造机会，帮助他们锻炼决策"肌肉"。对授权范畴和被授权人，一定要做到完全彻底地公开和透明。要让人们对自己做出的决策负责。

2. 重要的决策需要广泛参与，才能保证决策被有效执行。这类决策要扩大决策范围，参与型或共识型都可以。决策程序可以以你的观点开始，但要对别人的观点可能影响你自己的观点抱有开放心态。要在事先明确一点：最终决策是由群体达成还是由你做出。

3. 在形成决策的过程中鼓励不同意见。

4. 在没有时间邀请他人参与时（或者重大的危机迫在眉睫时），在对一些琐事进行决策时，或者在试图通过决策传达某种代表性信息、强化某种价值观时，你可以运用独断型决策。除此之外，那些你坚信应该完全由你独立决策的情况，你也可以采用独断型决策。

5. 无论你的决策风格是什么，一定要做到坦率大方。如果已经做出决定，却装出一副从谏如流、力主共识的假象，以此博得"认同"，那就会造成极大的危害。这种骗人的花招儿迟早会被看穿，人们会对你此后的一切言行无动于衷。因为他们感到自己被玩弄了。这样的骗术会扼杀真正的奉献精神，让人们丧失意义感和价值观。你如果是个独断专行的领导者，那么不妨做个坦坦荡荡的独断者。

承担责任，分享功劳

时刻准备承担糟糕决策的责任，分享成功决策的功劳。如果选择反其道而行之——把成功决策的功劳据为己有，把错误归咎于他人，你就会迅速失去下属的尊重。

当工作出现问题时，一句"这是我的责任"需要莫大的勇气。但是，这恰恰是我们该说的话——如果你期望获得人们长久的尊重与信任。有些高管会忙不迭地撇清自己与糟糕决策的关系。他们会说："这个想法本来很好，可惜人们在执行时出了差错。"这也许是真的，但是，即使如此，领导有方的高管也会把所有指责一并承担下来。

如果事情进展顺利，那就把功劳和荣誉让给团队。如果你是一名货真价实的优秀领导者，那么你根本用不着霸占 C 位，更犯不着与下属争功。你的贡献大家都看得见，顺其自然就好。早在 2 500 年前，中国的哲学家老子就教导我们说："悠兮其贵言。功成事遂，百姓皆谓我自然。"

吉姆·柯林斯最新思考

决策的正确性与时机

在从初创公司成长为卓越企业的过程中，英特尔逐步建立了一种名为"建设性对抗"的决策机制。为了解决迫在眉睫的问题，英特尔的团队成员可以争辩、讨论、发表不同意见，这是他们的分内职责。无论是初出茅庐的工程师，还是叱咤行业的风云人物，你都应该投身于"建设性对抗"。如果认为某项方案的逻辑和事实与他人的提议相抵触，你就应该提出抗辩，即使站在你面前的是首席执行官。

英特尔的建设性对抗文化（有时也被称为"不认同，仍为既定决策全力以赴"）反映了一种决策模式。根据我们的研究，这种决策模式是由第 5 级经理人培育形成的。他们会促成对话和辩论，激发不同意见，把它当作卓越决策必不可少的要素。他们还会营造一种文化氛围，让证据、逻辑和事实胜过性情、权力和政治斗争。第5级经理人的团队成员不仅有机会参与对话，更有责任参与对话。如果没有提出自己的看法，如果不敢面对最有权势的人提出的不同意见，如果回避问题、专门进行人身攻击，那就是对分内责任的辜负。

与干脆利落地发号施令比起来，对话、辩论和不同意见的培养需要更多时间和更缓慢的决策过程。但我们更有可能因此选择一系列明智行动。当然，我们不可能把时间都花在争辩上，也不是所有决策都能从细致的辩论中获益。但是，对关系重大的决策，尤其是那些涉及重大利害的决策和/或一旦失败就会带来巨大不利的决策来说，最重要的目标绝对不是达成共识，一团和气，让每个人都满意，而是做出一个好决策，并出色地执行它。

彼得·德鲁克提出了形成决策的第一原则：除非有不同的见解，否则就不可能有决策。他在《卓有成效的管理者》中提到了通用汽车公司总裁阿尔弗雷德·斯隆和他的一次重要决策。据说，通用汽车公司总裁斯隆曾在该公司一次高层会议中说过这样一段话："诸位，在我看来，我们对这项决策已经有了完全一致的看法。"出席会议的委员们都点头表示同意。但是他接着说："现在，我宣布会议结束，这一问题延到下次开会时再行讨论。我希望下次开会时能听到相反的意见，只有这样，我们才能得到对这项决策的真正了解。"

卓越的领导者总能做出明确的决定，而不是快速的决定。乔治·华盛顿是少数几位在军界和政界同时享有崇高历史地位的领导人之一。罗恩·切尔诺精心研究，写出了《国家的选择：华盛顿与他的时代》。这部杰出的著作提到华盛顿身上一处微妙的细节——他总是不急于做出决定，但是一旦做出决策，他就会极其坚定，从来不做事后诸葛亮。华盛顿的得力干将亚历山大·汉密尔顿曾经这样谈起他，"（他总是）大量地调查、充分地思考，从容地决定、坚决地贯彻"。在托马斯·杰斐逊的笔下，华盛顿"个性中最突出的特点也许是审慎，他总是会稳妥地衡量每种情况和每个想法，再展开行动。如果有所疑虑，他就会放慢脚步。但是，一旦做出决定，他就会奋勇向前，冲破一切艰难险阻，不达目的绝不罢休"。华盛顿培养了一种开放对话的文化，很多人熟知华盛顿自律的沉默，这是为了鼓励不同观点之间的交锋。在下定决心、开始行动之前，他会不断地倾听和探索。

把握时机是优质决策的另一项关键因素。为了做出适当的决策，有时人们需要几个月甚至更长时间，有时需要的时间可能短得多。在1962年古巴导弹危机期间，肯尼迪总统面临重大抉择，一招不慎，就可能引发全面核战争。不仅如此，留给他决策的时间非常短，只能按天甚至按小时计算。尽管面对如此巨大的压力，他还是坚持清晰准确地理解信息。他与重要的幕僚争论，向他们提出尖锐的问题，以求真正理解问题。

肯尼迪总统和他的幕僚在古巴导弹危机期间是如何权衡思量的？欧内斯特·梅和菲利普·泽利科发表了谈话录音的文字记录，即《肯尼迪的录音带——古巴导弹危机期间白宫决策内幕》（*The Kennedy Tapes: Inside the White House during the Cuban Missile Crisis*）。我对其中的辩论与决策部分感到非常好奇，特地委托研究团队的同事系统分析了这份文字记录。我们统计了肯尼迪总统在十三天危机期间的"待说明问题"比例。这个比例在危机的第一天是最高的，但是随着时间的推移在不断下降。初期居高不下的"待说明问题"比例说明，肯尼迪意在激发对话和争辩，找出最好的答案，而不是急于发布指令。

罗伯特·肯尼迪在他的经典回忆录《十三天》中提到，肯尼迪总统会刻意置身于一些争辩之外，避免过多地影响幕僚的争辩。整个世界的命运悬于一线，唯一的出路是找到并执行最明智、最脚踏实地的解决方案，将这场危机消弭于无形。肯尼迪总统为最好的观点创造了空间，帮助它脱颖而出。在整个危机期间，随着后续情况的日益明朗，肯尼迪开始采取行动。他的团队也团结一致地支持他的决定（无论他们此前的看法有多么不同）。有一种模式在他们的对话中不断循环：对话、争辩、不认同——它们都是在当时能得到的最好的情报支持下进行的。这种模式帮助肯尼迪做出了一连串关键决策，把整个世界从核毁灭的危机中拯救出来。

当然，我们有时只能当机立断，因为情况根本不允许长久讨论。本·斯里尼就是个例子。2001 年 9 月 11 日早上，这位美国联邦航空管理局（FAA）国内运营主管面临着一个天大的决定，但他并没有几个月的时间去思量，就连几天、几个小时的时间都没有。他必须在几分钟内做出决定。9 月 11 日早上 8:30 前，斯里尼收到消息，从波士顿起飞的美国航空 11 号航班遭到劫持。8:30 刚过，他的上司打断了斯里尼的早会，带来进一步的消息：一位空乘被刺伤。8:46，一架飞机撞上了世贸中心北塔。一开始，斯里尼的指挥中心团队想弄清楚撞上大楼的会不会是一架小型飞机。CNN（美国有线电视新闻网）随即发布了现场画面：滚滚浓烟从楼身的巨大缺口喷涌而出。他们当即意识到，"那不是一架小型飞机"。9:03，联合航空 175 号航班撞入世贸中心南塔并发生爆炸。斯里尼此时意识到，美国正在遭受一场有组织、有预谋的袭击，目标范围尚不明确。斯里尼做决定的时刻到了，留给他的时间非常短。

后来，斯里尼回忆起当时的情景："就在一座和这里差不多的空管设施里，我被大约 40 名急不可耐的工作人员团团围住，他们迫切地想做些什么。我们不停地交换、讨论这些信息。当时真的是火烧眉毛……我们必须做些有用的事……当天的工作人员太出色了。另外，还有很多人主动给我们出主意。"斯里尼向总部请示，但没有收到及时的回复。他只能自己做出重大决定。9:25，斯里尼决定：全美航班禁止起飞。

9:37，一家美国航空公司的喷气式客机撞入五角大楼。斯里尼清楚地认识到他应该做什么，随即他关闭了美国的整个领空。在美国航空史上，几乎没有这样的先例。9:42，就在联合航空 175 号航班撞入南塔的 39 分钟之后，美国联邦航空管理局发布了斯里尼的命令：所有飞机取消原定飞行计划，立即降落到最近的机场。所有人一致支持这个决定，并完美地执行了这项命令：整个美国叫停了 4 556 架正在飞行的大小飞机。

我和莫滕·汉森在《选择卓越》中开展了一项关于高管决策速度的系统分析，重点研究在高度动荡的环境中建成卓越企业的创始人。我们发现，最好的决策有些是被极快做出的，而有些要慢得多。我们发现，无论面对怎样的情况，最关键的问题是："在风险变化之前，我们有多长时间做出决定？"在某些情况下，多花些时间做决策并不会增加太大的风险（或者引发太大的后果，或者错失良机）。但是，在某些情况下，等待过久可能会极大地增加风险。关键是清楚自己属于哪种情况，不要执着于"唯快不破"或者"后发制人"之类的偏见，应该同时擅长这两种风格。无论是多么正确的决定，如果是在错误的时间框架下做出的，那就都是糟糕的决定。

以下是我们通过研究发现的高管决策基本框架：

1. 先要明确决策时间：你有多长时间做决定，是几分钟、几小时、几天、几个月，还是几年？

2. 用事实和证据激发对话和辩论，确定最佳选择。

3. 必要的行动一旦被明确，以及／或者有效的决策时间已经被用完，你就要立即做出明确而坚定的决策，不要坐等达成共识。

4.团结一致地支持这项决策，纪律严明地执行这项决策。

我们的研究发现，建成卓越企业的领导者懂得，决策之后的工作——人们的投入程度和执行力度——至少和决策本身一样重要。在由第5级经理人领导的团队中，团队成员会把企业的成功和事业置于自身的利益之上。在这里，一项决策一旦被做出，人们就会团结一致地支持它。在这种情况下，抛出类似"呵呵，那是CEO的高见，我可没说它好"之类的言论、事后搞破坏的做法会被众人视为罪行。在研究企业实现从优秀到卓越的跨越的整个过程中，我们发现，重大决策往往是在反对意见尚未平息时被做出的。但是，决策一旦被做出，人们就会全力以赴地执行它、落实它，即使不久前他们还在为另一套完全不同的做法据理力争。

如果没有不同意见，那就做不到对问题的充分理解。如果缺少一致的投入，所有决策就很难被落实。真正的卓越离不开一系列好决策、极其有力的执行和长此以往的不断积累。

当然，这一切取决于是否存在合适的人。我们需要合适的人争辩和讨论，需要他们为了企业的成功热情地投入。我们需要合适的人为最好的决策据理力争，他们的出发点是帮助组织发展，而不是个人利益。我们需要合适的人乐见团队的成功，接受自身争辩的失败，而不是反过来：强调个人赢得某场辩论，置团队的失败于不顾。合适的人需要带入辩论的是事实和证据，而不仅仅是个人的观点。合适的人会尽一切努力确保自己曾经反对的既定决策获得成功。如果确实无法认同某个决策，那就应该负责任地主动离开。简言之，我们需要第5级经理人，需要在由第5级经理人领导的团队中做到游刃有余——如果你确实想让自己的企业实现卓越、基业长青。

领导风格要素 3：专注力

> 要事优先——一次做好一件事。精力分散只会让所有事情受阻。
>
> ——彼得·德鲁克

卓有成效的领导者会保持行动的专注，确定优先事项，始终如一地、专注地完成这些优先事项。领导者不需要面面俱到，追求卓越的企业同样不可能做到面面俱到。

一次做好一件事

创建一份简短的清单，罗列最重要的工作。务必保证清单的简短。有些领导者发现，在既定时间内只设置一项优先工作的方法非常有效。他们可以在这段时间里专注于这项优先工作，直到把这件事做好为止。

如果必须同时兼顾多项优先工作，最好不要超过 3 项——超过 3 项无异于承认你事实上没有重点。

鲍勃·布赖特就是个生动的例子。他是一家芝加哥体育赛事企业的执行董事。他的公司是芝加哥马拉松赛的主办单位。在布赖特的领导下，这家公司把芝加哥马拉松从地区性二级赛事变成了一级国际赛事，并见证了世界纪录的诞生。有人问起他的成功秘诀，布赖特的回答简单至极："不要把步枪设置为连发模式。"

我们请他解释一下，布赖特告诉我们，他曾是一名海军陆战队员，在越南战场征战了 8 年。他经历过很多场战斗——包括率领"诱饵"小队直插敌营。他从这些战斗中学会了一条最重要的人生经验：

当你和几个兄弟陷入敌军的团团包围时，最好的对策是下达这样的命令："你守这段，你守那段。单发点射，不许连发。稳住了，不要慌。"

这个道理同样适用于企业——这一点非常重要。要让自己保持专注，一次做好一件事。如果做不到这一点，结果就会非常糟糕。

这不是把商场等同于战场。但是其中的基本思想——保持专注、一次做好一件事、保持冷静——适用于领导初创企业时的那种乱作一团的情况。这是否意味着你的"待办事项"清单上只能有一项内容？既对也不对。很显然，对企业领导者来说，只有一项待办事项是根本不可能的。但是，与此同时，我们应当把最多的时间投入最重要的优先工作。集中精力做好优先工作，直到把它做好。

管理时间，而不是管理工作

一家企业最紧缺的资源是时间。几乎所有资源都能被买到或制造出来，唯独时间是无法被购买或生产的。每天只有 24 小时。

阿奇蒂国际娱乐公司总裁肯尼斯·阿奇蒂通过观察发现，管理时间与管理工作之间存在极大的不同：时间有限，而工作无限。无论我们有多少时间，都能被工作填满。因此，想做到高效多产，必须妥善管理好时间，而不是工作。我们要问自己的最重要的问题不是"我该做什么事"，而是"我准备怎样安排我的时间"。

这听上去主次不分，但是只要稍加思考，你就会发现这话对极了。工作量，尤其是组织领导者的工作量可能被无限扩大了，无论如何都是做不完的。阿奇蒂在他的著作《作家的时间》（*A Writer's Time*）中一针见血地指出这一点：

如果你的工作做得好，它就会带来更多工作。因此，"完成工作"这个概念是自相矛盾的。这种矛盾极其明显，也极其危险，它可能会让一个人精神崩溃——因为它带来的压力会引发错误的想法和行为。

你有多少次感到时间不够用，没办法做完每件事？也许是很多次。我们对此深表同情。没人有（或者永远不会有）足够的时间把所有事情都做好。每天晚上睡觉时，我们都会有尚未完成的工作。如果我们的生活是卓越有效的，我们身后就会留下未完成的工作，它们会陪伴我们至死。

但是，最关键的一点是，在我们能够充分利用的时间之外，总有更多可用的时间。只要能明智地管理好自己的时间，我们就可以在生活中"发现"更多被挤出来的时间。

先要检查一下你把时间花在了哪里。定期回顾自己的日程安排，分析时间的去向。你有没有把时间花在优先工作上？有没有不重要的工作打断了你的专注状态？

你的时间主要花在强化你的愿景的活动上了，还是直接花在了战略追求上？如果两者都不是，那就说明你还不够专注。

强迫自己保持专注的一个方法就是减少工作量。万豪国际集团的创始人威拉德·马里奥特有一种行之有效的理念。依靠这一理念，他把万豪从一家单体餐厅建设成了一家巨无霸企业集团："努力工作，不虚度工作中的每一分钟。缩短工作时间——对我们中的有些人来说，一半的时间都被白白浪费了。"

温斯顿·丘吉尔是史上最多产的人才之一。他花时间画画，砌砖，喂养动物，应酬交际。在工作时间里（通常从晚上 11 点开始），丘吉尔只处理最重要的事情。

艰难的决定——再谈决断力

优先级的决定需要艰难的选择：什么才是真正重要的？对很多人来说，无法保持专注的一大原因在于决断的困难：他们会犹疑不决，不知道应该从优先列表中拿掉哪些工作。要勇于放弃一些工作，这一点是必须做到的。

有这样一位首席执行官，我们有过合作。因为不会判断优先次序，他几乎把自己的员工逼疯了。他想面面俱到地做好一切。但是，唉，几乎什么都没做好。他会一次性列出 20 项"优先工作"。当然，这是一份不可能被完成的愿望清单。一位主管的抱怨颇有道理：

我们要同时"聚焦"20 项工作。那简直是天方夜谭。我问 CEO："请问哪些工作是最重要的？因为我只能做其中的一小部分。"他竟然呆住了，因为这个问题太难了，他做不出这么艰难的选择。

这位首席执行官不知道怎样对待办工作做减法，因为他缺乏必要的决断力。但是，能谋善断恰恰是领导者最不可或缺的基本能力。不出所料，在我们对话之后不久，那家公司就陷入极其严重的困境。

领导风格要素 4：个人色彩

打造卓越企业的领导者都是"实干家"——总是让企业充满领导者的个人色彩。领导者没有任何理由可以独善其身，知之甚少，疏离员工，或者置身事外。

建立关系

卓越的企业拥有卓越的关系：顾客关系、供应商关系、投资者关系、员工关系、公共社群关系等等。在所有的业务往来中，最重要的是培育和发展各种有益的长期关系。

（请注意，它与针对所谓"员工关系"或"客户关系"那种三心二意、虚伪的关注完全不同。大多数企业的"员工关系"追求的是息事宁人，而不是真正与员工建立关系。此处提到的关系与之相去甚远。）

在一家卓越的企业里，员工与公司的关系远远超出传统意义上"打工挣钱"的心理模式。即使是已经离职的员工，在劳动关系不复存在的情况下，也会感到自己与公司存在某种联系。你有没有注意过这样的情况，有些人早已离开了一家企业，但是，每次提起老东家，他们仍然会使用"我们"这样的字眼？

和传统的"产品—消费"关系模式相比，卓越企业与顾客之间的关系要近得多。顾客感觉自己与企业之间有着某种私人联系。《周六晚邮报》的一篇文章曾经这样描述里昂比恩公司打造的顾客关系："……其顾客似乎有一种幻觉，他们都觉得里昂比恩这家户外品牌是自己的私藏，甚至有人把这家公司看作私交甚笃的朋友。"

因为公司领导者会不断投入个人时间来塑造这些紧密的关系，所以它们会持续发展壮大。

乔安妮·恩斯特是一位运动员，她和耐克公司签了长达 7 年的合约。在合约期内，耐克的领导者注意投入心力，与恩斯特建立长期关系。她收到过董事长菲尔·奈特手写的信函和圣诞贺卡。

这种个人式的关系建设换来了恩斯特对耐克公司极高的忠诚度和工作投入度。她变成了耐克的杰出代言人，她经常竭尽全力，甚至常常超出合同的义务约定做一些她认为"恰当"的工作。恩斯特这样解释：

> 这种关系从来都不是简单的商业交易。我始终认同耐克公司的精神——拼搏的精神与运动的魅力。我和耐克之间的关系甚至超越了这种精神。如果没把工作做好，我会觉得自己辜负了好朋友的期望。这就是我对这件事的真实感受。即使在退役之后，在正式合同到期之后，我仍然觉得自己是耐克大家庭的一分子。这样的感受会一直持续下去。

应该把每一次互动视为一次积极建立或加深长期关系的机会。想做到这一点，领导者就不可能毫无个人色彩。因为你不可能通过干瘪枯燥的公文和员工交朋友，你只能通过更个人化的互动方式来做到这一点。

走出去，和人们说说话。到处走走，到食堂和大家共进午餐。尽可能记住员工的名字，多多益善（有些领导者能记住每位员工的名字，如巴塔哥尼亚的克里斯汀·迈克迪维特）。在打招呼时叫出他们的名字。

下面是一个反面案例。一家计算机公司的总经理坚信自己应该"做些彰显个人风格的事"。他读了一些关于走动管理（MBWA）的材料，于是，他让秘书把员工会议安排在他的个人办公室里。他在自己的办公室里一边走动一边开会，而不是真的走到下属身边。

你可能感到好奇，这是真事吗？是的。尽管这是个极端的例子，但它绝对不是孤例。这样的做法是不可宽恕的。领导者没有任何理由躲在自己的办公室里，不和员工开展非正式的个人交流。

拉里·安森从父亲手里接管了乔安纺织公司，并带领公司实现了复兴。他告诉我们：

你一定要从办公桌后面走出来，亲眼看看正在发生的一切。走出去，和人们交谈，听听大家的想法。做个让员工日常可见的领导者，不要神龙见首不见尾，用厚重的公司备忘录垒起高墙，把自己隔绝起来。

和那位"安排"自己在私人办公室里走动管理的总经理比起来，安森在建设卓越企业方面要成功得多。

运用非正式沟通手段

快节奏的非正式沟通是增强个人色彩的有力手段。一种特别有效的方法是，随身携带一沓便笺，随时写下你给别人的便条。它一定能带给你惊喜。这花不了你多少时间，写一张便条有时只需要 1 分钟。和它的影响比起来，60 秒钟实在不算什么。它能让人们知道，你认识他们，知道他们在做什么，你很重视他们。

比尔用他的亲身经历告诉我，这种有效的方法曾经极大地影响了他与斯坦福大学之间的关系：

那个学期的教学任务特别繁重。还没到期末，我已经精疲力竭了。我当时还有点儿烦闷，因为我的好几个项目都出了问题。我的心情差极了，我拖着沉重的脚步走进自己的办公室，心不在焉地翻看桌上堆积如山的信件。我发现了一封学院的内部信件，里面是一封院长的手写信。这让我又惊又喜。那是一封感谢信，院长对我在一门课程中的努力付出赞赏有加。那封信可能只用了他30秒的时间，但它极大地加深了我对斯坦福大学的感情，提升了我的信心。

让员工可触达高层

僵化的繁文缛节没有半点儿益处。要为自己奠定一种平易近人的基调，在与人打交道时你要叫出对方的名字（只叫名字，不叫姓）。把"地位的藩篱"降到最低。尽量避免使用私人停车位、铺张豪华的办公室，或者"仅限高管"的其他特权。即使不能免俗，你也要尽可能做到轻描淡写。放下架子，否则员工只会对你敬而远之。

想方设法让自己平易近人。如果人们觉得你的办公室"城门紧闭、吊桥收起"（护城河里布满了鳄鱼一样乖戾傲慢的秘书），你就会慢慢丧失个人风格。要让各级员工都能感受到，他们可以和公司高管直接沟通。

如果公司规模越来越大，那么这种策略还适用吗？如果公司的规模大到一定程度，平易近人、直接联络和个人色彩还能行得通吗？

答案是肯定的，IBM（国际商业机器公司）就是个明显的例子。小托马斯·沃森从父亲手里接过这家公司时（当时IBM的市值已经超过10亿美元），他依然严格贯彻著名的"开门办公"政策。他在《小沃森自传》中这样写道：

开门办公的政策是我父亲创立的，它可以追溯到20世纪20年代。IBM的员工有意见、闹情绪，会首先找自己的主管经理解决。但是，如果仍不满意，他们就有权直接来找我……员工的抗辩曾经为公司带来了经营方式的重要变革，这样的情况至少出现过一次。

随着公司不断壮大，沃森的办公室每年要处理 200 到 300 起这样的事件。他从 IBM 最有前途的年轻经理中选出了几位担任自己的私人助理，专门管理此事。即使 IBM 的人数超过了 10 万，沃森也会亲自处理一些员工的投诉。"……这样一来，人们自然会知道：大领导还是见得到的。"

沃森父子在 IBM 这样的公司的成长过程中一直可亲可近，保持个人色彩，你却用"现在公司变大了，不再适合搞那一套了"作为借口，那这个借口也实在太蹩脚了。

掌握公司的情况

要摒弃这样一种认知，即随着公司规模越来越大，领导者不必了解一线的工作细节。放权是必要的，你应该克服主导每一项决策的冲动。你的时间确实会变得日益宝贵，被越来越多的"高级别"会议占用。

即使如此，你也要抽出时间亲身感受公司的工作细节和工作节奏。想做到这一点，唯一的办法就是亲眼去看、亲耳去听。深入一线观察哪里出了问题，哪里做得好，员工的感受如何。

山姆·沃尔顿就是个很好的例子。他总是想方设法把自己的手指搭在公司的脉搏上。他会突击访问沃尔玛的门店，事先完全不通知，有时候他一天能跑 10 家门店。有一次，他在凌晨 2:30 醒来，买了一盒甜甜圈，来到了公司一处库房的装卸平台。他一边和平台工人分享甜甜圈，一边向他们请教怎样把装卸平台的工作做得更好。还有一次，他出人意料地跳上一辆沃尔玛的半拖车，开了 100 多英里[1]，只

---

[1]　1 英里 ≈1.61 千米。——编者注

为了深入了解沃尔玛的运输系统。

卓有成效的企业领导者成千上万，沃尔顿的行为算不上多么反常。走出办公室、亲自观察工作细节，这确实会耗费很多时间，尤其是在公司迅猛发展时。但是，这并不是不可能做到的。最优秀的企业领导者会为此专门抽出时间。他们深知，倾听店面人员、车间人员和实验室人员的想法和倾听其他高管的声音同样重要。

通过象征性的细节巩固价值观

伟大企业的缔造者身上存在一种明显的悖论。一方面，他们会专注于远大的愿景和战略；另一方面，他们又会投身于看似琐碎的细节。其实，只要明白了细节的重要意义，这个悖论就不攻自破了。细节极其重要。最有效的领导者既关注愿景，又关注细节，他们热衷于把细节做到极致。

实际上，对细节的处理恰恰是对愿景的宣示——对公司核心价值观的表达。亲身参与某些细节的处理能够有力地传达出重要的价值信号。

黛比·菲尔茨是 Mrs. Fields Cookies 曲奇连锁店的创始人。她在自己的著作《一块聪明的小饼干》（*One Smart Cookie*）中提到，有一次，她没打招呼就走进一家店面（她经常这么做）。结果，她发现："……一堆让人看着特别不开心的曲奇被摆在货架上。"

"那些曲奇的形状是扁平的，明显烤过头了。一块完美的菲尔茨曲奇的厚度应该是半英寸①，我看到的曲奇只有 1/4 英寸厚。一块完美的菲尔茨曲奇的直径应该是 3 英寸，而那些曲奇的直径应该达到了 3.25 英寸。和标准的菲尔茨曲奇比起来，它们的金棕色显得有些过头了。"

———————————

① 1 英寸 =2.54 厘米。——编者注

那些曲奇在厚度和直径上仅仅差 1/4 英寸——1/4 英寸！但她对此的反应清晰地说明了细节的重要性，巩固了 Mrs. Fields Cookies 曲奇连锁店的基本理念。

她本来可以当场开除那位店面经理，但她并没有那么做。她本来可以发布一条公司备忘录，重申曲奇的尺寸和颜色，她也没有那么做。她选择了一种更有力、更有象征意义的做法。

"我转过身来，对站在我旁边的年轻经理说：'告诉我，你自己觉得这些曲奇怎么样？'"

"呃，我觉得还不错。"

"我点了点头，表示自己听到了他的回答。接下来，我一盘盘地端出这些曲奇——价值五六百美元，轻轻地把它们倒进垃圾桶。我对他说：'还不错是远远不够的。'"

巩固价值观就像揉面团，领导者亲身参与某些细节工作是揉好面团的关键。就像黛比·菲尔茨把价值五六百美元的曲奇倒进垃圾桶一样，你在看似平淡的细节工作中留下的个人色彩可能会起到神话一般的作用。它会牢牢地扎根在人们心里，成为公司理念的一面旗帜。

我们和惠普公司的关系比较紧密。通过这种关系，我们听到了很多"比尔和戴维的故事"。这些故事生动鲜活地描述了初创阶段的惠普是怎样应对每一个具体事件的。

惠普的传奇中有这样一则故事，有一次，比尔·休利特偶然经过一个部门，发现了一个细节：储藏室的大门被人用锁头和铁链牢牢锁住了。怒不可遏的比尔找来一把铁钳，剪断了铁链，他把断铁链和锁头放在部门经理的桌子上，并附上一张纸条："这不是我们的行事风格。我们信任自己的员工。比尔·休利特。"

经常有人问休利特这个故事是不是真的，他总是简单地回答：
"可能是真的。"他解释说，在公司创业的早期阶段，他做过很多这种
怒剪铁链的事——实在太多了，他都记不起来了。

个人风格 vs 微观管理

不要把个人风格和微观管理混为一谈，它们是根本不同的两件
事。微观管理是一种特别可怕的破坏性行为，下文描述的这位首席执
行官的管理风格就是一个典型：

> 我们的 CEO 总想控制和指挥每个细节。这让大家觉得被"监视"
> 了，我们感觉不到自己是有能力的，是得到信任的。他对一切都那么
> 挑剔，这快把我们逼疯了。有些最优秀的员工灰心丧气，跳槽去了别
> 的公司。你知道有句老话叫"只见树木、不见森林"吗？这位老兄做
> 得更过分，他不仅要见树木，而且要控制每根松针的大小和朝向。

这位 CEO 的管理风格显然太令人压抑了，但是它和领导者个人
风格之间的区别究竟在哪里？你是不是怀疑作者前后矛盾？我们一开
始还在苦口婆心地劝你要"心里有数，掌握正在发生的事"，要"利
用具体细节彰显企业的价值观"，现在又告诫你不要"微观管理"，这
难道不是前后矛盾吗？

其实二者的区别非常明显，微观管理者不信任自己的员工，他们
意图控制每个细节和每项决定。他们认为，归根结底，有能力做出正
确选择的人只有自己。与此相反，个人风格鲜明的领导者信任自己的
员工，相信他们基本上可以做出正确的选择，他们尊重员工的能力。

微观管理者不尊重他人的能力。他们逼得人们喘不过气来——就
像一个人到了 20 岁还要按照父母规定的时间上床睡觉一样。任何一
个身处微观管理之下的人都可以向你证明，这种管理方式对员工的信

心有极大的负面影响。

微观管理还会限制人的发展。控制成癖的微观管理者无法成为导师或榜样，他们追求的是对他人的控制。有一天，他们终将发现，自己身边围绕的都是发育不健全的小矮人，这些人最爱说的话是："我为什么要学着独立思考？领导已经替我做了所有的思考。"

是的，你应该充满热情地做好细节。是的，你应该在特定细节上通过象征性的行动塑造企业的价值观。但你并不需要照顾到每个细节。某种象征性的行为是为了引领方向——引导、演示、树立榜样，是为了给人留下持久的印象。这样一来，领导者就不需要严格控制员工，人们会在公司核心理念的指引下按照自己的方式做事。

你可以亲力亲为，而不会令员工感到窒息；你要把指尖搭在公司的脉搏上，而不是紧紧扼住它的喉咙。实际上，不以管控为目标的个人风格会产生与微观管理截然相反的效果。它不仅不会让人意志消沉，反而会激励人、鼓舞人，让人能跨越不可能，完成意料之外的目标。这就需要我们了解接下来要谈的领导风格要素。

吉姆·柯林斯最新思考

不要混淆授权与管理脱节

我永远无法忘记第一次见到豪尔赫·保罗·雷曼工作时的情景。那是 20 世纪 90 年代初期，考虑到高管理论上的重要性，当时大多数企业都会为他们提供私密性较好和空间较大的办公室。因此，当第一次拜访他在圣保罗的办公室时，我以为自己会被带到一间行政套房。但很快，我发现他根本没有套房，他的办公室是一个巨大的开间，里面摆满了办公桌，人们都在比画着、喧哗着。人们专注于自己的工作，没人注意到我。豪尔赫·保罗就坐在这片嘈杂与混乱之中，面前摆着一张不起眼的桌子。看到他平静的面容，我不禁想起纽约时代广场上打坐的那位禅僧：身处四面八方潮水般汹涌的忙乱与喧嚷中，平静地冥想。后来我才知道，雷曼每天大多数时间都会坐在那张办公桌后，他在观察、倾听、与人交谈，让每个人更方便找到他。

经过了解和研究，我发现雷曼和所有文化创建者一样，他从来不会把授权和管理脱节混为一谈。他真切地相信，要放手让最优秀的人表现自己，不要限制他们，这才是最好的领导方法。但是，在避免微观管理的同时，他并没有放任自己做个傲慢的甩手掌柜。

许多辉煌一时的企业都在濒临衰落时表现出傲慢的超脱，甚至是得意扬扬的漫不经心。突然，高管们似乎"醒悟"了，觉得自己要有高管的做派才对。他们不再虚心提问，而是颐指气使。他们不再亲力亲为地掌握各种情况，而是看报告。他们不再听取一线人员的直接汇报，而是相信中层领导处理之后的信息。他们不再问："在这些细节中，我需要了解的重点是什么？"相反，他们会说："我只关心大局。"他们不再听取一线人员的意见，把它们记在笔记本上，相反，他们会下发很多备忘录，要求一线人员学习领会。

温斯顿·丘吉尔总是尽可能了解一线的详细情况。为此，他甚至在常规指挥链条之外建立了一个完全独立的部门，专门收集战况，帮助他掌握一手信息，看清事件的本质。第二次世界大战期间，丘吉尔和（英国）皇室之间意见不一致和令人忧心的情况并不多见，其中一次发生在诺曼底登陆前夕。丘吉尔认为，在开始登陆作战时，他应当责无旁贷地身处前线，在一艘炮艇上观察并指挥行动。国王乔治六世担心自己的首相会因此葬身英吉利海峡，严令丘吉尔不许上前线。两个人往来了多封信函，丘吉尔坚持亲临一线，国王请他不要这样做。最后，丘吉尔勉强接受了国王的意见，他写道："我必须遵从陛下的心愿，或者叫谕旨。"尽管如此，在诺曼底登陆后的几天，丘吉尔还是坚持横渡英吉利海峡，亲眼见证了这场战役。他后来写道，他来到一处城堡，那里前一晚刚刚遭到轰炸："那座城堡到处都是弹坑。"他问蒙哥马利将军："如果一支德军装甲部队突袭这里，你打算怎样阻止他们破坏我们的午餐？"蒙哥马利说，他认为德军不会来。德军真的没来。

如果一件事真的具有战略意义，你应该直接给予它关注。任何你认为不需要直接关注的事情都不足以被定义为战略。

1987年7月，乔治·拉斯曼一觉醒来，收到了让他惊恐万分的消息，这个消息直接威胁到他的新公司——安进的生死存亡。其竞争对手医药公司 Genetics Institute（GI）的一项新专利绕过了安进公司生产 EPO（促红细胞生成素，一种由肾脏分泌的激素，可以促进红细胞的生成）的专利技术。该公司的专利可以从人的尿液中提取所谓的天然 EPO。但是这种"天然"EPO 并不具备商业上的可行性：为一位患者生产一年所需的 EPO 需要近 600 万加仑[①]的人类尿液。安进的技术突破是有效生产 EPO 的唯一方法。但是 GI 的专利威胁到安进资本化其技术突破的能力。就像《自然》杂志上的一篇文章总结的那样："（安进）基因改造细胞是 EPO 大规模生产必不可少的。摆在我们眼前的是一个微妙的争议：GI 拥有最终产品的专利，而安进掌握着制造最终产品的唯一方法。"

通常情况下，很多陷入复杂法律诉讼的首席执行官会授权自己的律师，请他们想办法平息诉讼。最终的结果可能是一份成果共享的交叉许可协议。但是拉斯曼没有这样做，他像战地指挥官一样披挂上阵，亲自协调各项诉讼工作。在愤怒的拉斯曼的带领下，安进公司熬

---

① 1加仑（英）=4.546 09升。——编者注

过了漫长而艰辛的诉讼。最终，安进在法庭上大获全胜，一路高歌猛进，跻身全球第一批实现了从优秀到卓越的跨越的生物科技企业之列。

尽管公司规模壮大了很多，凯文·沙拉尔（2000 年至 2012 年担任安进公司首席执行官）还是继承了拉斯曼树立的领导标准。沙拉尔把它描述为一种精细度在不同的事务间不断切换的能力。在一次《哈佛商业评论》的采访中，沙拉尔说，以平常的一天为例，早上，他会和管理团队做出价值 1 亿美元的投资决策，这些投资对安进的海外运营具有战略意义。接下来，他会花些时间完成对高管的评估，思量继任者的问题。然后，他会花些时间测试新的（董事会）会议桌实物模型，了解这种桌子将如何提高董事会的团体动力。我们可以从中体会到"高度（精细度）的变化"：从 3 万英尺[①] 到 3 000 英尺，再到 30 英尺。

那么，在组织生活中，创始人应该在什么时候学会"放手"，不再纠结于细节问题？创始人应当在什么时候将频繁的"上手"切换成"放手"？创始人应该在什么时候把自己的注意力完全放在愿景和战略层面，而把战术和执行工作交给别人去做？

这些问题统统是错的。

领导者根本不需要在"上手"和"放手"之间择其善者。在我们的研究中，那些带领企业从初创阶段一路成长为卓越企业的领导者通常兼具了"上手"和"放手"两种风格。无论企业发展到多大规模，他们都会密切联系员工，对一线的情况了如指掌，亲力亲为地投身到最具战略意义的紧要事务中。一旦丧失了对战术细节如饥似渴的好奇心，一旦失去了对人际关系热情如火的兴趣，一旦用高管的舒适生活结成保护茧、把自己隔绝起来，你就可能在某天早上起床时发现，你

---

① 1 英尺 =0.304 8 米。——编者注

一手创办的企业已经不可避免地陷入衰退和自我毁灭的旋涡，无法自救。

即使如此，在我们的研究中，优秀的企业家也不会任由亲力亲为的领导风格沦落为令人精神崩溃的微观管理，也不会沦为"1 个天才加 1 000 个助手"式的病态管理。我们在"从优秀到卓越"的研究中发现，"1 个天才加 1 000 个助手"式的管理模式往往发生在一些比较失败的 CEO 身上。在这种模式里，才华出众的个人——那位天才领导者——通常会在关键位置上安排一些助手仆从。他们只需要做好一件事，就是落实天才领导的绝妙想法。这种"1 个天才加 1 000 个助手"的模式在短期内可以非常有效地发挥作用，前提是那位天才领导者一直保持专注（而且他或她必须一直都是天才）。然而，从长期看，这种模式无法带来长盛不衰的卓越。毕竟，如果每个人都要倚仗一位高高在上的天才来做大大小小的决断，那么创始人一旦离开，企业就很可能会被毫无活力、泛滥成灾的平庸压垮。

我们当然不能把亲力亲为和授权式领导之间的绝佳平衡作为唯一目标。我们的目标应该是成为一种文化的塑造者和人才的培养者，让企业在几十年、上百年里始终卓越，经久不衰。如果你发现有人像你一样热情执着地追求做好关键细节，如果你已经教会了人们怎样建立和引领一整套体系，持续不断地创造战术层面的卓越，如果人们努力的目标是远远超出你在任期之内的成就，那么，你已经真正为一家长久繁荣的伟大企业奠定了良好的基础。

领导风格要素 5：软性 / 硬性社交技能

卓越企业的缔造者会熟练驾驭软硬之间的矛盾统一。他们会使用极高的业绩标准要求员工（硬技能），与此同时，他们还会不遗余力地培养员工——让他们对自己感到满意，对自己能够成就的事业感到满意（软技能）。

反馈的重要意义

如果非要从卓有成效的领导者的各项要素中选出被严重忽视和运用不足的一项，它也许是反馈——尤其是积极正面的反馈。

当有一个积极正面的自我形象时，人们通常会表现得更好，这是人性的事实。心理学家通过大量实验发现，在客观公正的评判标准下，人们的表现会因他们收到的反馈类型而变化。通常来说，积极的反馈会让人们的表现变得更好，消极的反馈会让人们的表现变得更差。

然而，人们往往很难得到企业领导者宝贵的反馈意见，无论是积极的还是消极的。这样的情况太多了。反馈的缺失传递出的信号是：我们根本不在乎你。人们如果觉得自己无足轻重，就不可能全身心地投入工作。的确，凭什么呀？

最了不起的体育教练——那些熟练掌握如何激励人们发挥最大潜能的人——总是懂得反馈的重要意义。他们会及时给运动员提供反馈信息，告诉他：我非常在乎你。

汤米·拉索达是洛杉矶道奇队的主教练。他曾经带领球队 4 次夺得全国联赛冠军，两次赢得世界大赛冠军。在一次《财富》杂志的采访中，拉索达指出：

人在心情愉悦时表现得更好。我对队员为我做的一切心存感激，而且我希望他们知道这一点。所以，我会拥抱自己的球员，我会拍拍他们的后背，我非常相信这些做法的好处。有人会说："哦，得了吧，你的意思是不是有些球员拿着 150 万美元的年薪，还需要你来鼓励他们？"我说，是的，当然需要！上到美国总统，下到俱乐部工作人员，谁都离不开别人的鼓励。

约翰·伍登是美国历史上成就最高的大学篮球教练，他执教加州大学洛杉矶分校12年，捧回了10座NCAA（美国全国大学体育协会）冠军奖杯。伍登始终相信，教练不仅要想方设法提高球员的能力，而且应该持续不断地挑战他们，让他们变得更强。伍登始终秉持一个简单朴素的信念："人们需要的是鼓励，而不是批评。"他奉行的箴言是："……每次训练结束后，我总是试图用表扬来抵消训练中的批评。只有这样，当天的训练才算圆满完成。"

另一位了不起的教练是比尔·沃尔什，他为旧金山淘金者队培养了三支超级碗冠军球队。沃尔什非常重视积极正面的个人鼓励。每次比赛开始前，他都会和每位队员握手，说上几句鼓励的贴心话。他还会请自己的助理教练和每位队员打招呼，和他们握手，提出一些支持性看法。

这些教练都是企业高管的绝佳楷模。他们明确地奉行极高的标准，用冷静客观的标准评价人们的表现。与此同时，他们还会使用正强化的方法。

当然，这里存在一个清晰的前提：你真心实意地关心组织里的人——你能和他们共情，你能切身体会他们的感受，尊重他们。这一点确实是领导者的必备条件。如果一个组织里的领导者既不在乎也不尊重为自己工作的人，这个组织就不可能收获持久的卓越。

在我们看来，约翰·伍登的成就很大一部分应该归功于他对每位队员发自内心的关爱。他曾经写道："关爱年轻队员，这是我一直从事教练工作、回绝其他薪水更丰厚的工作机会的主要原因。"

那么，消极否定的反馈会带来什么？很显然，一个人不可能在管理一家企业的过程中只说好话，只做积极的反馈。有时，批评性的反馈是必不可少的。当然，无论是积极的还是消极的，提供诚实的反馈都是绝对必要的。如果只为了让人们感觉良好而编造积极的反馈，最终你就会失去人们的信任。除此之外，人们的工作结果有时需要批评性的评价，因为每个人的工作结果都有可能出现远低于预期的情况。

比尔·沃尔什在他的著作《打造冠军》(*Building a Champion*) 中指出：

那些穿着时尚、风度翩翩、平易近人、和蔼可亲的"球员教练"可以帮你做到80%，剩下的20%只能来自艰难的决断、严格的高标准、符合期望的水平、对细节的重视，以及必要时的"把控和棒喝"。

话虽如此，我们同样看到，糟糕的领导者会犯这样的错误：批评意见太多，积极反馈太少。很多企业的员工只有在做错事时才会得到批评性的反馈意见，而不是在做好每件事时得到积极的反馈意见。

最优秀的领导者能更进一步，他们总会想方设法把员工放在他们能够发挥专长的位置上——各个层级的员工都会在自己的岗位上获得积极的、恰如其分的正强化。这些领导者总是想方设法帮助员工成长，而不是贬斥、打击他们。

实际上，如果发现有人表现不够好，你就应该先问问自己："我有没有把他放在合适的位置上？"我们经常发现这样的情况，同样一名员工，在某个岗位上可能痛苦不堪，一旦被换到别的岗位上，就会立刻焕发出勃勃生机。比如，有些优秀的工程师或销售人员会在管理岗位上表现欠佳。

最后，还要清楚地意识到一点，当事情进展不顺利时不一定是提出严厉批评的好时机。实际上，有些人可能已经意识到自己表现欠佳，对这些人的严厉苛责往往会事与愿违，产生反作用。在前景黯淡的时候，人们往往需要一点儿支持和鼓励。

拉塞尔·雷诺兹是罗盛咨询的创始人。有一次，他走访了一家业绩糟糕的分公司。那家分公司弥漫着恐惧的气氛，人们非常害怕雷诺兹的到访。他们担心自己会受到严厉的批评，甚至有的人可能会被解雇。每个人的神经都绷得紧紧的，部分原因是这家分公司的负责人说了一句话："我敢打包票，如果你完不成任务，雷诺兹一定会炒掉你，再找一个做得到的人。"

时间到了，人们聚集在大会议室里，等待着最差的结果，就像在等待宣判。会议从雷诺兹和大家的闲聊开始。大约半小时过去了，分公司负责人想把会议转到更正式的话题上，讨论眼前面临的问题。雷诺兹把话题又拉回到更轻松积极的调子上。最后，分公司负责人忍无可忍，他有些恼火地问雷诺兹："难道您不准备谈正事吗？我们今天不是要解决问题吗？"

雷诺兹回答："不需要，看得出来，你已经倾尽全力了。我可以肯定，只要继续这样努力干下去，你们就一定能取得突破，你们一定能打一场漂亮的翻身仗。这里都是最优秀的人才，我对你们充满信心。继续干，好好干。"

雷诺兹说得太好了。在那个时候，他明白人们最需要的是支持，而不是打击。分公司员工的反应是："哦，这个人信任我们。绝对不能让他失望。"雷诺兹对这些员工的信任是有充足依据的：这家分公司成功实现了逆转。

导师式领导

最具建设性的批判性反馈源自导师式领导的概念。如果需要提出纠正或否定意见，最好不要把自己放在批评者的位置上，不要摆老板的架子，应该把自己当成领路人、导师或老师。批评的过程应该给人一种教书育人的感受，应该以帮助他人成长和发展为目标。

欧文·格罗斯贝克是大陆有线电视公司的联合创始人兼总裁。他发明了一套非常高效的硬性/软性社交技巧。在一次对话中，他向我们解释了他的理念和风格：

"我会采用导师式领导模式。我对如何帮助人们通过自身的错误提高能力非常感兴趣。

"先要做到不批评，这一点非常重要。要认真地检视整件事。这就好比抚养孩子，最重要的是解决他的衣柜杂乱无章的问题，而不是责怪他是个邋遢的人。

"管理也是一样。我总会站在当事人的角度看待事情。我会请他们讲讲，他们认为发生了什么，是什么让事情变成这样的。接下来，我会听听他们怎么看这件事，我会提出几点自己的看法，问问他们有没有这些想法。我会把自己的建议变成问题提出来。

"这样一来，整个过程就变成了教育和成长的过程。我会明确一点：我和他们站在同一边，他们没问题，我和他们之间没有任何问题。我会强调一点，人非圣贤，孰能无过。有时，为了证明这一点，我甚至会提起自己犯过的错。

"同时，我也会明白地指出，这些事本来可以做得更好，我希望他们能从中吸取经验教训，争取下次做得更好。这样一来，他们就会持续不断地提高本领，整个公司也会从中获益。"

格罗斯贝克会借助软技巧提供正确的反馈意见。同时，他会坚决彻底地贯彻很高的业绩标准——既用来要求自己，也用来要求他人。而且，通常情况下，他的高标准都能实现。

高标准的作用

帮助人们不断成长，从错误中吸取经验教训，它的意义不是对不称职的、糟糕的或者不负责任的工作表现听之任之。积极鼓励和高标准、严要求必须双管齐下。

积极鼓励能够提高人们的工作表现，同样，挑战和期望也能提高人们的工作业绩。好老师都很清楚，学生们通常是渴望挑战的，他们会对高期望做出积极的反应。回想一下你遇见过的最好的老师，他们可能是当初对你的学业要求最严格的人。这个道理同样适用于企业领导者。

好的领导者不亚于良师。在他们的眼里，不同经历和不同背景的人都能完成高标准的工作，每个人都会发自内心地渴望做到这一点。一位优秀的领导者不会强制要求高标准的业绩表现（强制要求的言外之意是，人们基本上都是懒惰的，并且倾向于不会尽他们最大的努力，所以必须通过强制要求把他们的最佳表现逼出来，就像拔牙一样）。

好的领导者会为人们创造自我检验的机会，帮助人们不断成长，实现最好的工作业绩。

很多人会选择自己感兴趣的工作并引以为傲，然而，选择通过硬指标和高标准的挑战来激励人，坚信看似平凡的人也可以成就不平凡的事业，这样的领导者少之又少。

要把人们安排在恰当的岗位上，推动他们达到高标准；要让他们知道，你相信他们一定能做到。请记住特拉梅尔·克罗是怎样建设自己的企业的：疑人不用，用人不疑。在罗伯特·索贝尔的《特拉梅尔·克罗》（*Trammell Crow*）一书中，一位年轻的开发商讲到自己与克罗的一段经历：

有一次，他带我参加了一场会议，把我介绍给在座的大承包商和放款人。他把我抬得很高，我心里知道，这是因为他对我的工作能力充满信心。我很难相信他会把那么重要的责任放心地交给一个（像我这样）年轻稚嫩的人。

这种推 / 拉、阴 / 阳、硬 / 软、高标准 / 积极鼓励的结合就是激发人们充分发挥其能力的诀窍。激发出每个人最大的能量，无论人们的能力最终达到怎样的水平（任何群体的人能力都是不同的），都能够促使整个企业达到更高的标准。

领导风格要素 6：沟通

我们知道，强调沟通的必要性听上去是一种老生常谈——我们确实希望它是老生常谈。令人遗憾的是，在现实工作中，太多的企业领导者在沟通方面表现得太差劲儿——是不为也，非不能也。

一家卓越企业能在有效沟通中永续发展。卓有成效的领导者会不断激发沟通：从上到下、从平级到团体、从个人到整个公司层面、从书面到口头、从正式到非正式。他们会努力让整个组织始终充满活跃的沟通。

愿景和战略的沟通

下一章会详细讨论企业建立清晰愿景和战略的重要意义。但是仅仅建立它们是不够的，还要做好愿景和战略的沟通工作。

想做到高效沟通，不必成为口若悬河的雄辩家，也不必成为妙笔生花的文学家。不用担心你怎样把公司的发展方向说清楚，张开口、拿起笔就对了。不但要说，还要多说；不但要多说，还要写出来、画下来，反复地说。永远不要让愿景从人们的视野中消失，要时刻把它摆在人们面前，不断地提起它、引用它。

举例来说，吉姆·博克估计，在担任强生公司首席执行官期间，他把 40%（是的，40%！）的时间花在传播"强生信条"（强生公司的核心价值观和信念）上。

我们在观察软件公司 Personal CAD Systems 的前任首席执行官道格·斯通在公司的活动时注意到，他把公司的战略画在活动挂图上，挂在办公楼的每间办公室和会议室里。每次开会，他几乎都会抽出时间画一些战略画作。久而久之，它们布满办公区域的各个地方：纸上、人们的笔记本上、活动挂图上、白板上、布告栏上，甚至食堂的餐巾纸上。当有人问起这一点时，他回答：

我是故意把这些图画留在各处的。想让每个人了解整个组织的方向是非常困难的，所以，我们必须持续不断地强调它。我把它们放在公司各处，这样人们就会在不经意间看到它们，也许还会在开会时引用它们。我猜这算是一种潜意识的暗示。

运用比喻和画面感

用生动的形象传达公司的目标任务，用具体的例子说明公司是如何在走向愿景的道路上不断取得胜利的，用故事讲述组织的价值观和精神。

类比、比喻和隐喻富有画面感，是一种强有力的沟通方式，应该多使用它们。

1940 年，富兰克林·罗斯福需要一种方法来有效地说明"租借法案"的概念和必要性（"租借法案"是美国政府在第二次世界大战初期推出的一个项目，旨在向陷入困境的英国提供物资援助）。富兰克林本来可以大谈特谈这个法案纷繁复杂的财务条款，但那样无法激发民众的想象力。他用了这样一个比喻：

假设我邻居家着火了，我家菜园里刚好有一根长长的水管。我如果把水管接到消防龙头上，就能帮他把火扑灭。我该怎么做？我肯定不能对他说："哦，邻居，我的水管是花 15 美元买来的，你得先付我15 美元才能用。"……我根本没想钱的事，我只希望他能在灭火之后把水管还给我。

乔布斯对苹果公司愿景的总结是我们最喜爱的一个企业案例。1980 年（在 Mac 电脑上市之前），乔布斯在斯坦福大学的一次讲话中指出：

（苹果公司的）原则是：一个人用一台计算机和 10 个人用一台计算机是完全不同的。这很像一辆客运列车的固定设备成本：你可以买 1 000 辆大众汽车，也许汽车不如火车舒适，也没有那么快，但这 1 000 辆汽车可以让 1 000 个人在任何时间前往任何他们想去的地方。这就是我们努力为这个行业做的事。

最好的比喻……是一个骑着自行车的人能达到的效率是老鹰（自然界最高效的动物之一）的两倍。人会制造工具，增强自己与生俱来的能力。这就是计算机最重要的作用，它们就是人类的自行车。

放下文字，发挥画面的力量，给人们讲故事，放心使用不准确的类比，让一切活泼生动起来。不要担心自己的比喻在逻辑上讲不通——关键是有效沟通，而不是维系逻辑的缜密。

为正式沟通增添个人色彩

大多数商务文本都是冗长枯燥、面目可憎的。它们没有生气，也没有火花。人们无法从这样的文本里看到人的个性。为了努力做到公事公办或者像个总裁，有些领导者基本上不对有效沟通抱有期望。

你有没有发现，一个好的作家会让你觉得她在和你进行私人谈话？一个好的演讲者会吸引你，在你和他之间创造一种亲密感，即使现场坐着很多听众，你也会有这样的感受。这就是我们努力要达到的效果。

想达到这样的效果，可以参考下面两种基本方法：

- 第一种是敞开自己的心扉。不要羞于讲述个人经历，分享个人观察。和人们讲讲自己的故事、亲身的经历或者对这个世界的独特看法。这样可以拉近你与他人的距离。你和作家（或演讲者）之间也许并不存在任何私人联系，但依然会产生亲密感。道理是一样的。

- 第二种是采用直接的、个人的、朴实谦逊的风格。多使用"你""我""我们"这样的称呼，尽量不用非个人的称呼，比如"人"。多使用朋友式、同志式的温暖语言。在讲话或写文章时，要直抒胸臆，就像人们在和你面对面聊天。不要用长句，要做到言之有物，多用明确的语言，多用清晰的字眼。

不要说："可以看出，人们对处理劳资关系的方法存在一些不满情绪。"要这样说："我看得出来，你们对自己的遭遇非常生气。"

不要说："我们的策略是让麦芽饮料产品的价值链和质量载体最大化。"要这样说："我们酿造的啤酒呱呱叫。"

不要说："眼前的问题是，特定诉讼带来的经济掠夺造成了财务资源的减少。"要这样说："那些官司会让我们损失很多钱。"

坦诚沟通

用甜言蜜语来包装坏消息，这是一种极大的错误，错上加错的做法是逃避责任，对令人不快的事实不做必要的沟通。应该坦诚直接地沟通，这样的做法要好得多。

以下面的备忘录为例：

收件人：人力资源总监
发件人：首席执行官

主题：关于员工调整

由于公司业绩下滑，兹决定削减开支，进行员工调整。附件是未来 60 天内需要被解雇的员工的名单。请与他们的主管经理商谈具体事宜。

务必向员工强调，此举并非裁员。相反，要明确员工认识，这只是适时清退业绩欠佳员工的必要之举。

此次员工调整为公司历史上的第一次，务请谨慎处理，将可能的风险降到最低。

想想看，这篇备忘录有什么问题？

它至少有 4 个问题：

1. 如果一个动物看上去是只鸭子，像鸭子一样呱呱叫，像鸭子一样摇摇摆摆地走路，它就是一只鸭子。无论如何措辞，这里所谓的"员工调整"就是裁员，只有笨蛋才看不出来。

2. 首席执行官在逃避责任。他并没有承担起宣布这个坏消息的责任，相反，他把这件讨人厌的差事交给了可怜的人力资源总监。

3. 公司没有以直接公开的方式裁员，所以大多数人只能通过小道消息了解信息。这会放大员工的恐惧感，让他们产生极高的不安全感："会有多少人被裁？我会不会被裁？这场风暴会持续多久？我要不要现在就去找一份新工作？"除此之外，人们还会感到愤懑："他们是不是觉得我很傻？为什么 CEO 不来通知大家这一切？他对我们还有没有一点儿尊重？"

4. 结果可想而知：一些最优秀的人会选择离开。他们本来是公司最需要留住的人。选择留下来的人难免会无休止地为自己的处境担忧，这会让人精疲力竭，他们很难高效地做好工作。

人们不喜欢被误导，没人愿意被当成傻子，他们会迅速失去对领导者的尊重，因为领导者并没有直率坦诚地对待下属。

那位首席执行官应该怎么做？他应该亲自宣布这个痛苦的决定。更优秀的领导者也许会这样做：

朋友们、伙伴们：

我始终相信，我们之间的沟通是件非常重要的事。只要是影响整个公司的大事，无论是好是坏，我们都应该开门见山地说个清楚。说到影响整个公司的大事，我们过去基本上都是这样做的。从这个想法出发，我今天要做出一个艰难的决定，它也许是公司历史上最难的一次决定。

大家都知道，我们的业绩遭遇了严重下滑。这迫使我们不得不在工作中全方位地削减开支，人员费用也包括在内。因此，我们决定裁员 10%。

我知道，这一定会引发震荡，我们过去没有裁过员。这是第一次，老天知道，我多么希望这也是最后一次。但是，为了让命悬一线的公司活下去，我们认为走出这一步，完成令人痛心的裁员是非做不可的无奈之举。

希望大家清楚，我们已经决定了，这次裁员会一次性完成。我向大家保证，我们真心期望这是公司历史上仅有的一次裁员，我们的计划里只有这一次裁员。我们宁愿把苦药一口咽下，也不愿长期忍受痛苦和不确定性。

无论怎样表达，裁员的消息终归是令人痛苦的，尤其对那些不幸失去工作的人来说。但是，与第一种方法相比，更直接的方法会产生更少的破坏作用，让领导者获得更多尊重。

有一说一，这不仅是一种很好的沟通方式，也可以表达我们对员工的尊重。要始终从这样的前提出发：群众的眼睛是雪亮的，他们能分辨出鹿和马。人们更喜欢勇敢地站出来、直接坦率、诚实沟通的领导者。

激励员工之间的沟通

沟通不应该只是自上而下的单向流动。它应该发生在各个级别、各个方向上。有一点需要留意，你的领导风格可能会阻碍他人和你沟通。反过来讲，你的风格也可能促成一流的沟通。切记一点，作为领导者，你是奠定基调的人。

想在整个组织内激发沟通，你可以参考以下几点建议：

- 大量提出问题，给人们足够的时间来回答这些问题。
- 请大家在出席员工会议（员工会议应该定期举行）之前至少准备好一个要点，一个他们认为每个人都应该知道的要点。
- 请大家在出席员工会议时至少想好一个问题。鼓励大家畅所欲言地提出问题。可以这样回应他们提出的问题："这个问题很好，很高兴你问到了这一点。"千万不要让员工觉得自己提出问题的做法很愚蠢，没有什么比这能更快地扼杀沟通了。
- 无论是正式会议还是非正式场合，都要鼓励大家"知无不言，言无不尽"。
- 如果有人与多数人的意见不一致，要保证他（她）有公平的表述机会，让大家清楚地听到。
- 沟通是自发的。鼓励人们自发地聚在一起研究问题，解决问题。

即兴的非正式会议是最有效的沟通方式之一。

- 减少刻板教条、令人压抑的"公司礼节"。要让员工感到轻松舒服。放松领带，解开衬衫的第一粒纽扣，挽起袖子，把高跟鞋脱掉。

- 当出现摩擦和矛盾时，不要扮演"传声筒"。应该把矛盾各方聚在一个房间里，当面锣对面鼓地讨论问题，而不是由你来传话。企业的员工有时就像一个大家庭里的孩子——会向爸爸妈妈告状，而不是直接解决问题。不要助长这样的做法。

- 既要鼓励员工提出想法，又要鼓励他们表达感受。我们都会对身边的事物产生强烈的感受。在这些感受遭到压制时，真正的沟通是不可能存在的。在工作中谈感受？是的，当然要谈！毕竟工作是人做的。人非草木，孰能无情。

- 不要放任一两种类型的沟通风格主导所有讨论。通过提问的方式帮助比较含蓄内敛的团队成员表达看法。

- 要对提出关键问题的员工表示感谢，即使这些问题令人不快。

再次强调，喋喋不休地谈论沟通的重要性似乎是老生常谈，但它确实非常重要，而且，很多高管在这一点上的表现非常糟糕。既然在沟通方面犯错是免不了的，那就在多沟通中犯错吧。在沟通工作中投入多少都不为过。

领导风格要素7：一往无前

接下来强调有效领导的最后一项要素："一往无前"的心态。卓越企业的领导者总是勇往直前、不断进步，作为个体，他们会不断成长进步，并把这种一往无前的心理传递给整个公司。他们精力旺盛，永不自满。

勤奋

勤奋是必需必备、无可逃避的，勤奋是不言而喻、理所当然的。

但是，勤奋并不等于变成工作狂。勤奋的目标是把事情办成，而工作狂属于一种强迫症——在某种恐惧的驱使下不断地工作。工作狂是病态的、破坏性的，而勤奋是健康的、鼓舞人心的。人们可以在有生之年始终保持勤奋，而工作狂只有一个结果——过劳。

我们认识的一些高效领导者每星期只工作 40 到 50 个小时，但是我们仍然认为他们是极度勤奋的——因为他们在工作中表现出了极高的强度和专注度。我们也认识一些工作狂，他们每星期要工作 90 个小时，但基本上处于低效状态。由此可见，工作时间并不是越长越好。

苟日新，日日新，又日新

要始终努力把自己变成更高效的领导者。人总是可以变得更好，前方永远有一个更高的标准等着你去超越。永远不要停止学习，要如饥似渴地提高各项技能，要不断地坚定追求更高的标准。每天都要不断尝试，每天都要比前一天有所进步。

多留意自己的弱点和缺点。请人们坦率地对你的弱点和提升空间提出忠告。请同事和下属对你的领导风格进行批评指正。此外，还要在组织之外找一些客观的人，请他们观察你的领导风格并做出评价。（这是我们为一些首席执行官做过的事情。他们既收获了良药之利，也感到了良药之苦。）让客观、诚实的局外人加入你的董事会。

没人能真的做到闻过则喜。当被别人揭短时，任何人都会感到痛苦。很多人会因此逃避批评意见。他们知道，来自他人的批评会暴露自己的缺点。但是，良药苦口利于病，忠言逆耳利于行，这样的批评是必不可少的。要成为真正杰出的领导者，你必须不断地提升自我。

保持高昂的干劲

领导者一旦失去新鲜活力，组织就会萎靡不振。如果工作不再令你兴奋、充满干劲，你就不再是一名卓有成效的领导者了。卓越企业的缔造者会在任期内始终保持饱满的干劲。他们永远不会"混到退休"。实际上，他们中的一些人永远不会退休。他们无法想象把自己多年积累的智慧白白扔在懒散、毫无建树的退休生活里。

从身体、情绪和精神上照顾好自己。保持充足的睡眠和健康的状态。适当锻炼身体，适当娱乐。读读书。和有趣的人聊聊天。多接触一些新鲜的想法。花时间独处，做令人焕然一新的活动。为自己树立新的挑战目标。尽一切努力让自己保持活力，不断接受新的刺激，不断成长。做一个充满活力的人。

要喜爱自己的事业。我从未见过憎恶工作的初创企业领导者。不要硬着头皮做自己不喜欢的事，这只会带来极低的工作效率，让自己身心俱疲。

最后一点，不断求变是一种让自己保持高昂干劲的好办法。尝试新鲜事物，参与新项目，改变自己的工作方式，多做新尝试，尽可能保持对事物的新鲜感。有人认为，求新求变过于耗费气力。毕竟，保持现状不是更容易吗？但是这里的秘密不在损而在益：变革确实需要耗费精力，但它能产生更多精力。

你有没有注意到，当搬入新办公室或新房子时，你的活力和兴奋感会增加？也许你会抱怨搬家的诸多不便，但是全新的环境仍然会令你兴奋，让你充满活力。这个道理同样适用于工作。

乐观且充满韧性

心理学研究表明，高效快乐的人对未来持乐观主义态度。我们认为，这个规律对企业同样有效。

当然，你不应该低估必然存在的困难、可能遭遇的挫折、必须忍受的痛苦，还要面对可能的失败。盲目乐观的确是危险的，但是你不能因此质疑自己的企业没有能力取得成功，无法让未来胜于现在。你必须相信自己的企业和它的未来。如果连你都不相信，还有谁会相信呢？

但是仅有乐观是不够的，乐观离不开韧性和坚持。

1987年，我们第一次遇见鲍勃·米勒。他刚刚接任MIPS技术公司首席执行官一职（这家公司当时处于破产边缘）。米勒把这家企业从"至暗时刻"拯救出来。我们惊喜地发现，米勒是个性格沉静的人。初次接触他的人可能会用"低调"或"轻声细语"来形容他。我们不禁好奇，他是怎样成功地帮助MIPS重整旗鼓、继续前进的？

这样的疑惑并没有持续多久。米勒一开口，我们立刻就感受到他坚如磐石的信念——他坚信MIPS有能力重塑整个行业的面貌。与此同时，他还有一种笃定而明确的决心：只要担任首席执行官一天，他就绝不放弃。米勒把这一经营理念视为一项使命，他不允许艰难险阻挡住自己奋力向前的脚步。

"一往无前"的企业

摩托罗拉的创始人保罗·高尔文多次指出："只要奋斗不止，不断向前，一切就会变好。"3M公司早期的主要架构师威廉·麦克奈特强调，公司有许多成功的产品来自偶然的发现，但是，"只有不断前进，偶然的发现才有出现的可能"。

与高尔文和麦克奈特一样，缔造卓越企业的领导者，如沃森父子、里昂·戈尔曼和他的外祖父里昂·比恩、山姆·沃尔顿、比尔·休利特、盛田昭夫、威廉·普罗克特、华特·迪士尼和亨利·福特等等，都相信自己的企业处于"一往无前"的过程中。

卓越企业的一大突出特征是，永不停歇地求变、改进和求新。一家卓越的企业永远在路上，永远不会自满。

卓越不是终点，而是一条漫长、艰辛、不断改进和发展的道路。当卓越的企业登上一座高山时，它总会为自己寻求新的挑战、新的冒险、新的征途和新的标准。卓越的企业会礼赞自己的成功，品味成功，享受成功，但是这些都只是在永无止境的征程中的短暂停留。

一往无前。一件事失败了，就尝试去做另一件事，休整、尝试、行动、调整、向前、行动。就像亨利·福特说的那样："你必须不断地行动和前进。"

触及灵魂

就像前文提到的，领导力的精髓在于激发明确的愿景，这一愿景由整个团队共同拥有并付诸行动。此外，还有一项要素：触及人们的灵魂。

我们每个人都有精神上的一面。对一些人来说，它隐藏在外壳坚硬的犬儒主义之下，而对另一些人来说，它相对更浅显。无论是哪种情况，它都在等待被发现、被触动。

谈到灵魂，这里指的并不是宗教，而是人的高尚一面。它让我们在弱者占上风时禁不住哽咽，让我们希望好人获胜，让我们希望孩子们拥有更美好的世界，让我们把收银员多找的钱还回去，让我们在战场上绝不辜负战友，让我们对欺诈与不公感到愤怒。每当夜深人静之时，它让我们坚持完成工作，只因为一句承诺。它让我们义无反顾地跳进冰窟窿救人。它把普通人变成英雄。

这只是一面，我们还有另一面——也就是约瑟夫·康拉德在《黑暗的心》中写的那一面。这一面的我们可能会背弃承诺，会让同伴失望，会把多找的钱揣到自己口袋里，会找机会践踏不幸的人，会利用超群的实力为自己牟利，会对自己的矛盾和弱点视而不见。我们每个人都兼具这两面。但是，领导者必须追求光明的一面，激励人们走上光明的正途。领导者要激发每个人与生俱来的善良本质，激励人们把这些品质发挥出来。归根结底，领导者是可以改变人的。

让我们回到导师式的领导者这个话题上，回想那些曾经改变你人生的老师。他们可能帮你看到了你不同的一面，包括你自己不曾发现的方面。他们激发了你的潜质，帮助你形成对自己的新认识，他们让你对自己抱有新的期望，你的理想因此跃升到新的高度。

和这些老师一样，领导者也要对他人抱有理想主义态度，坚信人们能够达到理想的高度。领导者要成人之美，要把握人们的精神，推动他人前进，带动他人提高。领导者能改变人的自我认知，帮助人们从理想的高度看待自己，就像领导者用同样的眼光看待他们那样。

领导者会传递出这样的信息："我们可以实现胆大包天的目标。我知道我们一定能做到，因为我相信你们。"

第四章

愿景

最根本的问题在于，激励你的愿景是什么？

——亚伯拉罕·马斯洛

领导者的职责——领导者的第一要务——是激发明确的共同愿景，并确保人们对这一愿景的持续投入和追求。正如前文探讨过的，这是对所有领导者的普遍要求。无论你的领导风格是什么，你都应当以此为己任。

为什么愿景如此重要？愿景到底是什么？愿景的设立应该从何处做起？

我们会在本章解答这些问题。我们希望可以促使领导者把"激发共同愿景"作为自己最重要的工作。我们还会提出"柯林斯—波勒斯愿景框架"——一种结构坚实的有用框架，既有利于消除关于愿景的种种迷惑，又能保留真正愿景特有的魔力和火花。这一章将通过详细的路线和指南清楚地说明共同愿景的激发过程。

先来介绍愿景的多种益处。在此之前，我们需要快速浏览一个框架。它是本章以及本书剩余部分通篇运用的一种全面框架。

图 4-1 展示了一个基本流程：你从愿景出发，进入战略，最后

进入战术层面。我们可以看到，愿景由 3 个基本部分组成：核心价值观和信念、目标、使命。

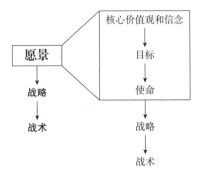

图 4-1　愿景、战略、战术示意图

本章详细阐释了该图的各个部分，并提出多项实例。在此之前，我们将解释为什么你要承担起设立愿景这项困难重重的任务。

愿景的力量

随便找一家卓越的组织——一家真正经久不衰的卓越组织，

你一定会发现，它的韧性来自我们所说的"信念的力量"，

以及这些信念所产生的吸引力……

组织的成就更多地来自最朴素的信念、

精神和愿望，而不是资源、组织架构、创新和时机。

——小托马斯·沃森，IBM 原首席执行官

把一项长久的愿景注入企业，这是一项充满挑战的任务。一位管理者告诉我们："真的要我做到这一点吗？你们把标准定得太高了。"确实如此，这个标准确实很高。这很难，我们不否认。

但是，企业想成就卓越，没有愿景是万万不行的。请注意，小沃森说的并不是"随便找一家组织……"，而是"随便找一家卓越的组织……"。

愿景不是获利的必要条件。没有愿景，人们照样能建成非常赚钱的企业。很多企业并没有激动人心的愿景，依然赚得盆满钵满。但是，如果我们追求的不仅仅是丰厚的利润，如果我们想建成一家经久不衰的伟大企业，那就非有愿景不可。

只要认真研究卓越企业的演变历程，如 IBM、里昂比恩、惠普、默克、赫曼米勒、3M、麦肯锡、索尼、麦当劳、耐克、沃尔玛、迪士尼、万豪国际、宝洁、波音、强生、摩托罗拉、联邦快递、罗盛咨询、通用电气、百事公司和先锋良种等等，你就会发现，即使在这些企业规模尚小时，重要的领导者也已经在某种程度上为组织注入了令人心驰神往的愿景。

有些企业的愿景和企业一同诞生，比如联邦快递公司，有些企业的愿景是创始人为了某种需求而建立的（如服务自己，或者为了把某种产品推向市场）。对这些企业来说，更宏大的愿景是创业数年后确立的。比如明尼苏达矿业与制造公司，这家企业的创办初衷纯粹是为了从明尼苏达州一个小湖里采掘刚玉（一种类似绿宝石的坚硬物质）。到了后来，早期事业遭遇失败，这家公司用了几年时间摸索新路。直到这时，时任首席执行官威廉·麦克奈特才为 3M 公司及其对世界的潜在影响提出宏大而清晰的愿景。

但是，无论是哪一种情况，无论是创业伊始还是数年之后，卓越企业的关键领导者都无一例外地激发并明确表述了整个组织的共同愿景。

卓越四例

IBM

小托马斯·沃森，1956 年至 1971 年担任 IBM 首席执行官。他认为，IBM 之所以能历尽劫波，从 1914 年那家濒临破产的小型企业成长为史上最受尊重、享有最长久成功的巨型企业之一，最重要的原因就在于它的愿景。

小沃森对这一点感受极深，为此他专门撰写了一部著作《一个企业的信念》。他在书中写道：

> 无论什么企业，想要生存，想要成功，都必须树立健全的信念。它是企业所有策略和行动的大前提。我认为，企业成功最重要的保证就是笃定地坚持这些信念。说到底，一个组织应当明白：一切终究是要变的，唯独这些信念是不变的。

小沃森的父亲汤姆·沃森是 IBM 的主要设计者。他同样强调愿景对公司的重要意义。1936 年，在写给儿子的一封信里，老沃森指出，领导者理应致力于建设的头号资产是"愿景"。

（想必读者已经发现，包括使命、愿景、目标、价值观、目的、信念、文化和理念在内的诸多概念早就被不同作家和管理者混杂使用了，甚至达到了随意滥用的程度。有人把"使命"挂在嘴边，有人喜欢"愿景"，还有人偏爱"目标""目的""总体目标""文化"，等等。请暂时不要为这些术语分心，花太多时间穷究愿景与使命以及价值观之间的不同。我们会在本章末尾通过"柯林斯－波勒斯愿景框架"揭示和澄清这些问题。）

强生

从父亲手中接过强生公司、出任首席执行官之后，罗伯特·约翰逊立即开始殚精竭虑地为公司构思出一套清晰明确的信念宣言，这就是"强生信条"，它是强生公司此后所有计划和决策的总体背景。

麦肯锡

麦肯锡是全球最成功的管理咨询企业。马文·鲍尔是麦肯锡的首席架构师。从公司初建时起，鲍尔就非常重视共同愿景的建立和贯彻。

1937 年，麦肯锡还是一家小企业，只有两家分部（到 1990 年，这家公司已经在全球设立了 48 个分部）。鲍尔专门拿出大量时间编写和阐述麦肯锡的愿景。在 1953 年年会期间，鲍尔提出了"公司主要个性特征示意图"。它被沿用了数年，成为后来"麦肯锡方法"的蓝图。再后来，鲍尔专门撰写了一本关于麦肯锡的著作，突出强调了公司的愿景。类似"我们的理念""我们的方法""务必做到深谋远虑""我们相信""我们的原则"这样的表述俯拾即是，大量出现在全书正文和章节标题中。

惠普

20 世纪 50 年代中期，惠普刚刚成立 15 年，规模相对较小。比尔·休利特和戴维·帕卡德带着整个管理团队来到加利福尼亚州索诺马的一处酒庄。他们在那里编写了惠普公司的多项原则和长远目标。这次会议后来被称作"索诺马会议"，它为惠普公司后来的发展奠定了坚实的基础。

你可能会想："我的公司小得很，我不知道这些关于愿景的好东西是否适合我们。我们不是惠普、IBM，也不是强生或麦肯锡，我们只想努力干好，仅此而已。"

你说得没错。但是，请不要忘了，前面提到的每家成功企业都是从微不足道，甚至挣扎在破产边缘的小企业做起的。不仅如此，它们无一例外在公司还很弱小时就树立了愿景。实际上，并不是这些企业够大够强，所以有能力奢谈愿景，而是愿景帮助它们从一开始就成长为卓越的企业。愿景在前，卓越在后，而不是颠倒过来。

需要注意的是：我们并不是在暗示，只有在立志成长壮大时，愿景才是必要的。也许你想保持较小的规模。即使如此，你也离不开愿景。为什么？因为如果足够优秀，你就一定会遇到成长壮大的机会。保持小规模的唯一办法（如果你真想建立一家小而美的公司）是先确立愿景，把理想中的公司的样貌描绘清楚。

举例来说，我们和一家小型企业有过合作。由于缺乏愿景，这家企业遭遇了严重的危机。这家企业的老板后来告诉我们：

我们当时临近新产品开发的尾声，大家精疲力竭。那项产品拥有巨大的市场潜力。我们当时只有 10 个人，这项新产品至少能让我们的规模扩大三四倍。听上去很不错，对不对？

实际上，那是我经历过的最糟糕的一段时间！当产品快要被完成时，每个人都忙得脚不沾地，为大量订单做着准备。当时，我心里总觉得哪里不大对劲儿，我真的很不喜欢那种感觉。

但我们还是义无反顾地向前推进。我们的目标是推出这款产品，彻底改变公司的面貌。头脑清醒的人不可能白白放弃这样的机会——发展壮大、利润、巨大的成功、别人羡慕的眼光……对吗？话虽如此，可我心里那种糟糕的感觉变得越来越强烈。终于，我承受不住了，彻底陷入过劳倦怠的状态。

直到这时，我才发现，我们所做的一切完全违背了我对自己、家人和公司的期望。可是，问题在于，我从未清楚地表述过自己对公司未来面貌的想法，更没有在公司内部谈到这一点。我们只是日复一日地埋头苦干，追逐一个又一个机会。我们随着社会潮流载浮载沉，把成长壮大和一夜暴富当成自己的必然目标和奋斗动力。但它并不是我们公司的愿景，不是我们想从生活中收获的结果。当压力终于大到无法承受时，我们叫停了这款产品。从此以后，大家变得快活多了。

如果一开始就清楚地知道我们的愿景就是保持小规模——成为一

家既赚钱又快乐的小公司，过着优雅的生活，我们当初就不会决定开发那款产品，也不会把自己抛进可怕的忙乱中。

愿景的益处

现在，让我们讨论一下企业愿景的四个益处：

1. 愿景为人们的非凡努力奠定了基础。

2. 愿景是战略及战术决策的背景。

3. 共同愿景带来凝聚力、团队精神和共同体。

4. 愿景是企业不断发展的基础，帮助企业摆脱对个别领袖人物的依赖。

为非凡的努力奠定基础

人们会对价值观、理想、梦想和令人兴奋的挑战产生反应，这是人类的本性。只要拥有共同的理想，认为这个理想是值得奋斗的，我们就会为了实现它而付出长期的努力。有的管理者会建立一整套值得追求的价值观、健全的信念和催人奋进的使命，以此作为企业建设的立足之本。这正是在为人们非凡的努力奠定基础。

大多数人的工作不仅仅是为了每月拿薪水回家。人们想要的是值得追求、有意义的工作。这也许不适用于所有人，但肯定适用于那些想为建成卓越企业做出实际贡献的人。人们渴望有意义的工作。只要发挥好这一力量，很多长期困扰我们的问题，如"如何调动员工的工作积极性"等问题基本上就迎刃而解了。如果把工作当成信仰，人们就会自我激励。

工作动力的高低很大程度上取决于一个人在更宏大的目标中找到自己位置的努力。这一点适用于所有工作岗位，也包括最普通的岗位。有一次，我们走访了 Giro，一位装配线工人自豪地指着布告栏让我们看。布告栏上贴着很多用户来信，描述了一次又一次严重的自行车事故，讲述了该公司的头盔是怎样挽救他们，让他们避免头部受到损伤的。一位用户写道："我太幸运了，裂开的是头盔，而不是我的脑袋。感谢你们，感谢 Giro 在这个行业里的耕耘。"

那位工人对我们说："看见没有？这就是我的工作。我们不仅是在制造头盔，还在让人们的生活变得更美好。"

人们一旦接受了明确的总体目标，就会产生极为强大的力量，它甚至可能成为一个国家的斗志和士气的中坚力量。1967 年，在谈到以色列这个国家时，巴巴拉·塔奇曼这样写道：

尽管以色列有着这样或那样的问题，但是它仍然拥有一种决定性的优势：目标感。以色列人可能并不富裕，没有电视看，没有足够的淡水，也没有恬静的生活，但他们拥有生活的动力。那是一份经常被富足的生活抹杀的珍宝。

要为人们带来这样的动力，这是领导者的职责。实现方法就是确立愿景——建立塔奇曼所说的"令人激动的使命"，把人们紧密团结起来。

回想一下，为了击败希特勒，二战时期的英国人是怎样前仆后继地付出崇高努力的。回想一下 20 世纪 60 年代初，美国国家航空航天局（NASA）是如何克服千难万险，把宇航员送上月球的。回想一下波音公司的员工是如何献身于"不可能完成"的任务，把波音 747 大型喷气式客机变成商业现实的。回想一下苹果公司的工程师是怎样每周工作 80 个小时，创造出改变世界的计算机的。

愿景是战略及战术决策的前提

企业的愿景为各级员工提供了决策前提。它的重要性无论怎样强调都不过分。

共同愿景就像爬山者的指南针和遥远的终点。只要给人们指南针和明确的终点，放手让他们自由发挥，他们就能找到抵达终点的路。

一路上，人们难免会遇到障碍、弯路、错路、深不可测的峡谷。但是，有了指南针，大方向就不会出错，再加上明确的终点，相信自己是在为值得跋涉的终点而奋斗，人们很可能会抵达终点。

相比之下，没有共同目标的企业缺乏这样的力量。员工可能会在峭壁边缘漫无目的地游荡，不知道脚下的歧路通向何方。这些企业就像疲于奔命的消防队，只剩下应对危机的队员和与此对应的收入，至于组织究竟要做什么，人们并没有明确的认识，更不用说从对愿景的认识出发，积极主动地做出决策了。

MIPS 技术公司成立于 20 世纪 80 年代中期，旨在对计算机前沿技术进行商业化。它获得了超过 1 000 万美元的风投资金，拥有前沿技术。它潜力巨大，足以通过强大的计算机产品扩大市场需求。然而，成立仅仅 4 年后，MIPS 就陷入一片混乱，濒临破产。怎么会这样？

因为 MIPS 不知道自己想做什么，也不清楚自己要变成什么样。销售人员盲目追逐每个收入机会，他们从未这样问过自己：就公司的目标而言，什么样的收入机会最有意义？

反过来，这又驱使研发部门（以极高的成本）开发了太多毫无关联的产品。研发人员从未这样问过自己：这些产品是如何帮助我们实现愿景的？MIPS 的领导者建立了多家合资公司，严重限制了公司的海外布局。他们从未这样问过自己：海外市场的建设应当如何配合公司的愿景？

当然，他们不可能提出这样的问题，因为这家公司根本没有清晰的愿景。员工的共同努力没有聚焦点，组织因此日益退化、派系林立。派系之间忙于相互指责，认为是对方把公司拖入了危险的境地。

公司士气日益低落，优秀人才另谋高就，投资人和客户信心全无，现金流变成了负数。

新任首席执行官鲍勃·米勒靠着自己的领导才挽救了这家公司。米勒成功地帮助 MIPS 走出低迷，在 RISC 技术领域占据了举足轻重的地位。米勒后来指出：

"最重要的问题是，从现在算起，5 年到 10 年，我们想成为什么样的公司？这家公司从未问过这个问题，更不可能清楚地做出回答。这样的总结也许显得过于简单，但是这个问题的提出恰恰是最根本的解决之道。只有这样，我们才能做出正确的战略决策。"

米勒的话道出一个关键点：只有先确立愿景，才能形成战略。

有关战略的管理学文献数不胜数。战略管理是多数商学院的必修课。向大型咨询企业购买"战略解决方案"的客户不计其数。这有一个充足的理由：健全的战略是实现卓越的必由之路。

但是，我们首先应该对战略一词略作思考。它的真正含义是什么？战略指的是一个人或一家企业如何实现自己渴求的目标。它是实现目标的手段。因此，除非你非常清楚——绝对非常清楚——目标是什么，否则你根本不可能建立起有效的战略。战略是实现愿景的途径。如果不知道"远方"在哪里，那么你又怎么知道如何抵达呢？

大多数企业（我们认为大多数组织实际上缺乏明确的愿景）任由一场场危机、一次次交火和一条条战术决策驱动自己前进。我们称这为"战术驱动战略"。应该由愿景驱动战略，再由战略驱动战术，而不是反其道而行之。

也许这一点看上去过于明显，也许你会好奇，为什么要喋喋不休地强调它？有这个必要吗？我们同意你的看法。这确实再明显不过了。但是真正做到这一点的企业寥寥无几。我们还注意到，几乎在所有出现重大组织问题的企业中，一个根本的问题就是明确愿景的缺失。一些组织居然对此不闻不问，任凭它造成严重的问题。这常令我们感到匪夷所思。

即使在事关国家利益的情况下，由于缺乏明确的总体目标而造成战术小胜和战略大败的情况也并不少见。

你们心里很清楚，我们在战场上从未输给你们。

——一位美军上校，河内，1975 年

也许吧，但那根本不重要。

——一位越南民主共和国上校的回应

哈里·萨默斯在他的《战略论》（*On Strategy*）中指出，单就战术和运输而论，美军在越南战争中的表现相当成功。它在一年内运送了 100 多万士兵往返越南。在整个越南战争期间，美军的给养足以傲视历史上任何一支军队。单就战术层面而论，美军在交火中保持着惊人的胜率。在一场又一场的遭遇战中，美军让对手尝够了惨败的苦涩滋味。尽管如此，越南民主共和国还是取得了这场战争的最后胜利。为什么美军打得那么出色，却输得那么悲惨？

关于这个问题，多位作者得出同一个令人咋舌的简单结论：美国不知道自己想通过这场战争达到什么目的，因此不可能制定有效的战略。一项 1974 年的调查发现，近 70% 的受访者（参与过越南战争指挥的美军军官）不清楚美国想通过这场战争达到什么目的。

萨默斯因此得出结论："目标的迷失对（美国的）战争指挥能力造成了毁灭性的影响。"

大卫·哈伯斯塔姆在他的《出类拔萃之辈》中写道："首长们既不

清楚自己的使命，也不知道部队的人数。现在回头看，这似乎令人难以置信，但当时就是这样的。我们的战略是什么？没人清楚地指出过。"

哈伯斯塔姆的意思也许是，没有明确的目标，战略根本无从谈起。

请不要误解我们的意思，我们并不是说战术层面的卓越（比如美军在越南战场上的优异表现）不重要。它是必不可少的，但是它应该立足于清晰的整体愿景。愿景先行，然后是战略，最后才是战术。

凝聚力、团队合作和共同体

加州大学洛杉矶分校棕熊队的教练约翰·伍登指出：教练的任务是培养每一个队员，让他们在后卫、中锋或前锋的位置上发挥出自己的最高水平。比这更重要的是，要培养每位球员对团队及其目标的荣誉感和坚定信念。伍登这样的教练懂得如何协调二者的关系。他们的方法是树立清晰的共同目标，建立一套基本原则和价值观，把整个球队牢牢地凝聚在一起。

如果没有共同愿景，组织很容易就会沦为一盘散沙。各怀异志、争夺地盘、结党营私和鸡零狗碎的政治斗争变成家常便饭，人们把精力浪费在破坏性的内部争斗上，而不是为了共同目标而奋斗，更不是为了整个组织的成功而努力，如此一来，强大的、向上的集体意识只能沦为空谈。

企业通常是建立在明确的、生机勃勃的使命感之上的。但是，它们会在成熟壮大的过程中分裂出争斗内讧的派系。派系的自我巩固和地盘争夺会扼杀早期的使命感引发的火花和宝贵精神。

我们分别采访了一家企业的 10 位顶级高管，并提出这些问题："你们的公司是做什么的？你们想让公司变成什么样？你们为之奋斗的目标是什么？"结果，10 位受访者给出的答案各不相同。其中一位受访者说得很好："我们 10 个心怀异志的人临时拼凑在一起，随时准备分道扬镳。难怪我们会出问题。"

结果，这家公司发生了一系列灾难性的内部斗争。关键人物秘密结盟，联手对付异己。最终这家公司被一家大型企业集团（以极低的价格）收购。一位原来的副总裁这样评价：

我们白白浪费了巨大的发展潜力。从丧失共同目标的那一刻起，我们就把所有精力和创造力浪费在内部斗争上，而不是放在赢得市场竞争上。这太可悲了。

我们也见过相反的例子。共同目标把人们团结起来，克服了不可思议的困难，完成了惊人的逆转，成功地挽救了即将毁灭的企业。举个例子，生产图形显示器的 Ramtek 公司已经根据破产法第 11 章申请破产保护。直到新任首席执行官吉姆·斯旺森接管公司，他激发了企业的新生机，带领它走出了破产阴霾。（大多数根据破产法第 11 章申请破产保护的企业最终都以破产收场。）

斯旺森表示："我们的使命是摆脱破产。这项任务极富挑战性，它把整个团队凝聚在一起，它让人们全力以赴，奇迹般地取得了成功。"

破产危机一过，斯旺森立即带领团队来到一个远离办公室的地方，启动了一项新任务。他说："我们曾经面对一项巨大的挑战并且成功地完成了它，如今，我们需要一项新挑战。否则，我们就会失去这来之不易的团队精神。"

我们会在本书第八章强调去中心化和自主的重要意义。关键在于，如何在释放个人创造力的同时保持一致的前进方向。愿景恰恰是二者之间的强大纽带。在一家公司里，如果每个人都有同一盏指路明灯（一个共同的愿景），百舸争流、向着同一个终点奋勇前进的壮观场面就会出现。

不断演进，摆脱对少数人的依赖

企业的最初愿景可能直接来自第一代领导者，它们很大程度上就是领导者的个人愿景。但是，要实现卓越，企业必须克服对一两位领袖人物的过度依赖。原有的愿景必须成为团体的共同愿景，成为组织的关键特征，而不是掌舵人的个人特征。实际上，愿景必须超越企业创始人而存在。

为了说明这一点，我们想到了美国建国时期和后来引领发展的几位历史人物。他们是非常有说服力的例子。实际上，美国的建立并不依赖于几位领袖的存在（华盛顿、杰斐逊、亚当斯等人），而是依赖于开国元勋确立的一套基本原则。这些原则超越他们，持续不断地指引着这个国家。

就其实质而言，开国元勋在《独立宣言》和《美利坚合众国宪法》中写下的是这个国家的愿景。它保证了这个国家未来会秉持与开国者一样的信念来运行。同样重要的是，这个国家的运行可以独立于自己的开国元勋。

1787 年相聚在费城的贤达聪明至极：他们通过宪法树立了长久不变的原则，创造了一种"黏合剂"，把这个国家牢牢粘在一起。即使共同的敌人或"大独裁者"已不复存在，这个国家依然能团结一心。懂得历史的人一定知道，纵观人类历史，这样的情况是极为罕见的。

（注：我们都知道，《美利坚合众国宪法》并非完美的法律文本。我们在此的目的并不是将其奉为圭臬，而是为了说明这样一种思想：建立一套持久的原则远远强过对领导者的依赖。）

有件事非常有趣。1956 年，小托马斯·沃森从父亲手中接管了IBM。他带领高管团队来到一处远离办公室的地方，集中编写"威廉斯堡计划"。沃森当时想到的正是《美利坚合众国宪法》。他在《小沃森自传》中写道：

我选择了（弗吉尼亚州的）威廉斯堡，因为那里深具历史意义。我想让这次会议成为 IBM 的"制宪会议"。

与此形成鲜明对照的是邓肯·赛姆和佛蒙特铸造公司。赛姆的愿望是打造全球最上乘的柴火炉，对此他怀有坚定的信念。他经常亲临生产线，确保每座火炉都能达到他的严格标准。20 世纪 70 年代，佛蒙特铸造公司成为业内增长最快的企业，实现了 2 900 万美元的销售收入，利润率高达 60%。

然后，20 世纪 80 年代初，赛姆退出了公司的日常运营，把公司交给职业经理人来管理（赛姆曾经坦承，日常管理不是他的强项）。

这时出现了一个严重的问题：赛姆的愿景和他一起退休了。少了赛姆，公司开始降低质量标准，放松了对柴火炉产品的一贯重视，减少了客户服务，完全背离了最初的愿景。随之而来的是日益减少的销售收入和利润。公司失去了推出新产品的能力。很多人认为，这家公司往日的辉煌已不复存在。

1986 年，赛姆再度出山。他返回佛蒙特铸造公司，把公司带回正轨。赛姆重新确立了自己的愿景，公司再次成为柴火炉行业的龙头企业。

赛姆后来在《公司》杂志的一次采访中指出，这一次，他采用了完全不同的方法。他不再只依靠自己，做"佛蒙特铸造之道"的唯一守护者。相反，他通过一套流程把自己的愿景变成公司的制度。他撰写了《佛蒙特铸造公司的愿景与信条宣言》，并开启了确保在公司的每项运营决策中都体现这一宣言的漫长过程。

对一些领导者来说，建设一家有愿景的企业（而不是依赖高瞻远瞩的领导者决定一切）是很难的。因为他们希望自己成为那位"高瞻远瞩的领导者"——英雄式的领袖人物，他们渴望大权独揽、乾纲独断。然而，真正具有长远眼光的管理者会把愿景视为企业的宝贵财产。他们会以适宜的方式强化这一愿景，让它在领导者不再插手公司日常运营事务之后仍然强劲有力、完好无缺。

愿景的框架

愿景一词会让人联想起各种各样的事物。它可能是杰出的成就，可能是把整个社会团结在一起的根深蒂固的价值观和信念，可能是催人奋进的大胆目标，可能是某种永恒的事物——解释了一家组织存在的根本原因，也可能是某种触动人心的东西，帮助我们发挥最大的潜能。

问题就在这里。的确，愿景令人愉悦，它是实现卓越的必要条件，我们对此毫无疑义。但是，愿景到底是什么？

柯林斯－波勒斯愿景框架

很多首席执行官告诉我们，他们无法理解愿景的准确含义。他们听过各种各样的术语，如使命、目标、价值观、战略意图等等，但是没人能令人满意地帮助他们超越这些术语的字面含义，为企业树立一以贯之的愿景。

柯林斯－波勒斯愿景框架（如图 4–2 所示）正是为了解决这种困境而出现的。这一章的很多内容立足于斯坦福大学的一项研究及其成果文章《组织的愿景与高瞻远瞩的组织》（《加利福尼亚管理评论》，1991 年秋季刊）。在此，我们没有必要深入探讨这个框架的所有理论基础和背景研究。就本质而言，一个好的愿景主要由以下 3 个部分组成：

1. 核心价值观和信念
2. 目标
3. 使命

我们发现，人们通常能很快地掌握核心价值观和信念的概念，但是，使命和目标之间的区别经常让人如坠五里云雾。

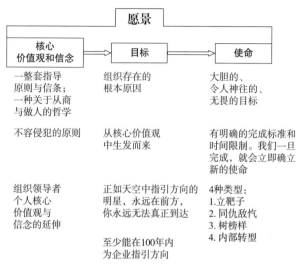

图 4-2 柯林斯-波勒斯愿景框架

为了快速理解目标与使命的不同，可以想象你正在一颗指路明星的指引下翻越高山。指路明星就是目标，它永远高挂在天边，你永远无法真正到达。但是，它会永远指引你前进。另一方面，脚下的高山就是使命。每当奋力征服一座高山时，你的全部力量和注意力都集中在这座山上。一旦登上山顶，你会再次眺望明星（你的目标），选择下一座高山，作为下一步征服的使命（下一项使命）。当然，在整个冒险过程中，你会一直忠于自己的核心价值观和信念。

有了这些模式，你就可以依照下面的例子建立和编写自己的企业愿景了。

愿景构成要素 1：核心价值观和信念

愿景始于核心价值观和信念。它们就像以太，会渗入组织的方方面面——决策、战略、行动等等，遍及组织演进发展的每个阶段。有些组织也把它们称为"指导思想"。

核心价值观和信念构成了一套基本的驱动原则与信条体系，具体体现为若干准则，解释了什么是工作和生活中至关重要的东西，应以什么方式开展业务，组织的人性观，企业在社会中的角色，世界的运行方式，什么是神圣不可侵犯的，等等。可以把它想象成一种个人"人生哲学"。核心价值观和信念类似于生物有机体的"遗传密码"——它们始终存在于背景中，无时无刻不在发挥塑造者的力量。

核心价值观和信念来自人的内在。企业领导者每天的一举一动都体现出个人的价值观和信念。因此，价值观和信念既涉及工作，也关乎生活。

这蕴含着核心价值观和信念的关键：它们必定是人内心坚守的价值观和信念的绝对真实的延伸。我们无法"设定"价值观。关键的问题并不是"我们应当秉持什么样的价值观和信念"，而是"我们内心真正遵从的价值观和信念是什么"。

归根结底，核心价值观和信念是通过人的行动一点一滴积累而成的。它来自实实在在的具体行动，而不是你所说的话。

举例来说，里昂比恩公司的核心价值观和信念就是里昂·比恩本人的价值观和信念。他在1911年创办了这家公司，他的个人理念可以被简单地归纳为："用合理的价格销售上乘的商品，像对待朋友一样对待顾客。只要做到这一点，企业就能运转自如。"

多么积极的情感！然而，里昂比恩公司强大力量的基础并不是情感，而是行动——体现这种真诚的情感的实际行动。它通过一个"不问问题"的规定完美地实现了100%的顾客满意度（比如，里昂比恩公司曾为一件32年前售出的、从未穿过的衬衫退还全款）。里昂决定，公司永远不会关门谢客，公司的电话订购热线一年365天、一天 24 小时保持畅通。他还要求所有产品的生产必须执行严格的标准，而且公司的商品只卖最公道的价钱。

你也许会想："这算什么价值观，这只是精明的经营之道。"我们非常同意，这确实是精明的商道。

但是，里昂比恩公司的神秘力量——敬业的员工和极度忠诚的顾客背后的原因——在于，其行动的背后有一整套真正的价值观。老比恩真诚地相信，要像对待朋友一样对待顾客。他根本不会别的方式！

核心价值观和信念五例

下面是几则关于核心价值观和信念的例子，分别来自赫曼米勒、Telecare 公司、强生、惠普和默克。我们相信，事实胜于雄辩，具体的事例能最好地说明什么是核心价值观和信念。这些例子有的来自我们与这些公司管理者的交谈，有的来自档案记录，有的来自我们对这些公司行为的观察。我们并不建议读者照搬例子中的具体价值观和信念。例子只是例子。

赫曼米勒 | 核心价值观和信念 *

我们是一家科研驱动的企业，而不是市场驱动的企业。

我们立志通过产品、服务和交付方式为社会做出贡献。

我们注重质量：产品的质量、服务的质量、关系的质量、沟通的质量和承诺的质量。

我们相信，公司应该成为所有同人实现自身潜力的场所。

离开了社会的需要，我们的生活无从谈起。

我们深信斯坎伦思想，实施参与式管理，包括利润分成和劳动生产率的提高。

利润就像呼吸，我们须臾不可缺少。同时，没人会把呼吸当作人生的唯一目标。当面对种种机会时，我们必须把利润视为自身贡献的结果之一，仅此而已。

   * 摘自 *Leadership is an Art* by Herman Miller CEO Max De Pree. Published by Doubleday, 1989。

Telecare 公司｜核心价值观和信念

我们信奉真正杰出的工作，杜绝一切低质量工作。

我们相信并致力于员工发展的长期投入。

我们相信自己对社会负有责任，相信我们的服务对个人、家庭和社会是必需的、重要的。

我们相信，无论困扰患者的伤病是什么，我们都应该尽最大努力帮助他们康复。

我们笃信勤奋工作，同样倡导乐在其中。

我们相信成长的力量，它不仅包括个人的成长，还包括组织的长期成长。

我们不是为了实现利润最大化而存在的，但是我们首先必须成为一家高效、多产、盈利的企业。如果做不到这一点，我们的服务能力就会大打折扣。

强生｜强生信条[*]

第一，我们相信，我们要对所有使用我们产品和接受我们服务的人负责。

第二，我们要对和我们共事的同人负责。

第三，我们要对自己的管理者负责。

第四，我们要对我们所生活和工作的社会，对整个世界负责。我们必须做一个好公民。

第五也是最后，我们要对全体股东负责。企业经营必须获取可观的利润。如果我们依照这些原则进行经营，股东就会获得合理的回报。

我们决心发挥自己最大的能力，实现这些责任。

* 摘自 the Johnson & Johnson Credo, by R. W. Johnson, 1943。

惠普 | 核心价值观和信念 *

借用戴维·帕卡德的话来说："所谓惠普之道就是'己所不欲，勿施于人'。这实际上就是惠普的'道'。"

借用比尔·休利特的话来说："从根本上说，惠普之道就是尊重个人。如果你给别人一个机会，他做出的成绩可能远远超出你的预期。这相当于同时给了他自由。尊重每个人——不仅尊重员工，还要尊重顾客、尊重工作。"

* 来自对比尔·休利特和戴维·帕卡德的采访。

默克 | 核心价值观和信念 *

为患者服务的能力高于一切。

我们奉行最高水平的道德与诚信标准。

我们对客户、员工和我们为之服务的社会负责……我们与社会各阶层——客户、供应商、政府和公众——的交往必须体现出我们所宣称的高标准。

投身科研工作，把科学与人类的需求结合起来。

高度重视员工的知识、想象力、技能、团队合作和诚信，这些品质是企业未来的立足之本。

追求利润，但利润必须来自有益人群的工作。

＊摘自默克《公司使命宣言》，1989 年。

利润的作用

我们发现，在上面的例子中，每家企业都认为利润是必要的，但不是企业的终极目标。你怎样看待这个问题？你会如何调适这一点与经典的商学院教条之间的关系？商学院教导我们，企业的天职——企业管理者的首要职责——是实现股东利益最大化。

要想成为一家卓越的企业，你就要抛弃商学院这一教条。"股东利益最大化"只是一种看待业务的理论方法，它并未得到多数优秀企业的现实支持。绝大多数卓越企业的建成是为了实现创始人的理想，表达他们的价值观，而这些理想和价值观并不总是体现为股东利益最大化。对他们来说，利润是一种战略层面的必需品，而不是终极目的。

我们深知，提出这个概念也许会让人惊讶。但是，我们并不是得出这一结论的唯一的管理学学者。早在多年前，德鲁克就在他的经典著作《管理》中得出了相同的结论：

不能单纯地用利润来定义或者解读一家企业……实际上，利润最大化的概念毫无意义……对任何企业的首要考验都不是利润的最大化，而是获得足够的利润，以抵消经济活动中的种种风险。

我们（以及我们研究、合作过的企业）并不否认，利润是至关重要的。实际上，必要的并非利润本身，而是它带来的现金流。现金流不足，企业就无法生存。企业必须拥有长期的、自生的现金来源，企业必须是盈利的。

即使如此，盈利能力和现金流也不是工作的全部意义。利润的最大化不可能为公司树立振奋人心的目标，让人们心甘情愿地为之付出全部心力，为之牵动灵魂。我们并不是说利润不好。利润是绝对必要的，但是，利润本身并没有意义。

美国个人护理品牌 Tom's of Maine 是一家利润丰厚的企业。创始人汤姆·查普尔对《公司》杂志表示，一味追求盈利数字就像驴在拉磨，永远没有尽头：

> 数字目标不可能为无的放矢的工作带来方向。无论你追求的是什么，如果只是一味地追求更多，这本身就永远无法令人满足。如果一件事既没有意义，也没有趣味，或者我们看不见其中的意义，那么，单纯地衡量已经取得的进步不可能让它变得值得或者有趣。只有通过目标把人们团结起来才是最有力的领导方式。

回到比恩的例子里。我们看到，里昂·比恩的首要动力来自他对户外运动的热爱，来自他对自身产品的热情，来自他对经营一家企业、反映自己的核心价值观的强烈渴望。他刻意放缓公司的成长速度。公司用了 55 年才发展到 160 人。1966 年，公司利润只占销售收入的 2.2%，留下了巨大的提升空间（在他的外孙接手后，公司的盈利能力得到极大提升，足以说明这一点）。

比恩本可以让公司变得更大、更赚钱，但这不是他的目标，他对自己的生活非常满意，他说过，"我已经为自己挣得了一日三餐，吃不下第四顿了"。

如此说来，既然企业不一定要追求利润的最大化，那么它们应该追求什么呢？这就是好的愿景的下一个组成部分：目标。

愿景构成要素 2：目标

构成好的愿景的第二个主要部分是目标。它是核心价值观和信念的衍生物。目标是一家企业生存的理由——是它存在的根本原因。企业的目标如果能与领导者和员工内心深处的个人目标吻合，就能为我们的工作带来意义。

目标最重要的一面在于，它是我们永远为之奋斗的方向，但永远不可能真正实现，就像人追逐遥远的地平线或指路明星一样。这一点含义隽永，苹果公司联合创始人、NeXT 电脑公司创始人乔布斯曾做出极其精彩的论述：

> 我从不认为自己功成名就。还有那么多难题等着我去解答。生活中永远存在有待征服的难关。最重要的是不断为之努力奋斗。

就个人而言，目标让人觉得自己肩负使命、生活有奔头。有目标的人永远不会缺少有意义的工作。

你有没有注意过，米开朗琪罗、丘吉尔、罗斯福和马斯洛这样的杰出人物始终过着多产而充实的生活？他们都富有个人目标感，这种目标没有止境，他们绝对不甘心忍受毫无建树的退休生活，进而被人遗忘。目标在公司中发挥着类似的激励作用。

目标宣言

要言简意赅地用一两句话清晰地表达公司的使命，也就是通常所说的"目标宣言"。它能迅速清晰地说明企业存在的原因，如何实现人们的基本需求，如何影响世界。

好的目标宣言意蕴宽广、直击要害、发人深省、历久弥新，它应该能在至少 100 年里为组织指引方向。

目标宣言示例

默克

我们做的是挽救和改善生命的事业，所有的行动，都必须以能否圆满实现这个目标为衡量标准。

西勒奇锁具公司

让世界变得更安全。

Giro

公司的宗旨是，生产高质量的创新产品，让人们的生活变得更美好。

赛特理克斯实验室

通过创新的人类疗法改善人们的生活质量。

落箭／巴塔哥尼亚

成为楷模，为社会变革服务。

先锋良种公司

打造农业科技产品，为人类的可持续发展做出至关重要的贡献。

Telecare 公司

帮助精神受损的人充分发挥他们的潜能。

麦肯锡

助力领先的企业和政府更进一步。

玫琳凯

为女性创造无限机会。

Kennedy-Jenks 咨询公司

我们的使命是提出方案，保护环境，提高人们的生活质量。

ADS 公司（Advanced Decision Systems）

增强决策力。

斯坦福大学

提升和传播能促进人类进步的知识。

目标的发现："五个为什么"

在明确目标时，不要简单地写下你对当前产品线或客户群体的具体描述。例如，"我们存在的意义是为知识工作者生产计算机"。这不是一个好的目标宣言。它缺乏吸引力和灵活性，无法延续100年。它仅仅是对一家公司当前工作的简单描述。

下面的表述方式要好得多：

> 我们的目标是打造和贡献卓越的工具，帮助脑力工作者推动人类进步。

这是否意味着，目标宣言应该避免提到具体产品或客户？既是也不是。真正需要避免的是枯燥乏味的、平铺直叙的、味同嚼蜡的宣言，如"我们存在的目的是为某某群体生产某某产品"之类的说法。

反过来说，如果你清楚地知道，公司在未来100年里只生产一种产品，你就可以在目标宣言中提到它，就像赛特理克斯实验室那样。赛特理克斯试图这样表达其目标："开发、生产和销售人类治疗产品。"但是首席执行官布鲁斯·法瑞斯睿智地推进了一步，他问："为什么我们想做这些？为什么它如此重要？为什么我们要把青春奉献给它？"作为回应，赛特理克斯最终写下这样的目标宣言：

> 通过创新的人类疗法改善人们的生活质量。

在确定目标的过程中，要从多个层次提出"为什么"。这种做法非常有用。你可以问："我们为什么长久地存在？如果不复存在，这个世界会因此损失什么？"（注：这个问题听起来有些奇怪，实际上，它能迅速高效地触及目标的核心：公司为什么存在？）

另一种有效的方法从"我们制造某某产品"开始，连续提出五个"为什么"。我们把这称为"五个为什么"方法。问完五个为什么，你会发现，你已经触及企业的根本目标了。

下面的例子说明了"五个为什么"方法是怎样让巴塔哥尼亚从产品走向目标的。

"我们生产户外服装。"

"为什么？"

"因为那是我们最擅长的事，也是我们最想做的事。"

"为什么它如此重要？"

"因为它是生产高质量创新产品，保证物美价廉的最佳方式。"

"为什么这一点很重要？"

"因为它能让我们持续不断地实现财务成功。"

"为什么这一点如此重要？"

"因为我们需要成功企业特有的信誉，我们需要按照自己的方式开展业务的必要资本。"

"为什么这一点很重要？"

"因为我们存在的意义是成为楷模，成为社会变革的工具。为了做到这一点，唯一的途径就是财务成功，只有这样，商界同人才会把我们视为楷模。"

目标早已存在

每家企业都需要目标宣言吗？

为了回答这个问题，先要明确一点：每家企业都有自己的目标——存在的理由。只不过大多数企业从未正式表达过。无论有没有写在纸面上，这个理由都存在。它往往是不明确的、含蓄的，但总是存在着，并深藏不露。

耐克就是个例子。多年来，这家公司并没有正式的目标宣言，却一直为一个强大的目标所驱动。这个目标贯穿整个公司：在企业经营和竞技比赛中成为人们拼搏和胜利的强大工具。这种根本目标来自创始人菲尔·奈特的竞争精神，虽然它没有以一句宣言的形式被表达出来，但它始终是耐克的核心驱动力。（实际上，耐克这个名字是希腊神话中胜利女神的名字。）

即使已有目标，认真思考这个问题也是很有价值的：我们的目标是什么？用一句话言简意赅地说出来。这有助于你明确企业的最终目标。目标一旦明确，它就成了今后所有决策的试金石：这样的做法符合我们的目标吗？

目标不必标新立异

毫无疑问，你可能已经注意到了，实际上，上文提到的一些例子适用于很多组织——它们并不能把一家企业同其他企业区别开来。这完全没问题。目标是一种驱动因素，而不是区别因素。两家企业完全可能拥有一样的目标。

另一方面，你的使命却会让你与众不同。

吉姆·柯林斯最新思考

超越金钱

有一次，我和一群年轻人聊天，谈到他们对创业和领导力的看法，一位 20 岁出头的年轻人说："我们需要一种全新的领导方式来激励和推动自我。"

"什么方式？"我问。

他说："首先，我们希望领导者不仅指明方向，还要告诉我们为什么。在这里，一个'为什么'的重要性远大于股东利益的最大化。

我们希望成为一家有目标的公司的一分子，而不是简单地赚钱。"

我想了想他的话，然后说："卓越企业的领导者一直都是这样做的。你这是把罕见和新奇搞混了。"

如果一个事物非常罕见、异乎寻常，在第一次接触时人们往往认为它很"新奇"。这样的现象发生在一代又一代人身上。仅就定义而言，卓越是非常稀有的。然而，卓越的核心要素——包括为一个远不止是经济上的目标所激励的理念——早已被一代又一代卓越企业的缔造者亲身证明了。无论在什么时代，想建成经久不衰的卓越企业，都需要对一个目标近乎痴迷地追求。这一点一直是正确的，到今天依然如此。几乎可以肯定的是，它永远都是正确的。

愿景构成要素 3：使命

构成有效愿景的第三项要素是使命。它指的是明确的、令人神往的总体目标，它是人们努力的焦点。

1961 年，肯尼迪总统明确宣布了美国国家航空航天局的登月任务。他的这段讲话可以帮助我们快速理解"使命"二字的含义：

这个国家应该全身心地实现这个目标。在这个 10 年结束前，我们要把人类送上月球，并安全地返回地球。

目标是永远不会完全实现的，但使命不同，它应该是可以实现的。它把价值观和目标转化为令人振奋的、高度聚焦的具体目标——比如登月。它明确、清新、大胆、令人激动。它能吸引人，抓住人们的内心。它几乎不需要解释，人们总是能立刻"懂得"。一项使命一旦被完成，人们会回顾目标，确立新的使命。

还记得群山之上指路明星的比喻吗？目标就是那颗明星，永远高挂在地平线上，永远无法真正到达，但它会永远指引我们前进。使命是我们此刻正在攀登的高山。一旦登顶，我们就会在指路明星的引导下找到下一座我们要征服的高山。

好的使命都有明确的终点——你必须知道什么时候完成了这项使命，比如登月或登山。好的使命存在一定的风险，它处于灰色地带，在那里，你的理智告诉你，"这是不合理的"，你的直觉会对你说，"但是我相信我能做到"。

我们眼中的使命可以用下面的说法表达出来：

胆大包天的目标

最后一点，也是极重要的一点，好的使命一定要有明确的截止时间。

登月计划就是优秀使命的绝佳实例。它是令人激动的，既胆大包天又可以实现，它还有明确的终点线和时间安排。

不要千篇一律的使命宣言

我们发现，我们对使命的定义与多数企业不同。请果断抛弃千篇一律的标准使命定义模式！多数企业的使命宣言简直糟糕透顶，很多只是对公司日常运营的平淡描述——一串苍白无力的词语，只会让人想说："没错，但是谁在乎呢？"管理者洋洋洒洒、长篇大论，说的都是正确的废话，毫无吸引力可言，人们对此只会漠不关心。领导者鹦鹉学舌般说着俗不可耐、故弄玄虚的套话，完全无法触动人们的灵魂。

下面是一些典型的失败使命宣言（来自真实企业）：

公司致力于通过创新工程方案解决专业问题。对客户的密切关注和技术让我们区别于其他量产或车间作业的商品。

真是令人热血沸腾，禁不住想去征服世界，是不是？

我们为客户提供零售银行服务、房地产、金融和企业金融产品，满足他们在信用、投资、安全和流动性等各方面的需求。

这真让人激动不已！

（公司）致力于微电子及计算机技术在两大领域的应用：计算机相关硬件，计算机增强服务，具体包括计算、信息、教育和金融。

这让人脊背一阵发麻，几乎忍不住要跳起来。

我们知道，这样的评价充满讽刺和刻薄的意味，但我们必须通过这样的方式来清楚地表达自己的看法：这样的使命宣言是行不通的。它们起不到启发或激励的作用。正如上述企业的一名员工在回应公司的使命宣言时告诉我们的那样：

简直荒谬至极。这份宣言冗长而无聊。耐着性子读完它，我早已彻底失去了兴趣，也失去了对这家组织最高管理团队的信心。我想说的是，快别废话了，谁想读这样的东西？这太可怕了。如果领导者对组织追求的使命没有表现出半点儿热情，那么他们怎么能指望员工受到鼓舞呢？

引人入胜，充满热情

使命的设定必须满足一项最重要的标准：它一定要充满吸引力。最好的使命洋溢着真正的激情。

不要提出这样的使命：

在全球市场生产和销售运动鞋

应该提出这样的使命：

摧毁锐步

不要提出这样的使命：

生产并广泛应用高精尖指令集微处理器

应该提出这样的使命：

让 MIPS 架构到 20 世纪 90 年代中期风行全球

不要提出这样的使命：

成为满足客户需求的汽车厂商，为股东提供足够的回报

应该提出这样的使命，就像亨利·福特在 1909 年做的那样：

实现汽车大众化

谈到最优秀的使命宣言，我们最喜爱的例子之一是温斯顿·丘吉尔在 1940 年为英国提出的使命：

我们的帝国和全体人民决心献身一项使命：清除欧洲的纳粹瘟

疫，把世界从新的"黑暗时代"中解救出来。我们要干净彻底地击败希特勒和希特勒主义。这也是我们唯一的使命。我们会始终不渝地完成它，我们会坚持到最后的胜利。

这才叫使命！当然，英国在1940年的使命和如今小型企业的使命完全不同。但是它很好地传达了一种理念，即使命应该是激情澎湃的。

风险、投入和不适区

但是，设立这样一个胆大包天的使命难道没有风险吗？当然有。一项好的使命应该是不容易实现的。它蕴含着失败的风险，伴随着人们执拗的信念——相信自己终将成功。这也是构成真正使命的一部分。

那么，那些已经实现了卓越却高度保守的企业呢？它们不需要像初创企业那样"孤注一掷"，对吧？其实不然，有些最保守的企业早就把目标锁定在了风险极高的使命上。来看三个简单的例子：IBM、波音和宝洁。

- 20世纪60年代初，IBM为自己确立了一项重大使命，为此赌上了整个公司的未来：通过IBM 360系统重塑整个行业。它是当时规模最大的私募商业项目，所需资源超过了制造第一颗原子弹的资源之和。《财富》杂志称其为"也许是近年来风险最大的商业决策"。在推出360期间，IBM的在制品库存一度达到近6亿美元。为了支付员工工资，这家公司几乎到了使用紧急贷款的程度。

- 波音公司也曾经因为高风险使命把自己多次推到极限边缘。以20世纪50年代为例：为了造出成功的商用喷气式飞机，波音在一个项目中投入了大部分公司净资产。这意味着，如果项目失败，那就会危及公司的偿付能力。这个项目最终创造了波音707。10年后，这家公司又在波音747项目上做出了类似的豪赌。

● 在所有企业中，宝洁公司一向以保守著称。但它同样有追求高风险使命的历史。例如，20世纪90年代初，宝洁公司建立了一项内部使命：力图为员工提供稳定的就业，而不是随着季节性需求的涨落不断地招聘和解雇员工。

这种招聘和解雇的波动由批发商的需求变化引起，他们会大批订购产品，随后进入一种类似休眠的状态，就像蛇慢慢消化大块的食物一样。为了完成这项任务，宝洁公司迈出了大胆的一步。它建立了自己的销售团队，直接向零售商销售自己的产品——这一举动在当时被业内观察家认为是失去理智的做法。对这一胆大包天的做法，首席执行官理查德·杜普利有自己的看法：

我们喜欢尝试不切实际的、不大可能实现的事，然后证明它们是切合实际的，是可以实现的。你应该做你认为正确的事情。如果它行得通，你就把它做好。如果遇到困难，你就抵押家里的农场，放手一搏。

这些公司的共同点是：（1）相信自己能完成使命；（2）愿意为之奋斗。这种愿意冒险的态度是愿景确立过程的一部分。我们需要建立一项处于不适区的使命。不适区指的是，这是一个不确定的赌注，但是你发自内心地相信公司能做到。

一项使命的确立离不开分析与直觉的结合，而不仅仅是纯粹分析。你永远无法完全预判一项大胆的任务是否能被圆满完成。你只能在内心深处相信你是可以做到的，并认同这样一个简单至极的道理：全身心地投入一项大胆的挑战足以改变它的成功概率。

肯尼迪总统最早提出登月计划时，人们告诉他，成功登月的概率只有50%。他坚信美国有能力完成这一使命，这种坚信在某种程度上提高了它的成功概率。他知道，只要这个国家全心全意地投入一项使命，它就一定能找到办法。

你可以这样想，假如有人把你放在一座险峻的高山脚下，还为你留下了一条很容易的退路，你成功的概率是多少？为了讨论方便，姑且说它是50%。现在，假设你站在同一座山前，但是没有了退路。如果爬不过这座山，你就只有死路一条。那么，你成功的概率就会接近100%。为什么？因为你会全身心投入。你会为之战斗，想尽一切办法，发明各种工具，找到一条通向山顶的路，因为你根本没有别的选择。

真诚

和价值观及目标一样，使命必须是诚恳的、真心实意的——是一件你真正渴望做到的事，为了实现它，你甚至愿意做出个人牺牲。我们见过很多这样的例子，企业的领导者描绘出一项冠冕堂皇的使命，却并未如实反映企业真正的目标。这样的做法从来都是行不通的，只会适得其反。

有这样一位首席执行官，整天把"我们的使命……"挂在嘴边。实际上，他真正想做的是卖掉公司，兑现自己的股票期权。他的大多数员工不仅因此失去了工作热情，还失去了对他的尊重。就像一位员工说的那样："他这样欺骗我们，谁会卖力工作？我们又不是傻瓜。"

四种类型的使命

下面有四种可供选择的使命类型：

1. 立靶子
2. 同仇敌忾
3. 树榜样
4. 内部转型

使命类型 1：立靶子

顾名思义，立靶子就是树立一个清晰明确的目标，并努力实现它。美国国家航空航天局的登月计划就是典型的立靶子型使命。亨利·福特的"汽车大众化"以及 MIPS 公司让自己的架构"到 20 世纪 90 年代中期风行全球"都属于立靶子型使命。

还有一种立靶子的方式是，把公司的整体声望、成功、优势或行业地位提高到一个全新的水平。下面是几则例子。

默克："在 20 世纪 80 年代成为享誉全球的知名制药企业。"（设定于 1979 年。）

库尔斯啤酒："到 20 世纪 80 年代末成为啤酒行业排名第三的企业。"（设定于 1980 年。）"到 20 世纪 90 年代末成为啤酒行业排名第二的企业。"（设定于 1990 年。）

西勒奇锁具公司："到 2000 年成为美国占主导地位的锁具供应商。"（设定于 1990 年。）

你听说过东京通信工业株式会社吗？可能没有。1952 年，这家公司刚刚成立 7 年，还是一家苦苦挣扎的小型企业。它的创始人痛苦地纠结于这样一个问题："如何推动公司走上卓越之路？"他们为自己定下了胆大包天的使命：

造出全球流行的热门产品。

该公司最终以生产和销售全球首款袖珍收音机，完成了这一使命。这款收音机非常小巧，可以装进衬衫口袋里。如今，这家公司早已家喻户晓，它就是索尼公司。

你可能已经注意到,我们的例子里没有出现过具体数字。那么,量化的任务能成为有效的使命吗?能,但要谨慎使用。

举例来说,20世纪80年代末,家得宝为自己设定的使命是:

到1995年,在全美开设350家门店,销售额达到100亿美元。

1977年,沃尔玛的创始人山姆·沃尔顿设定了这样的使命:

在1980年前成为年销售额10亿美元的公司。

要完成这个使命,公司的规模需要扩大到原来的两倍多,但是沃尔玛按时完成了它。1980年,沃尔玛的销售收入达到12亿美元。

为什么我们要说"能,但要谨慎使用"呢?

我们发现,对整个企业中的人来说,量化使命通常不如"汽车大众化"或"成为行业翘楚"那样令人激动。平淡地提出"我们的任务是到1995年达到5 000万美元的销售收入"不一定让人感到振奋。如果非要使用量化使命,一定要确保将其与对每个人都有意义的事物联系起来。

杰克·斯塔克在斯普林菲尔德再制造公司大量使用量化型使命。他把这些数字与更大的背景联系在一起。在《公司》杂志的一次采访中,斯塔克这样解释:

我们的目标永远是为企业的安全服务,所以,更大的意义在于创造工作岗位,让人们有事可做。我们的每项目标都要求必须做到,而不是力争做到。我们创建的是一家持续30年、40年,甚至半个世纪的企业。

切记一点，这里的目标并不是简单地立起一个标靶，而是提出一项振奋人心的使命。

使命类型 2：同仇敌忾

联手打败共同的敌人，这种类型的使命虽然毫无新意，却充满力量。它会激发人们的竞争本能，找到并打败一个共同的敌人，尤其是当你处于劣势时，这能够带来非凡的一致性。1940 年，英国的使命（完全彻底地消灭希特勒）就是个绝佳的例子。这一类型的使命同样适用于企业经营。

百事的使命一度是"打败可口可乐！"。百事的一位高管这样描述它的影响：

从 20 世纪 70 年代初开始，当百事被人们普遍视为千年陪跑时，我们就坚信自己能完成这项使命。每个人的工作都是为了这个使命，我们的目光从未离开它……在它的引领下，我们就像大卫，一定要找到巨人哥利亚并亲手干掉它。

本田永远是我们最喜爱的例子之一。在摩托车制造领域，本田世界第一的宝座被雅马哈抢走了。本田的回应是：

挫败、排挤、彻底打败雅马哈！

本田设定这个使命后不久，雅马哈就遭到本田的沉重打击。它后来甚至公开向本田道歉，承认自己扬言超越本田的说法是错误的。

耐克多年来也依靠同仇敌忾型使命实现了繁荣。一开始，耐克立志在美国市场击败阿迪达斯，它做到了。接下来，锐步异军突起，超出所有人的预料。耐克又为自己树立了新使命，在竞争激烈的"运动鞋大战"中彻底击败了锐步。（1988 年 8 月 19 日，在美国广播公司 20/20 栏目关于"运动鞋大战"的采访中，主持人问耐克首席执行官菲尔·奈特，他是否认识锐步总裁，奈特说认识。主持人接着问，他是否喜欢锐步的总裁。奈特回答："不喜欢，也不想喜欢。"耐克的一位董事会成员曾经表示："在我们的梦想中，完美的一天是清早起床，向我们的竞争对手扔石头。"）

同仇敌忾型使命通常由那些立志成为行业第一但尚未做到的公司设定，这种使命能够很好地起到"少年大卫挑战巨人哥利亚"式的激励作用。

同仇敌忾型使命有一种极其强大的作用，它们可以将一家被逼到墙角的组织——连基本的生存都很难保证的组织——引入"我们必胜"的模式。没有人喜欢"只求生存"，人人都想赢。同仇敌忾型使命利用了这种基本的人类动机。

镁光科技就是个很好的例子。1985 年，日本企业以低于成本的价格向美国非法倾销产品，差点儿让这家小型半导体公司破产。其首席执行官约瑟夫·帕金森很好地利用了外敌存在的情况，把它变成一种团结公司的力量，带领公司度过了他所说的"黑暗时代"。在一次采访中，帕金森告诉我们：

事情变得很糟糕，我尽力让大家保持斗志，先活下来再说。一开始并没有取得太好的效果。接下来，我突然发现一个关键问题：人们都想赢。我的意思是，谁会只求生存呢？于是，已经无路可退的我们开始主动进攻。是的，哀兵必胜，这是强敌带给我们的一大优势。实际情况远不止于此，我们发誓要打败敌人。我们从生存模式转向了"必胜"模式——我们要以弱胜强，公司里的每个人都加入了这场斗争，从装配线工人到副总裁。

这里需要提醒一点，尽管同仇敌忾型使命具有明显的优势，但是它消极的一面同样明显。人们不可能把全部生活投入斗争。当终于有一天你击败强敌成为第一时，你又当如何？有一天，你不再是少年大卫，而是巨人哥利亚时，又会发生什么呢？以耐克为例。击败阿迪达斯之后，耐克跌入低谷。直到锐步悄然崛起，成为值得奋勇一战的敌人时，耐克才为自己找到靶子，才从低迷中恢复过来。

使命类型 3：树榜样

还有一种常用的使命类型是以模范企业为师。找到心仪的组织，把它们当成自己想要成为的榜样。树榜样型使命特别适合前程远大的中小型企业。

特拉梅尔·克罗为自己确立的使命是"成为地产行业里的IBM"。Giro 的吉姆·根茨经常谈到，他要在自行车领域重现耐克在运动鞋领域和苹果在计算机领域的辉煌。位于明尼阿波利斯的西北银行立志成为"银行业里的沃尔玛"。

提到沃尔玛，我们想起一件有趣的事。山姆·沃尔顿曾把杰西潘尼视为榜样。在沃尔玛刚刚起步时，沃尔顿甚至直接复制了潘尼的商业管理七原则。

使命类型 4：内部转型

内部转型这种使命比较罕见，通常适合需要大规模重组的组织。

以 19 世纪末的美国为例，当时美国面临一项内部转型使命：南北战争已经结束，联邦急需重组。苏联在 20 世纪末走向自由市场经济的尝试也是内部转型使命的社会实例。在企业界，杰克·韦尔奇在通用电气实施的内部转型堪称精彩绝伦的例子：

我们致力于培养小企业特有的敏感性、精简性、简单性和敏捷性。

对通用电气这样一家庞大的企业来说，这真是一项庞大、惊险和大胆的使命。

内部转型使命通常适用于陷入停滞的大型企业，我们在中小型企业中见到的好例子很少。

未来有多远？

我们在上文强调过，要为使命设定明确的时间限制。一项使命应该持续到什么时间？它应该在半年内被完成？1年？3年？10年？50年？

这个问题没有确定的答案。有些使命需要30年，甚至更长时间才能被完成。有些使命只需要1年，甚至更短的时间。我们的经验是，10到25年是一个较好的使命周期，如果任务特别困难，可以适当延长。当然，有些使命可以在10年内被完成，在这种情况下，设定一个较短的时间比较恰当和有效。

无论为使命设定的时间有多长，你都要确保完成它。更重要的是，当完成一项使命时，要为自己设定一个新的使命。否则，你可能会掉入一个最危险的陷阱——大功告成综合征。

吉姆·柯林斯最新思考

无处不在的胆大包天的目标（BHAG）

我和杰里·波勒斯从自身的研究出发，为组织愿景的开发工作提出了一套概念框架。关于这个框架的第三部分（即核心价值观和目标）的叫法，我们一直争论不休。我们最初决定使用比较企业化的名称："使命"（mission）。后来，有一天，我在斯坦福大学课堂上讲授这一框架时，BHAG（发音近似BEE-hag）这个词语不经意间脱口而出。它是"胆大包天的目标"（Big Hairy Audacious Goal）的首字母缩略词。

这就是 BHAG 的由来。

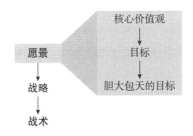

一开始，我们（杰里·波勒斯、比尔·拉齐尔和我）认为，"胆大包天的目标"只是我们的一项方法，我们用它来说明什么是一项优秀的使命。我们认为，让人们接受一种更传统的说法相对容易，让领导者接受和支持某种胆大包天的目标要难得多。

愿景		
核心价值观 →	**目标** →	**胆大包天的目标**
长久遵循的生活原则；指导理念	组织存在的根本原因	胆大包天的目标（BHAG的发音为"BEE-hag"）
反映了那些塑造企业性格的人的个人核心价值观	就像一颗指引方向的明星，我们永远追逐却无法真正抵达	就像攀登一座高山，要有清晰的终点作为努力的方向
即使代价不菲，也会长久存在；战略和实践会发生改变，但是核心价值观不会变	奋力追求目标并实现极致的卓越，可以让企业变得与众不同、无可替代	不存在100%的成功概率，需要各项能力的跃升
不受时间影响	至少可以在100年内为企业指引方向	引人入胜、振奋人心；易于理解
		理想的时间范围：10到25年

几年内，我们就完全扭转了最初的想法。讲授这个框架的次数越多，我们就越容易发现，如果深入了解其本质，我们就能更好地了解并抓住这一想法的真正精神。在《超越创业》出版几年后，我完全接受了胆大包天的目标。到了我和杰里·波勒斯开始撰写《基业长青》时，我们已经基本抛弃了"使命"这个说法，完全用胆大包天的目标取而代之了。

就这样，胆大包天的目标开始到处出现。首席执行官们在谈论它，政府部门的领导者、社会事业的创业者、学校校长、体育教练、军队指挥官和教会领袖都在谈论它。

《纽约时报》甚至发表了一篇关于"胆大包天的目标"的专题报道，谈到它是如何"横扫美国各地办公室"的。在为那篇文章接受采访时，记者试图刺激我。他罗列了一些管理思想者的名字，并且告诉我，这些人都和他交谈过，他们都说自己是第一个提出"胆大包天的目标"概念的人（尽管这些人刻意回避了 BHAG 中的单词构成），因此，BHAG 算不上一个新想法。

"你怎么看待这件事？"他用这个问题挑战我。

"我认为，我们中的任何人都不是第一个提出'胆大包天的目标'的人，它早在我们出生前就存在了。"我回答。

"哦，是吗？你认为谁可以自称是第一个提出的人呢？"他追问。

"嗯……也许是摩西吧。"我回答。

历史上充满了受胆大包天的目标鼓舞的卓越领导者的例子，他们通过胆大包天的目标激发进步和激励他人。无论你喜欢称其为"使命"还是胆大包天的目标，或者随便叫它什么，最重要的都是投身一项事业，经得起胆大包天的目标的考验。你可以用下面这些关于胆大包天的目标的问题考考自己：

- 你和你的团队觉得胆大包天的目标令人激动吗?
- 你的胆大包天的目标是否清晰明确、令人神往且易于理解?
- 你有没有把胆大包天的目标和企业的目标联系起来?
- 你的胆大包天的目标是一项不可否认的目标,还是一份冗长、晦涩难懂、让人无法记住的使命或愿景"宣言"?
- 尽管完成胆大包天的目标的机会不是100%,但是你仍然相信,只要全身心投入,你的企业就能完成它?
- 你清楚地知道自己能否实现胆大包天的目标吗?

最好的胆大包天的目标让人高瞻远瞩。它促使我们同时做好长远的建设和短期的冲锋。实现胆大包天的目标的唯一方法是,要有一种不懈的紧迫感,日复一日,周复一周,月复一月,年复一年。今天你需要做些什么,以便带着狂热的专注,明天、后天、大后天,日复一日地挑战各种可能性,并最终实现你的胆大包天的目标?无论是你想在每个人的口袋里装一台功能强大的计算机,根治疟疾,让每个孩子都能接受优质的 K-12 教育,把犯罪率降低 80%,摧毁恐怖主义黑暗势力,打造业内最受尊重的企业,还是实现其他你想达成的目标,你都不可能在短短几天、几个星期或者几个月内做到。要实现最好的胆大包天的目标,通常需要 10 到 25 年不懈的艰苦努力才行。

对深受胆大包天的目标鼓舞的人来说,不断挑战自己的舒适区并保持追求本身就是一种福佑。当你投身一项胆大包天的目标时,它会成为你生活的一部分。你清早醒来,它就在那里,在那个角落里——有着巨大的、毛茸茸的双脚和闪闪发光的大眼睛。你晚上就寝,它就在那里。当你准备关灯入睡时,它就站在角落里。它仿佛在说:"晚安,睡个好觉。明天我们还要一起奋斗!"

警惕"大功告成"综合征

要有能力察觉一项使命的结束，并且设定新使命，这绝对是一种不可或缺的能力。

当一项使命终于被完成时，人们往往会走上不同的路，使之前的使命支离破碎。最典型的例子莫过于二战时期的盟军。苏联、英国和美国投身共同的使命，用卓著的战绩打败了希特勒。然而，希特勒的失败命运一旦被确定，盟军立即四分五裂，世界进入冷战的深渊。

我们还需要新使命来保证公司上下始终以高昂的士气面对新挑战。一项使命一旦被完成，人们有时会迷失自我、随波逐流、漫无目的，企业也一样。这就是我们所说的"大功告成"综合征。

扬·卡尔松是北欧航空公司的首席执行官。他在公司完成了第一个使命后懂得了这个道理，却也为之付出了惨痛的代价。在《公司》杂志的一次采访中，卡尔松说：

我们有一个梦想，并且实现了它。我们很快就实现了它，但是我们没有设定一个新的长期目标。于是，人们开始各行其是地设定自己的新使命。你知道，第一个梦想实现得太容易了。很快，我们就产生了挫败感。这是一种必然的心理现象。你有没有听过佩吉·李的那首歌：《这就是全部了吗？》（"Is That All There Is?"）？

我从中悟出一个道理：当一个使命即将实现时，你一定要为新使命做好准备，而且一定要向组织里的所有人说明这一点。

重要的不是使命本身，而是为此付出的努力。

"大功告成"综合征（如图4-3所示）常见于初创企业或者处于逆转期的企业。严峻的挑战极大地激励了公司里的每个人，人们奋发图强，之后公司终于达到了生存无虞的境地，"大功告成"综合征正是在这样的条件下产生的。当面对严峻的考验时，生存本身成了压倒一切的使命。这一使命往往不言自明——人人都知道这是自己的使命，但是没有人说出来。

图 4-3　"大功告成"综合征

　　这就是问题所在。因为它不是明确的，所以没有明确的实现标准，更不会有新使命取代旧使命。如此一来，自满情绪开始滋生，派系林立的现象变得越来越普遍。

　　Strategic 软件公司成立于 1976 年，在没有外部风险投资的情况下，公司创始人致力于打造一家卓越的企业，提供杰出的软件产品，为员工和企业所有者带来稳定的收入和催人奋进的工作环境。在公司成立之初的 7 年里，员工和管理者挤在狭小的格子间里，每天工作 12 个小时。一位创始人说："那时候，我们努力对抗全世界，我们是一支优秀的团队。"

　　慢慢地，经过年复一年的努力，公司取得了财务上的成功（年销售收入达到 2 500 万美元，利润率良好），拥有了稳定的客户群。

1983 年，公司搬进了奢华的办公场所，那里布满了现代雕塑，拥有精心修剪的草坪、小池塘、厚厚的地毯和手工制作的樱桃木家具，还配有独立停车场。

很快，公司变成一盘散沙。一位创始人这样描述当时的情景：

"曾经卓越的团队精神变成了激烈的派系斗争，团队精神彻底沦丧。人们朝九晚五地开工收工，更糟糕的是，人们形成了朝九晚五的工作态度！我们举目四望，发现之前的成功带来的是难以名状的萎靡不振。曾经的奋斗精神荡然无存。从那以后，公司一直在走下坡路。"

这家公司的问题非常明显：第一项使命大功告成（达到了生存无忧的程度）。公司似乎失去了值得奋斗的目标。公司现在功成名就了。公司领导者本该在此时设定新的使命，但是他们没有这样做。于是，整个公司陷入停滞，最终被别的公司收购。

在这个例子中，我们提到新大楼的问题。办公场所似乎算不上重要问题，实际上并非如此。

和上文提到的企业一样，不少企业刚刚搬入漂亮的新楼就遇到了困难。这并不是因为大楼本身不好，而是因为它们传达出一种不好的信号："我们做到了，我们成功了，总算熬出头了！"

格雷格·哈德利是一位经验丰富的转型高手，深谙企业扭亏为盈的艺术。他这样形容新大楼对一家自己接管的企业造成的心理影响：

那座大楼富丽堂皇，就像泰姬陵一样。人们看遍整栋大楼，他们说："啊，快来看，我们多么优秀，我们多么成功。"接下来，他们开始把更多的注意力放在高尔夫球上，而不是公司的业务上。

从创办到最终破产，加维兰电脑公司烧光了几千万美元的投资。

这家公司拥有精美的办公室。一位前员工告诉我们："我觉得自己就像在《财富》500 强企业里工作。优越的环境冲淡了真实的紧迫感。而且那里无趣极了，完全比不上我工作过的其他初创企业。"

是不是大家都不要搬进宽敞舒适的新大楼才好？不是，当然不是。但我们应该清楚地意识到，一座漂亮的新大楼代表着企业跨过了一个门槛，代表着它"做到了"，代表着一项使命终告完成。

这里的全部重点在于，一家公司会完成很多次冲刺，跨越很多条终点线，这些终点线各有其标志（上市、新大楼、行业奖项等等）。领导者的职责是确保这些标志能够引导人们朝着一个令人信服的使命继续前进。

每登上一座高山，你都要为自己寻找下一座高山。设定一个新使命。如果只是坐在山顶，你就会被冻死。

愿景要素整合

上文阐述了好的愿景的 3 个基本要素：核心价值观和信念、目标和使命。为了进一步说明愿景，下面我们举两则实例，以阐释愿景的组成要素是怎样合而为一的。这两个例子分别来自 Giro（一家小型企业）和默克（一家大型企业）。

愿景实例：Giro
核心价值观和信念 公司不可违背的基本价值观和信念是： 卓越的产品。我们的每款产品都要为市场带来独特的贡献，而不是单纯地为了营利。因此，我们的产品必须是创新的、高质量的，并且在同类型中无可争议地做到最好。 卓越的客户服务。我们的服务标准和产品标准一样严格。要像对待最好的朋友那样对待客户。

黄金法则。己所不欲，勿施于人。

团队合作。没有谁是不可或缺的。多想想"我们"如何，而不是"我"如何。

竭尽全力。对待工作要竭尽全力，力争上游，而不是保持中游。

注重细节。细微之处见真章，细节决定成败。

诚实正直。正心诚意、重诺守信、言行一致、光明磊落。

目标

公司的宗旨是，生产高质量的创新产品，让人们的生活变得更美好。

使命（设定于 1990 年）

公司立志成为卓越的企业。我们的使命是到 2000 年成为全球自行车业最受尊重和赞赏的企业。

愿景实例：默克

核心价值观和信念

为患者服务的能力高于一切。

我们奉行最高水平的道德与诚信标准。

我们对客户、员工和我们为之服务的社会负责。

我们与社会各阶层——客户、供应商、政府和公众——的交往必须体现出我们所宣称的高标准。

投身科研工作，把科学与人类的需求结合起来。

高度重视员工的知识、想象力、技能、团队合作和诚信，这些品质是企业未来的立足之本。

追求利润，但利润必须来自有益人群的工作。

目标

我们做的是挽救和改善生命的事业，所有的行动，都必须以能否圆满实现这个目标为衡量标准。

> 使命（设定于 1979 年）
>
> 到 20 世纪 80 年代成为享誉全球的制药企业。

书写愿景

把你的愿景写在纸上，这是一种非常有用的做法。书写会迫使你严谨地思考你到底想要做什么。更重要的是，书写是使其成为整个组织的愿景——而不是领导者个人愿景——的关键一步。

在《公司》杂志的一次采访中，美国图片社集团的创始人史蒂夫·博斯蒂克说：

> 必须（把愿景）写在纸上，这是最重要的。如果人们看不到它（或者它今天还在这里，明天就不见踪影了），愿景就永远不可能深入人心。唱独角戏的企业成就有限，它会受到很多严重的限制。

博斯蒂克并非唯一支持这种观点的人。罗伯特·伍德·约翰逊为强生未来几代领导者编写了强生信条。小托马斯·沃森在其撰写的《一个企业的信念》中提出了 IBM 的基本原则。马文·鲍尔通过《透视麦肯锡》（*Perspective on McKinsey*）写下了麦肯锡愿景。Giro 的比尔·汉内曼总是随身携带一份纸质版的公司愿景。我们甚至听说有家公司（农产品市场 Stew Leonard's Dairy）将其长期原则刻在了石头上。

难道一点儿灵活性都不要吗？难道不需要保持弹性，以适应时代的变迁吗？这些"长期原则"和"百年大计"真的有意义吗？把你的原则刻在石碑上是不是过于拘泥了？

改变是好事，我们同意这一点。问题在于，什么该变，什么该守？关于这个问题的答案，我们可以从价值观到战术层面逐一给出：

核心价值观和信念：保持不变。

目标：至少 100 年不变。

使命：一项使命被完成后，立即设定新使命（时间范围通常为 10 到 25 年）。

战略：每年修订一次，为每项新使命制定新战略。

战术：常变常新，以适应不断变化的新情况。

描绘愿景

用生动活泼、引人入胜、明确具体的语言传达愿景，激发人们的情感、唤起人们的兴趣，这是一种不可或缺的关键能力。可以想象你正在把愿景从文字转换成图画，让其铭刻在人们的脑海里。我们称这为"用文字作画"。

比如，你的愿景是"到 2000 年成为一家卓越的企业"，那么，你需要生动形象地描绘出它的含义，然后告诉大家："我们的使命就是让这幅图画变成现实。"

要保证画面具体生动。吉姆·根茨这样描绘 Giro 成为一家卓越企业的目标：

世界级大赛的顶尖高手将使用我们的产品。环法自行车赛的获胜者、世界锦标赛的冠军和奥运会金牌得主在取得胜利时佩戴的都是 Giro 头盔。我们接到客户打来的电话和发来的信件，他们说："谢谢你们！这个行业有你们真好，你们的头盔救了我一命。"我们的员工会觉得这里是他们工作过的最好的场所。当你让人们说出自行车行业的领头羊是谁时，大多数人会说是 Giro。

在提到"汽车大众化"这项任务时，亨利·福特用自己的语言描绘了这样一幅画面：

我要为大多数人制造汽车。这种汽车的价格很低，所有较高收入的人都能买得起——人们可以在上天赐予的广阔空间里尽情地享受他们幸福的家庭生活。马车将从公路上消失，汽车会成为人们司空见惯的东西。

请注意其中的细节，"人们可以在上天赐予的广阔空间里尽情地享受他们幸福的家庭生活"和"马车将从公路上消失"，就是"用文字作画"。

说到用文字作画，丘吉尔一直是我们最喜爱的例子之一。他是全世界最优秀的愿景宣传家之一。

希特勒知道，他要么在这片土地上打败我们，要么输掉这场战争。

如果我们能勇敢地抵抗他，全欧洲将会获得自由，全世界的人将会走向开阔、阳光明媚的土地。

但如果我们失败了，包括美国，包括一切我们所知、所爱的世界，将会落入新的黑暗时代的深渊，而纳粹反常的理性，将会使这个时代更加险恶，也许还会更加长久。

因此，让我们全身心投入我们的职责，表现出我们的英勇，如果大不列颠王国和它的英联邦能够持续千年，千年后的人们仍然会说：

"这是他们最光荣的时刻。"

你可能会说："可那是丘吉尔啊！我又不是丘吉尔，我没有那么好的口才。另外，如果有个像希特勒那样的对手，我们模仿丘吉尔就会容易些，但是我们没有，永远都不可能有。"

对，没错，能与丘吉尔媲美的人实在太少了。但我们仍然可以从他身上学习，从亨利·福特和其他人身上学习。丘吉尔并不是天生的雄辩家。他的发言不是凭空而来的，而是他苦心构思的。丘吉尔会花几个小时精心打磨自己的讲稿和文稿，就像米开朗琪罗琢磨他的《大卫》或者《圣母怜子像》那样。丘吉尔非常注重描绘细节和具体生动的画面，以此触动人们的心灵，比如"开阔、阳光明媚的土地"和"落入新的黑暗时代的深渊"等等。

虽然做不到像丘吉尔那样，但是我们可以把他当作传达愿景的榜样来学习。

吉姆·柯林斯最新思考

如何整合愿景要素

有一次，我和 DPR 建筑公司的几位创始人共进午餐。当时这家公司刚刚成立一年。在握手寒暄时，我注意到的是他们粗糙有力的手、发达的小臂肌肉和紧致的古铜色皮肤。这些来自建筑行业的朋友脾气暴躁，声高气粗。

几个星期前，两位 DPR 团队成员参加了斯坦福大学的一场系列讲座。斯坦福大学的老师在讲座上分享了他们的最新研究，我也有幸分享了《超越创业》中有关愿景的框架。讲座结束后，DPR 的彼得·萨尔瓦蒂打电话问我："可以邀请您讲一堂课吗？我们对您打造卓越企业的方法很感兴趣。"

在创办 DPR 公司时，道格·伍兹、彼得·诺斯勒和罗恩·达维多夫斯基的志向是向传统建筑业发起挑战。他们目睹了业内很多企业层级林立、鼠目寸光的做法，这促使他们离开之前的公司，创办了自己的公司。大约一年后，DPR 只有不到 20 个人和屈指可数的几个项目。

"嗯，你们先要明确地表达你们的核心价值观。"我们开始了午餐对话。

一片沉默。

"然后要清楚地说出公司的存在目标，它会在几十年甚至几百年里指引公司前进的方向，就像地平线上的一颗明星。"我接着说。

一片不和谐的寂静。

我深吸了一口气，继续说："你们还需要一个胆大包天的目标，一座立志要攀登的山峰，一座令人望而却步的高山。"

感谢苍天！伍兹终于开口说话了："价值观？"

他停了一下。

"目标？"

他又停了一下。

"这和创建一家企业的实际工作有关系吗？"他的意思很明确：我们都是撸起袖子的实干家，不是书斋里的哲学家。我们的工作是盖房子，每天和现实世界打交道，而不是钻研学术理论。所以，你说这些干啥？

我想我不会因为反击而失去什么，于是我说："把你们正在尝试做的事情想象成美国的建国，而你们三位，你们的创始团队就好比杰斐逊、富兰克林、亚当斯、华盛顿和麦迪逊。想想看，假如没有《独立宣言》和《美利坚合众国宪法》，美国还算是美国吗？想当年，开国元勋们不仅仅想打赢独立战争，还想建立一个持久存在的伟大国家，渴望实现一系列理想。不要忘了，林肯在《葛底斯堡演说》中提到的正是这些理想，马丁·路德·金在《我有一个梦想》中提到的也是这些理想。"

伍兹的态度缓和多了。是的，伍兹想赢，但不只是经济上的。他和同事们想用实际行动证明一家建筑公司能达到什么样的高度，他们想证明自己有能力建立一家更开明的企业，并在市场上取胜。

因此，创始团队决定召开一次DPR的"制宪会议"。他们召集了公司全体人员（二十几位），来到位于天际线大道高处的托马斯福格蒂酒庄，那里可以俯瞰整个硅谷和旧金山湾。他们以《超越创业》最初的愿景框架为蓝本，用几天的时间解决了比战略更大的问题：我们为什么存在？我们代表什么？我们想实现什么？

关键的转折点发生在DPR目标的讨论期间。不知为什么，他们总是觉得，"改变世界"或者"用我们的行动改善人们的生活"之类感情充沛的表达很别扭、不大合适。这时，一位创始人提出："照我说，咱们是盖房子的，这是我们的工作，也是我们的身份。公司的目标应该牢牢抓住这一点。"

"所以，我们的目标就是'盖房子'，对吗？"有人问。

"嗯……对。好像'建造房子'更准确些。"

"是，但我觉得还不够。我不确定，这能把我们和别的建筑公司区别开吗？"

反反复复，来来回回，对话一直在继续。

直到"建造卓越"出现了。

"对！我们的存在不仅仅是为了建造，我们要建造卓越的事物——卓越的建筑、卓越的文化、卓越的客户关系、卓越的合作团队，它们加起来就构成了卓越的企业。"就这样，他们找到了自己的目标：我们的存在是为了建造卓越事物。

"制宪会议"开完了，DPR创始团队带着清晰的愿景回到了工作中。这个愿景直接建立在《超越创业》愿景篇章提出的框架之上。除了愿景，他们还明确提出了4个长期的核心价值观（见下文），设定了一个胆大包天的目标——到 2000 年成为真正卓越的建筑企业，他们用十几幅画面生动形象地描绘了这个目标，比如，作为一家相当规模的总承包商，我们将始终如一地保证尽可能低地使用安全改性剂。我们完成了一个重大项目，并获得了行业杂志的认可。在一个试点工厂项目完工后，业主省去了竞标流程，直接邀请我们承建一家大型厂房。听东海岸老家的朋友提起，故乡的父老都知道 DPR 是一家了不起的公司。我们的家人会自豪地说，我们在为一家了不起的公司工作。只要表示出兴趣，我们就能进入每个项目的候选名单。连续 5 年，我们从不错过任何一次老客户的邀标机会。一家声誉良好的商业教学机构把我们作为卓越企业的范例。我们收到客户和分包商的来信，他们对 DPR 和我们的努力大加赞赏。我们会在高级评估师和项目经理的职位上引入少数族裔和女性员工。一家全国性杂志即将发表文章，正面评价 DPR 及其取得的成功。我们经常收到重大项目的主动邀约。

DPR 的联合创始人道格·伍兹后来描述了愿景对这家年轻小型公司的巨大影响。"我们要到 2000 年成为真正卓越的建筑企业，这个提法就像一个 3 岁娃娃扬言要在 10 岁前大学毕业一样。"

DPR 做到了，变成了一家真正卓越的建筑企业，1998 年，这家公司的收入达到 10 亿美元。它的发展越来越快，不断地积聚前进的动能。2015 年，也就是公司成立 25 周年，DPR 的收入达到 30 亿美元，在美国建立了 20 家分公司，员工达到 3 000 人。全球最有眼光、最具创造力的企业纷纷成为它的客户，从皮克斯到美国基因泰克公司，从加利福尼亚大学伯克利分校到得克萨斯大学安德森癌症中心。随着公司的发展壮大，它设定了更高的胆大包天的目标。DPR 为自己设定了新使命：到 2030 年成为全球所有行业、所有类型的企业中最受尊崇的公司之一。

在成立 25 周年的庆典上，我见到了 DPR 的下一代领导者。他们更年轻，同样充满激情、坚硬粗粝，他们按照计划接班购买了创业一代的股权，成为企业的新一代所有者。他们对"建造卓越事物"表现出同样的热情。他们的态度传递出这样一种精神：提步快跑，勇往直前。两年后，DPR 的收入突破 45 亿美元，并且还在不断攀升。

截至 2020 年本书写作时，DPR 即将迎来成立 30 周年庆典。30 年来的成功是个很好的开始，但它仅仅是个开始。建造卓越事物的驱动力永远没有尽头。

DPR 建筑公司愿景的完整实例

核心价值观

诚信。我们以诚实和公正的最高标准经营所有业务；我们值得信赖。

乐趣。工作应该充满乐趣并具有内在的满足感；如果做不到乐在其中，那就证明我们的工作出了问题。

独树一帜。我们必须与其他建筑企业不同，要更有进取心；我们有自己的一套信念。

一往无前。持续不断地自我变革、提升和学习，不断提高标准。

目标

我们的存在是为了建造卓越事物。

第一个使命（胆大包天的目标）

到 2000 年成为真正卓越的建筑企业。

下一个使命（胆大包天的目标）

DPR 完成了第一个使命，并设定了新使命：到 2030 年成为全球所有行业、所有类型的企业中最受尊崇的公司之一。

明确的、共同的愿景

行之有效的愿景必须达到两个关键标准：必须做到清晰明确（易于理解）；必须成为组织中所有关键人员的共同愿景。

这带来了一个令人懊恼的问题：愿景应由顶层决定（例如创始人或首席执行官），还是应由集体商议做出决定？

顶层设计的愿景劣势明显，虽然它通常能做到清晰明确，但是可能做不到被广泛认同。另一方面，集体商议的愿景很容易沦为波澜不惊的"官样文章"——这种"委员会商议决定的愿景"不够清晰，也毫无热情可言。

每家公司都有自己的标准和风格，必须走自己的路，得出自己的结论。这个难题不存在放之四海而皆准的答案。

明确的共同愿景完全是由群体过程确定的，我们见过这样的例子。质疑群体过程让我们再次想到美国的建国。尽管有极其强势的领导者（华盛顿、杰斐逊、麦迪逊和亚当斯）在场，但是美国的愿景完全是由群体过程确定的。实际上，在整个制宪会议召开期间，乔治·华盛顿几乎没说过一句话。

另一方面，我们也见过愿景完全出自个人的情况。沃尔玛的山姆·沃尔顿和（福特汽车的）亨利·福特都是很好的例子。

那么，群体决策和个人推动哪一种更好？答案并不唯一。这取决于具体情况和你的个人领导风格。唯一重要的是，推动公司形成明确的共同愿景，确保人们积极热情地追求这一愿景。只要做到这一点，你就是称职的领导者。

不一定成为魅力四射的远见者

我们想要打破这样一个神话：要设定愿景，领导者必须具备某种近乎神秘的、超人般的魅力和高瞻远瞩的能力。如果这个神话是真的，那么每家企业都要找到一位超级 CEO，集丘吉尔、肯尼迪和马丁·路德·金的优点于一身。实际上，在面对这种想法时，很多管理者的反应是："我可不是那块料儿。我不属于那种高瞻远瞩的人。"

其实不然。无论你的个人风格或魅力如何，你都做得到。说到愿景的设定过程，个人魅力的作用被过分夸大了。有些人为企业设定了非凡的愿景，可是他们的个人魅力并不足以让你为之倾倒。耐克的菲尔·奈特、巴塔哥尼亚的克里斯汀·迈克迪维特、Giro 的比尔·汉内曼、MIPS 技术公司的鲍勃·米勒、惠普的比尔·休利特、迪士尼的弗兰克·威尔斯——甚至林肯和杜鲁门——都不符合人们对魅力型远见者的刻板印象。你大可不必与那些神龙见首不见尾的、自诩有远见的人为伍。你可以尽情地做自己。就像泰德·特纳说的那样：

人不能自夸眼光长远，这话只能别人说。我就是我，我就是泰德·特纳。

你的任务不是成为一个有魅力、有远见的人。真正重要的任务是建立一个有愿景的组织。个人总会死去，但卓越的企业可以存在数百年。

第五章

运气偏爱坚持

每个人的努力都是从原点开始的。

即使目标远在天边，也要不停地攀登，攀登，再攀登。

不要畏惧障碍——没有山重水复，何来柳暗花明。

如果这时转身下山，你就等于提前放弃了。

——汤姆·弗罗斯特

考德威尔的坚持

2007 年 5 月 15 日，我和汤米·考德威尔坐在约塞米蒂国家公园酋长岩近旁的一块突出的岩石上。那天是训练日，考德威尔是我的教练。我计划用一天的时间从经典的"鼻梁线路"攀上这座 3 000 英尺高的垂直岩面。这是我为自己树立的胆大包天的目标，用来庆祝自己的 50 岁生日。

我们望着那片广阔的花岗岩面。考德威尔问我："我有个问题，胆大包天的目标必须是可以实现的吗？"

"为什么这么问？"

"哦，我有个攀岩的念头，但是不知道有没有可能实现。"从我们坐着的地方望过去，可以看到一面光滑的峭壁。每天破晓的第一缕阳光总会照射到那面峭壁上，所以它也被称为"黎明之墙"。考德威尔坐了好一会儿，盯着阳光中泛着微光的黎明之墙，我们几乎能感到它也在凝视我们，倾听我们。他说："登顶黎明之墙是有可能的，但也许不是我。这可能要留给后来人了。"

"汤米，"我对他说，"如果一定能做到，那就不叫胆大包天的目标了。"

考德威尔真的开始了这项胆大包天的目标。他要徒手攀登黎明之墙。如果成功，他会创造历史，完成有史以来难度最高的徒手攀岩壮举。（徒手攀岩是一种攀岩形式。攀登者只能用指尖在峭壁上攀爬，完全借助自身力量前进。攀岩者可以使用绳子，但它的作用仅限于在掉落时提供保护，不能协助攀岩者前进。）在黎明之墙平滑如镜的岩壁上，有些支撑点小得让人难以置信。有些地方比 10 美分硬币的边缘还要薄。它们在白天耀眼的阳光下很难被看清，夜间用的头灯反而能形成更强的明暗对比，让人更容易看清它们。

在接下来的 7 年里，考德威尔一直在尝试攀登黎明之墙。每个登山季，他都会花很多时间在这堵光秃秃的岩面上，尝试一系列微小的支撑点。它们在岩壁上的分布就像晦涩难懂的象形文字，隐藏着某种成功登顶的奥秘。一次又一次，他的手指抠不住薄如刀锋的岩缝，他的脚尖蹭不住直立如刀的石棱。20 英尺、40 英尺，甚至 50 英尺，他无数次从岩面上掉下来——被吊在距离地面 100 多层楼高的半空中，猛然绷紧的保护绳重重地抽在绝壁上，发出"啪"的一声脆响，令人心悸。

每一次尝试都让考德威尔变得更强大。他不断地创新，甚至和一家鞋业公司合作，发明了一种新型攀岩鞋。但他仍然无法征服岩壁中部最难的那一段。接连不断的失败让他懊恼不已。危险无时不在。有一年，巨大的冰帘像玻璃幕墙一样从岩顶落下，从他身边呼啸而过，他赶紧撤离。还有一次，他的搭档凯文·乔治森在两个相距 8 英尺的支撑点之间完成动态跳跃，结果扭伤了脚踝，他们不得不结束那个赛季。2013年，一个壁钩失灵，整包装备从200英尺高的地方疾坠而下，结结实实地砸中了考德威尔的安全绳，导致他肋骨软骨分离（他的肋骨和胸骨受伤，简单的呼吸都会引发剧痛）。不仅如此，他的每次尝试都是在缺少左手食指的情况下完成的。几年前，他在一次台锯事故中失去了那段手指。

尽管遇到这么多挫折和坏运气，他还是没有放弃。当其他攀岩者频传喜讯，广受认可时，考德威尔还在黎明之墙上苦苦探索着。有人甚至怀疑，考德威尔是不是把自己攀岩生涯中最好的时光（从29岁到36岁）白白浪费在了一项不切实际的挑战上。

2012年秋天，我邀请考德威尔来到西点军校，作为领导力研究课的特邀嘉宾为美国军事科学院学员上课。当时，他即将第五次冲击黎明之墙，正在加紧做着准备。在前往西点军校的路上，我忍不住问他："汤米，你为什么非要完成这次攀岩？作为一名攀岩家，你已经取得了那么多成就，而黎明之墙似乎只会一次又一次带给你失败。为什么你还要一而再、再而三地尝试呢？"

"因为它让我变得更优秀、更强大，所以我要不断地尝试。我没有接连失败，我是在不断成长。"他回答我。谈到如何看待失败这件事，一路上我们聊了很多。我们得出的结论是：成功就像硬币的一面，它的另一面并不是失败，而是成长。

他接着对我说："我发现很多人把成功看得太重了。这样一来，他们很难把自己放进一个不断失败、不断成长的过程中。但是，要真正找到自己的极限，你必须踏上一段不断失败的旅程。只有这样，也许有一天，我们才能从失败中走出来。即使我永远无法徒手攀上黎明之墙，它也会让我变得更强大、更优秀。相比之下，其他的攀爬大多显得易如反掌。"

转眼又是两年，考德威尔和乔治森再次向黎明之墙发起冲击。全球媒体都在跟踪报道，称这为"世纪攀登"，很多人都为之欢欣鼓舞。从2014年12月末到2015年1月中旬，他们在黎明之墙上度过了19个日夜，让人为之心悬。这一次，考德威尔和乔治森遇到了一连串的好运气：一连好几天，天气寒冷而晴朗，这为两人创造了完美的攀爬条件。在阳光的照耀下，酋长岩顶部始终干燥，消除了冰帘下坠的危险。对攀岩者来说，极速下坠的冰帘就像天上掉下来的铡刀，可怕极了。每年1月，酋长岩顶通常会有大量积雪，可是2015年1月的前两个星期偏偏没有雪。晴朗干燥的天气帮了考德威尔一个大忙，他中间甚至停下几天，等待乔治森完成最困难的中段路程，这样他们就可以作为一团队完成登顶。2015年1月14日下午3点刚过，考德威尔和乔治森成功登顶黎明之墙。时间距离我和考德威尔2007年的那次谈话过去了2801天。他当时问我，如果把登顶黎明之墙作为自己胆大包天的目标，究竟能不能实现。

如果没有一连串的好运气，把多种有利因素集中在一段恰当的时间里，而且连续19天几乎没有坏运气，考德威尔就可能还在努力攀爬黎明之墙。如果那位《纽约时报》普利策奖获奖记者（同时也是一位攀岩爱好者）不认为这是一篇好报道，可以成为头条新闻，那么考德威尔的生活轨迹也许会完全不同。如果他的搭档乔治森没有在中段遇险——乔治森多次遭遇险情，让全世界的关注者胆战心惊——并最终化险为夷，他们的成功登顶就会少了很多人的持续关注。考德威尔和乔治森终于成功登顶了，就连奥巴马总统都在推特上发文祝贺，他还发了一张自己站在一幅有关约塞米蒂的绘画作品前的照片。可以肯定的是，如果考德威尔选择放弃，知难而退，他就没有机会获得这一连串的好运气。

当他站在黎明之墙的岩顶，高举双臂庆祝胜利时，我心里想：

"汤米·考德威尔,快来认识一下,这位是史蒂夫·乔布斯。"他们是对我触动最深的两个人,我从他们的生活中获得慰藉,重振精神,并学到一条重要的道理:运气总是偏爱坚持的人。

乔布斯的幸运

我第一次见到乔布斯是在 20 世纪 80 年代末,当时我还在斯坦福大学商学院教书。那是我职业生涯的起步阶段,为了向学生证明我的课是有价值的,我觉得有必要引入一些外援。就这样,我拿起了电话,冒冒失失地打给乔布斯:"您好,我在斯坦福大学教一门课,主要讲授如何把小型初创公司建成卓越企业,我想知道,您是否愿意和我一起为学生们上一堂课。"

乔布斯欣然接受了我的邀请。到了约定那天,他仿佛从天而降,出现在那间剧场式阶梯教室中。他盘腿坐在学生面前的一张桌子上,问道:"你们希望我讲点儿什么?"在这堂近两个小时的大课上,我们谈到了生命、领导力、企业建设、技术和未来。他对自己的工作充满热情,对创造充满热情,他要把个人计算机交到数百万充满创造力的人的手中,让他们去改变世界。

课上到一半,他拿自己开起了玩笑:"嗯,我被上一家公司扫地出门了。"几年前,在一场惨烈的董事会斗争中,乔布斯失去了对苹果公司的控制权。当我联系他时,他恰好处于"荒疏岁月"的黑暗谷底。有些人不看好他,在背后嘲笑他,认为他已经过时了,越来越没用了。乔布斯的妹妹在乔布斯的悼词里分享了一个简单的小插曲,捕捉到了这一点,后来被发表在《纽约时报》上:有一次,500 多位硅谷的企业领导者齐聚一堂,与总统共进晚餐,唯独乔布斯没有收到邀请。他本来可以把苹果股票变成几百万美元的现金,享受退休生活,闲来无事还可以写写回忆录,痛斥遭受的种种不公正的待遇。但是他没有这样做。

离开苹果后，乔布斯创办了 NeXT 公司。这家公司并没有成为下一个巨无霸。但是乔布斯每天照常起床，照常工作——日复一日、周复一周、月复一月、年复一年，虽然无人关注，但是他照样埋头苦干。相比之下，他的主要竞争对手比尔·盖茨早已成为改变世界的远见者，风光无限地站在全球舞台的正中央。

然后，到了 1997 年，乔布斯的好运倏忽而至。我们在第二章看到，乔布斯心爱的苹果公司当时已经远远落后，一度走到破产边缘。它甚至与多家企业接触，洽谈收购事宜。但是有意向的企业最后都没有和苹果达成一致。当时，苹果急需一套新的操作系统，而 NeXT 公司恰好拥有这种系统。就这样，乔布斯迎来了第二次机会，他带着操作系统回归苹果。如果没有这一系列的幸运事件，很可能就没有 iPod、iPhone 和 iPad 的出现，没有苹果商店，没有乔布斯站在世界之巅成为全球偶像。如果苹果公司从 1990 年到 1997 年实现了巨大的利润增长，乔布斯就没有机会回归苹果。如果苹果把自己卖给了另一家公司，它就失去了重新焕发生机的机会。如果苹果需要的操作系统不是 NeXT 开发的那种类型，那就不会有两家公司的谈判，乔布斯也不可能以胜利者的姿态重返苹果。

那么，这个故事说的是"乔布斯是个幸运儿"吗？苹果从（拙劣到）优秀到卓越的案例讲的主要是运气问题吗？或者，让我们提出一个更普遍的问题："成功有多大的比例是由运气决定的？"

运气事件与卓越

有些学者和畅销书作家认为，个人的运气和幸运的外界条件比能力和严格遵守原则能更好地解释极端成功。毕竟，让一个挤满人的体育场的全体观众扔硬币，连扔 7 次，纯粹凭运气随机连续扔出 7 次正面的人屈指可数。这是一种颇具挑衅性的观点，但是，如果把它套用在创办和建设长盛不衰的卓越企业上，那就大错特错了。

在《选择卓越》一书中，我和莫滕·汉森研究了 20 世纪下半叶以来一些最成功的企业和企业家。作为分析的一部分，我们定义、量化并且研究了"运气"这个变量。我们认为，"运气事件"的定义需要满足三个条件：第一，事件不是你引发的；第二，事件具有潜在的重大的结果（好的或坏的）；第三，事件具有不可预测的要素。从这个定义出发，我们可以证明，这些企业的历史充满了运气事件。但是——这一点至关重要——我们在对照组中发现了相当数量的运气事件！总体而论，与对照企业相比，成功企业并没有拥有更多的好运气、更少的坏运气、更大的机遇或更好的时运。恰恰相反，卓越企业取得的最好的成就是更高的运气回报。我和汉森发现，问题的关键不在于你会不会遇上运气——你当然会，无论是好运还是霉运。关键在于，你如何利用这些运气。我已经开始相信，领导力是否卓越，一半以上取决于你如何应对意料之外的事情。

事实上，有证据表明，克服坏运气和早期的失败能够提高建立一家经久不衰的卓越企业的概率。我和我的科研导师杰里·波勒斯研究了 18 家公司。它们从初创企业一路成长为行业标杆，成为"高瞻远瞩的企业"，几十年如一日地为这个世界生产价值，产生影响。我们发现，同表现平庸的企业相比，这些企业在起步阶段取得重大成功的可能性反而更小，这让我们惊讶不已。实际上，高瞻远瞩的企业往往更需要克服早期的失败和挫折。这些失败和挫折有助于它们形成自己的组织性格，这种组织性格又在更长的时间里让它们变得真正出类拔萃。只要稍加考虑，我们就能明白这一点。如果在早期遇到太多好运，比如，你的"伟大创意"恰好赶上了时代潮流，并在最恰当的时间被推向市场，你就可能变得轻慢懒散。相反，如果不得不在起步阶段克服种种失败和坏运气，你就会吃一堑、长一智，更有可能掌握持久成功所需的能力。从长期来看，早一点儿经历失败，学会如何系统地创新，远远好过刚刚起步就获得巨大的成功。

生活是什么？有人认为，生活是二十一点，是一把好牌，大杀四方。也有人认为，生活是四圈麻将，应该打好每一圈。如果认为生活是一手牌决定的，那么你很容易输掉它。但是，如果你把生活看成一连串的牌局，要把手里的每一把牌尽量打好，那就会产生巨大的复利效应。坏运气足以伤人，但好运气也不一定让你变得卓越。只要没有遭遇灾难性厄运被完全踢出局，你就要认真打好每一手牌。你要怎样打好这手牌？怎样打好下一手牌，以及后面的每一手牌？

试想一下，1985 年，乔布斯被苹果扫地出门。如果他长叹一声，"好一手烂牌，这次输惨了，游戏结束了"，并就此失去事业心和工作热情，那么会怎么样？假如他把失败变成怨恨，而不是更加努力地创造、继续前进，又会怎样？我曾经把乔布斯视为商业领域的贝多芬——一位极富创造力的天才，他创作了大量作品（Mac 电脑是乔布斯的《第三交响曲》，iPod 是《第七交响曲》，iPhone/iPad 是《第九交响曲》）。后来，我的看法发生了改变。我认为乔布斯更像商业领域里的温斯顿·丘吉尔——一个极度坚忍的灵魂，代表了一句简单有力的口号：永远、永远、永远不放弃。

20 世纪 30 年代，很多人把丘吉尔视为浪漫主义时代的遗民、一个与新世界秩序格格不入的老古董。他当时已经 60 多岁，大可以回归田园，在乡间作画砌砖，喂喂鸭子和天鹅，嘟哝几句"道不同，不相为谋"。但他选择留下来，他坚持写作，留在议会里工作，呼吁人们当心纳粹的威胁，不断地向绥靖政策发起挑战。当然，丘吉尔最辉煌的时刻还没有到来。几年后，当邪恶的化身——希特勒和他的纳粹爪牙蹂躏世界时，英国挺身而出，奋起反抗。如果丘吉尔在荒疏失意的日子里选择放弃，当整个欧洲陷入希特勒的魔爪之时，他就不可能完全胜任这一领导工作。

二战结束时，丘吉尔的党派在选举中失利，他被迫离开唐宁街10号。丘吉尔极其痛苦，他后来写道："塑造未来的力量不再为我所有。多年积累的知识和经验，来自多国盟友的力量和善意都将付诸东流。"当他怒视着自己的午餐盘子时，他的夫人提醒他，这可能是因祸得福。丘吉尔对她说："目前看来，它伪装得很好。"

然而，古稀之年的丘吉尔仍然没有离开政治舞台。他的著名演讲让"铁幕"一词迅速传遍全球，生动形象地描述了苏联在冷战初期对西方世界构成的严重威胁。他完成了六卷本的《第二次世界大战回忆录》（这部 5 000 页的巨著是我读过的最好的领导力著作）。这部作品为丘吉尔赢得了诺贝尔文学奖。后来他再次当选英国首相。丘吉尔和史蒂夫·乔布斯一样，只要身体顶得住，他们就会不懈地努力。

在人生的长路中，每个人都有经历挫折、摔倒在地、遭到人们鄙夷的时候。当这些情况发生时——注意，不是假如它发生时，而是当它发生时——我们仍然有选择。我们能站起来吗？假如它再次发生，我们能不能再次站起来？下一次，下一次，再下一次呢？每当感到自己被世事击倒、被挫折打败时，或者因为自身的失误而感到身心俱疲时，我就会想到乔布斯、丘吉尔和汤米·考德威尔。他们的坚持并不是硬着头皮顶住，咬紧牙关忍受无尽的折磨，而是愉悦优雅地坚守着，充满热情地追求有意义的工作。人的一生太长了，我们不能过早缴械投降；人的一生又太短了，我们不能偏离自己的热爱和目标。

运气的悖论

在结束本章之前，我想起一段关于运气的精彩对话。有一次，我遇到坏运气，我的航班被临时取消了。当登上替补航班时，我发现自己被安排在中间座位上。我当时想，要看到事情积极的一面，看看我能从两边的旅客身上学到些什么。就这样，对话开始了。

靠过道的座位上是一位气质不俗的男子，60多岁。

"您从哪儿来？"我问他。

"我住在丹佛。"

"您是在丹佛长大的吗？"

他笑着说："不是，我在东海岸一个贫穷的内城社区长大，那里离丹佛远着呢。"

"后来怎么去了丹佛？"

"我在丹佛有一家连锁餐厅。"

"您是怎么做到的？"

"哦，说来话长，我的生活是由一连串惊人的好运组成的。"

"比如？"

"这要从一位了不起的科学老师说起。开学第一天，我坐在教室里。我对上课没什么兴趣，心思完全不在课堂上。就在这时，这位老师走了进来。他在教室中间放了一架梯子，在梯子下边放了一张垫子，然后就走了出去。他在门外等了一会儿，然后突然冲进教室，飞快地爬上梯子，大叫着从上面跳了下来。接下来，他看着我们每个人说：'我们来聊聊地心引力。'他激发了我对科学的兴趣。后来我获得了一家顶尖科技大学的奖学金，主修物理。"

他接着讲完了后来的故事。毕业后，他进入一家蓝筹科技企业，做出了一系列成功的投资——"幸运无比的赌博"，再后来，他用投资赚到的钱创办了连锁餐厅。他说："我在正确的时间出现在正确的地方，运气好得拦不住。"

这时，靠窗子的那位年轻人也打开了话匣子。

"嗯，我可不敢相信运气。"他说。

"什么意思？"

"我想成为职业棒球运动员，但这个可能性微乎其微。但我必须相信我能做到，我能打好、训练好、打进比赛。我必须相信，这一切完全取决于我自己。假如把大部分希望寄托在运气上，我绝对不可能忍受这个漫长过程的种种考验。我只相信自己。"

过道边的老者接过年轻人的话："你知道吗？我原来的看法和你一样。我必须相信一切靠自己，我必须成功，我的成功不可能指望运气。如果一开始就认为'好吧，这真的只是运气问题'，我就不可能做到现在的一切。现在，我终于可以回头总结运气的作用了。但是，在一切刚开始时，如果有人告诉我，当时的霉运决定了如今的美满，我是打死都不会相信的。"

这段对话完美地说明了一个关于运气的奇怪悖论。一方面，卓越企业的建设者相信"我命由我不由天"，运气无法决定最终的成就和贡献，他们为自己的命运承担全部责任。但是，一旦取得了超乎寻常的成功，他们就会把运气写进自己的故事中，把成功归因于运气。如果你错误地把自己的一部分成功归因于运气，而不是你自己的聪明才智，你就会加倍努力提高自己。相反，如果一个人把所有的积极成果都归因于自身的才干，那就未免过于狂妄自大了。说到底，如果任由好运掩盖自身的不足，当好运被用完时，这些不足就会统统暴露出来，那时你要怎么办？关键在于，要为你无法控制或预料的事情做好充足的准备，要让自己足够强大、有能力活下来，并在好运和机会到来时，有能力用好它们。

有人会用一次豪赌——一次时来运转的重大机会——来看待自己的生活、事业以及对成功的追求。他们无法理解真正的卓越是如何发生的。没有一家卓越的企业、一项杰出的事业或者一件了不起的作品是单一事件的结果，就像抛一次硬币、抓到一手好牌那么简单。当然，持之以恒并不能保证成功。最优秀的领导者都明白，在建成卓越企业的漫长征途中，他们有时需要调整战略、计划和方法。但是，他们也懂得并尊重一个简单的道理：运气总是偏爱坚持的人。

我想借《基业长青》中一段重要的告诫来结束这一章。在过去的30年间，在我撰写（或者合作撰写）过的所有文章中，它算得上对创业者和初创企业领导者最重要的告诫之一。请企业创建者务必牢记：

构建高瞻远瞩公司的人都是极有恒心的人，信奉"永远、永远、永远不放弃"的座右铭。但是，他们坚持的是什么呢？答案是：公司。你应该随时准备取消、修正或改进一种构想……但是，绝对不要放弃公司。如果你把公司的成功和某个成功的构想画上等号——很多企业人士都这样做，那么，如果那个构想失败，你就很可能会放弃公司；如果那个构想恰好成功，你就很可能对它产生一种情感上的牵绊，并且在公司应该大力前进、追求其他目标时，还沉溺在那个构想中。但是，如果你是把公司，而不是把实施一个特定的构想，或把适时利用一个市场机会当成终极的创造，那么你会坚持下去，不管构想是好是坏，你都会超越任何特定的构想，向着使构想成为经久不衰的伟大制度的目标迈进。

第六章

从优秀到卓越的路径图

在这个常变常新的社会里，

真正成熟的应该是一套体系或者一种框架，

容纳和实现持续不断的创新、升级和再造。

——约翰·加德纳

这一章汇集了两位作者数十年来的研究心血，为创建一个卓越的企业绘制了路径图。这个路径图的起源可以追溯到我在斯坦福大学商学院开始我的教学与科研的时候。有一天，当我正在为自己讲授的创业与小型企业管理课程起草新的教学大纲时，我灵感突现，写出一份课程概述，以远大的抱负向我的学生发出挑战。我没有把重点仅仅放在创办一家初创企业和管理中小型企业的基本原理上，而是围绕如何创建一家永续经营的卓越企业这个问题重新搭建整个课程体系。

我爱上了这个问题。一想到我的学生将在他们的人生中做一些高尚而大胆的事情，我就觉得浑身充满了力量。如果他们选择创业，我希望他们能打造出世界上最成功的企业，产生独特和积极的影响。我希望他们建成值得尊重、基业长青的企业。我知道，自己有很多工作要做。我一边盯着"永续经营的卓越企业"这几个字，一边在心里想："我现在对此一无所知，但我一定会弄明白的！"

这激发了我的热情，让我投身卓越企业成功之道的研究和教学中。当时的我完全想不到，为了满足这份好奇心，我花了整整25年的时间。

我和比尔·拉齐尔合著的第一本书《超越创业》谈论的就是这个话题，这本书取材于我们在斯坦福大学讲授的案例和比尔的实践智慧。从那时起，在科研导师杰里·波勒斯的启发和指导下，我将精力投入卓越企业的研究，数十年如一日探求卓越企业区别于其他企业的永恒法则。这些年来，无论是单独著述，还是与人合著，我都得到我的研究团队的大力支持，这个团队主要由斯坦福大学和科罗拉多大学的本科生和研究生组成。每次完成一个研究项目和一本著作时，我们总会有新的问题需要解答，有新的视角需要采纳，有新的角度需要探索。这让我笔耕不辍，完成了不少研究项目。这些项目总结了6 000多年的企业发展史。按照解决问题的不同，我们分门别类地整理了每项研究和由此产生的著作，例如：

- 为什么有些初创及小型企业能成长为高瞻远瞩的企业，改变了世界，并在几十年的时间里经久不衰，而别的企业却做不到？（《基业长青》，与杰里·波勒斯合著）

- 为什么有些企业完成了从优秀到卓越的跨越，有些条件与之相似的企业却做不到？（《从优秀到卓越》）

- 为什么有些企业的卓越得而复失——从卓越跌回优秀，然后一路沦为平庸、糟糕直至消亡——而另一些企业却始终保持卓越？（《再造卓越》）

- 为什么有些企业能在不确定甚至混乱的环境中繁荣发展，而另一些企业却做不到？当我们受到既无法预料又无法控制的巨大的、快速的力量的冲击时，是什么将表现卓越的企业与表现不佳或更

差的企业区分开来的？（《选择卓越》，与莫滕·汉森合著）

我们并未单纯地把成功当作研究对象，而是对此研究了成功与失败、崛起与衰落、恒久与崩溃、卓越与平庸。我们在整个研究中采用了严谨的对照组方法。这是我和杰里·波勒斯发明的一种研究方法，它把实现跨越的公司与条件类似但未实现跨越的对照公司进行对比分析，系统地考察了这些企业创立以来的演变历程。我们的研究主要依靠对比。其中最关键的问题并不是"实现跨越的公司的共通之处是什么"，而是"实现跨越的公司的哪些共同点可以把它们与直接对照公司区分开来"。作为对照公司的企业来自完全相同的行业和时代，它们拥有相同或相似的机会和环境，但是业绩较差。在系统地分析对比案例公司的历史之后，我们提出的问题是："哪些原理可以解释二者之间的差异？"（如图 6-1 所示，该图说明了在对从优秀到卓越的研究中，我们是如何运用这种方法的。）

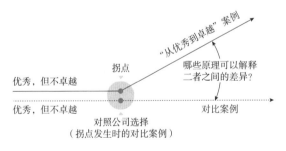

图 6-1 从优秀到卓越的对照组研究方法

在继续阐述之前，我们先要解决一个研究中关于卓越企业的关键问题。我们研究的是卓越企业的通史，而不是现代史。在我们的研究中，有些企业已经走过了卓越的巅峰时代，并在随后的几十年里遇到了挫折或者已经衰落了，你也许会很好奇："那么某某公司呢？它看上去并不像一家卓越的企业呀？"其实，我们对卓越企业的研究很像对巅峰时期的体育王朝的研究。20 世纪 60 年代和 70 年代，约翰·伍登教练执教的加州大学洛杉矶分校棕熊队堪称篮球王朝（在 12 年里拿到了 10 次 NCAA 冠军），我们不能因为这个王朝在伍登教练退休后衰落了，就否定我们研究其鼎盛时期所获得的见解。同样，一家卓越的企业可能不再卓越，但是，这并不能把它曾经的卓越从历史上抹去。我们的研究聚焦于实现跨越的公司的卓越时期，这一时期至少持续了 15 年（大多数公司持续的时间要长于 15 年）。

本书的读者也许会感到迷惑，不知道怎样把这里的结论用于小型企业，毕竟，我们研究的很多企业都已经成长为超大型企业。其实答案非常简单：我们研究的所有企业都曾是初创企业和小型企业，我们对这些企业的发展进行的研究是从它们的起步阶段开始的。我们了解到，企业应该在发展初期及早为自己打好卓越的根基，越早越好。这和抚养孩子很像，作为父母，要给孩子良好的教养，让他们作为适应能力强、健康的个体进入成年阶段，而不是给他们糟糕的教育，让他们不得不从既成的糟糕状态中慢慢恢复。当然，人们可以——而且经常会——在家庭教育很糟糕的情况下获得成功，但这并不意味着糟糕的教育就是最佳选择。经营企业也是一样的道理："卓越"同样需要良好的养育。绝大多数卓越企业在相对早期或 / 和规模较小的时候就已经具备了卓越的基础。尽管一家平庸的企业在未来有可能被改造成卓越的企业，但是，最好还是从一开始就具备卓越的基因。

每一项研究都能带来更多的发现和道理，我们把每个研究项目看成黑箱上的一个孔，它会让一缕光透进箱里，帮助我们发现企业基业长青的原理，把实现从优秀到卓越跨越的公司与未能实现跨越的公司区分开来。每一项新研究都会揭示更多的动态机制，帮助我们从新的角度看到之前未曾发现的规律。我们不能说，是自己发现的各种概念

"引发"了从优秀到卓越的跨越（整个社会科学界没人提出过这样的因果律），但是，我们可以从证据出发，找出它们的相关性。如果你能严格地把我们的发现应用到实际工作中，与对照公司案例相比，你就更容易建成永续经营的卓越企业。

经过几十年的研究和多部著作的出版，我开始遇到一些人提出的新问题，这些人把我的著作当作一个整体，按照系统的顺序展开研究。他们的问题通常是这样的："作为一个领导团队，我们应该从何处做起？""怎样把各本著作的思想融为一体？""对读者来说，您的书有没有一个最佳的阅读次序或者概念的学习顺序？""应该逐本学习，还是按照概念的顺序学习？""有没有一个统领一切的原理图，可以涵盖您的所有著作？"

在反思这些问题时，我意识到，从某种意义上说，我实际上一直在做一个庞大的研究项目，这个项目已经持续了几十年。这个项目的成果是分期出版的，一本接着一本。于是，我决定挑选出最重要的概念，它们横跨所有研究项目，最终我提炼出 12 条最基本的原则。接下来，我把它们按照适当的顺序进行排列，整合成一个总括性的框架。领导者可以沿着这个框架指明的路线创造卓越的企业。在此，我的目标是将自己对卓越企业的毕生心得浓缩成一张路径图。我的管理实验室里有一张白板，刚好可以画下这张图。

从开始破解卓越企业的成功之道（如图 6-2 所示）至今，30 年倏忽而过。在为一家初创企业加速器 Techstars 的一群早期创业者讲课时，我第一次提出路径图的概念。我在心里笑叹，自己的教研生涯从斯坦福大学起步，我讲授创业与小型企业课程，用打造和经营永续经营的卓越企业的目标挑战自己的学生。如今，转了一大圈，我仿佛回到了原点，我要用同样的目标挑战全新一代的创业者和小型企业领导者。不同的是，这一次我有了路径图。

从优秀到卓越的路径图

吉姆·柯林斯

投入				产出
阶段1 训练有素的人	**阶段2** 训练有素的思想	**阶段3** 训练有素的行为	**阶段4** 基业长青	
培养第5级经理人	拥护兼容并蓄的融合法	飞轮效应	具建设性的焦虑,避免"衰落五阶段"	一流的业绩
先人后事 (让合适的人上车)	处理好"斯托克代尔悖论"	日行20英里征程	造钟,不是报时	卓尔不群的影响力
	理解"刺猬理念"	先子弹,后炮弹	保存核心/刺激进步	长久发展
10倍速公司获得更高的运气回报				

图 6-2

接下来,我们会逐一审视路径图的每个关键组成部分。对图中的每一项原则,我都会提出与其相关的著作和章节。如果你(或者你的团队)想完整深入地了解这个框架,我建议你可以一边研究这张图,一边按照每项原则的顺序进行定向阅读。

一开始,你应该注意这张图是由投入和产出两部分组成的(如图6-3所示)。

从优秀到卓越的路径图

吉姆·柯林斯

投入	产出

图 6-3

投入描述了建设卓越企业的路径，它由研究中得出的一系列基本原则组成。产出定义了什么是卓越的企业，而不是如何建成卓越的企业。这一点区别极其重要，因为人们经常混淆二者。"让合适的人上车"是一种投入（成就卓越的方法），还是一种产出（卓越的表现之一）？取得一流的业绩是一种投入（成就卓越的方法），还是一种产出（卓越的表现之一）？在研究过程中，我们非常谨慎地把投入和产出区分开来，这张图让这种区分变得清晰可辨，一目了然。

我们先来看投入，从纪律的作用谈起。作为一项重要的主题，纪律的作用贯穿我们所有的研究，把卓越和平庸泾渭分明地区分开来。真正的纪律离不开思想的独立，需要对抗循规蹈矩的压力，摒弃与价值观、业绩标准和长期愿景不相容的做法。纪律唯一的合理形式是自律，是为了创造卓越的成果倾尽所能、不畏艰险的内在意志。当你拥有训练有素的人时，你就不需要科层结构。当你拥有训练有素的思想时，你就不需要官僚主义。当你拥有训练有素的行为时，你就不需要过度管控。当你把严明的纪律与创业伦理融为一体时，你就创造了一种强大的驱动力，驱动着你创造一流的业绩。

无论是在商业领域还是在社会事业中，要建立一个长久发展的组织，都离不开训练有素的人。他们拥有训练有素的思想，拥有训练有素的行为。我们需要纪律来维持长久的前进动能。它形成了路径图框架的主干，体现为4个阶段（如图6-4所示）：

阶段1：训练有素的人

阶段2：训练有素的思想

阶段3：训练有素的行为

阶段4：基业长青

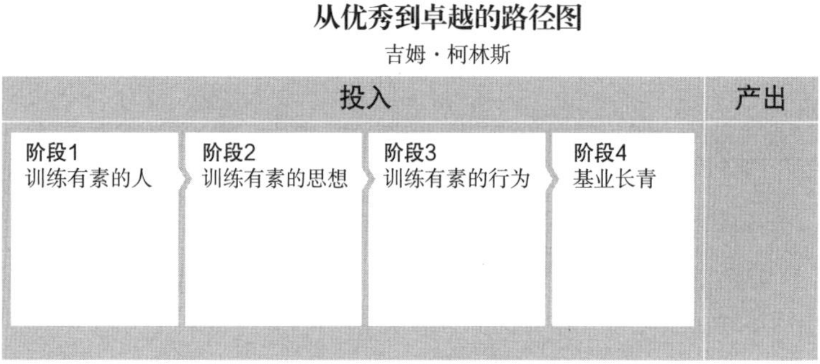

从优秀到卓越的路径图

吉姆·柯林斯

投入				产出
阶段1 训练有素的人	**阶段2** 训练有素的思想	**阶段3** 训练有素的行为	**阶段4** 基业长青	

图 6-4

阶段 1：训练有素的人

万事始于人。阶段 1 包含两个基本原则（如图 6-5 所示）：

- 培养第 5 级经理人。
- 先人后事（让合适的人上车）

从优秀到卓越的路径图

吉姆·柯林斯

投入				产出
阶段1 训练有素的人 培养第5级经理人 先人后事 （让合适的人上车）	**阶段2** 训练有素的思想	**阶段3** 训练有素的行为	**阶段4** 基业长青	

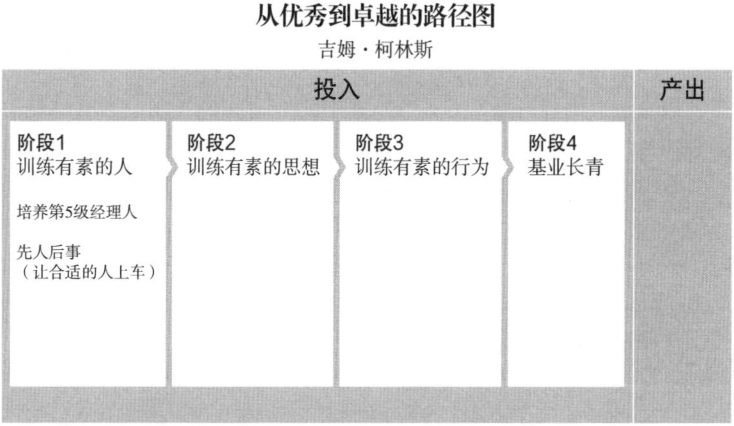

图 6-5

培养第 5 级经理人

　　我们的研究表明，领导者是否魅力四射并不能解释为什么一些企业能够变得卓越，而另一些企业不能。事实上，我们见过一些最灾难性的对比案例，这些企业的衰落或失败恰恰发生在强有力的魅力型领导者的任期内。我们的研究还发现，至关重要的因素在于第 5 级经理人。第 5 级经理人的关键在于一对儿看似矛盾的组合：极其谦逊的性格和强烈的专业意志。第 5 级经理人体现出的谦逊并不是伪装出来的，它是一种克制自我、献身事业的精神。与这种谦逊相结合的是一种坚定的决心，为了更好地服务于目标，不惜付出一切代价（无论面对怎样的艰难险阻）。第 5 级经理人雄心万丈，他们会将自己的雄心壮志投入卓越团队或组织的建设，最终完成一个共同使命，而不是他们的个人使命。

　　图 6-6 为 5 级经理人体系。

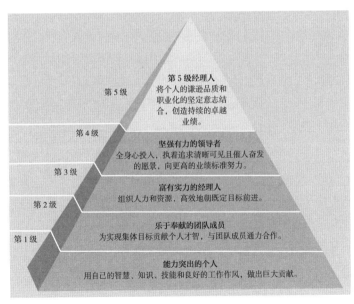

图 6-6　5 级经理人体系

尽管第 5 级经理人有很多个性特征，但是他们通常都很谦逊、沉静、内敛，甚至腼腆。在我们的研究中，每一次从优秀到卓越的转变都是第 5 级经理人发起的。他们更多是用高标准激励人，而不是用鼓舞人心的个性。纵观我们研究中的每一次成功的 10 倍速创业，只有一部分创业者或领导者具备魅力十足的个性，但是他们从不会把领导力与个性混为一谈，他们执着于实现企业的卓越和长盛不衰。建成卓越企业需要用第 5 级的标准要求自己和团队。鼎盛时期的卓越企业拥有第 5 级经理人，第 5 级经理人遍布整个组织。（关联阅读：《从优秀到卓越》第一章、第二章；《选择卓越》第一章、第二章；《从优秀到卓越（社会机构版）》。）

先人后事（让合适的人上车）

缔造卓越企业和经久不衰企业的第 5 级经理人会先"选人"，后"做事"。他们先让合适的人上车（同时让不合适的人下车），然后才决定把车开向哪里。在面对混乱、动荡、颠覆和不确定性时，我们不可能准确预见下个转弯处等着我们的是什么，我们最好的"策略"就是拥有一车训练有素的人，无论发生什么，他们总能良好地适应并出色地表现。在先前研究的支持下，我们发现了"帕卡德定律"（这一命名出于我们对惠普公司的创始人戴维·帕卡德的敬慕之情）：没有哪家公司能在未招到适合人才的情况下仍保持收入增长，而且成为卓越公司。如果公司的收入增长速度持续快于人才的增长速度，公司不仅会陷入停滞，还会进一步陷入衰落。我们需要跟踪关注的首要衡量标准并不是企业的收入、利润、资本回报率或者现金流，而是企业中多少比例的关键位置被安排给了合适的人。所有的工作都要仰仗合适的人。（关联阅读：《从优秀到卓越》第三章；本书第二章。）

阶段2：训练有素的思想

合适的人一旦就位，接下来就是第二个阶段：训练有素的思想。第二阶段包含 3 个基本原则（如图 6-7 所示）：

- 拥护兼容并蓄的融合法
- 处理好"斯托克代尔悖论"
- 理解"刺猬理念"

从优秀到卓越的路径图

吉姆·柯林斯

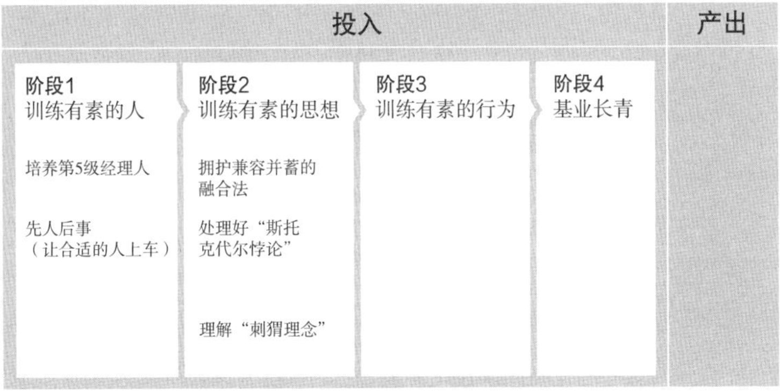

投入				产出
阶段1 训练有素的人	**阶段2** 训练有素的思想	**阶段3** 训练有素的行为	**阶段4** 基业长青	
培养第5级经理人 先人后事 （让合适的人上车）	拥护兼容并蓄的 融合法 处理好"斯托 克代尔悖论" 理解"刺猬理念"			

图 6-7

拥护兼容并蓄的融合法

对错分明的二分法是一种毫无纪律可言的思想。用菲茨杰拉德的话来说："一个人能同时保有全然相反的两种观念，还能正常行事，是第一流智慧的标志。"缔造卓越的人都是统一矛盾的好手。他们不会用非此即彼强迫自己。非此即彼迫使人们认为事物不是这样就是那样，二者不能兼容并蓄。与此相反，缔造卓越的人会用兼容并蓄的融合法解放自己。缺乏纪律的思想者会把每一次辩论逼入非此即彼的逻辑之下，他们眼中只有二元对立的、非此即彼的选择。训练有素的思想者会扩展对话，创造"兼容并蓄的融合法"式的出路。我们在研究中发现了很多成对儿出现的"兼容并蓄的融合法"式的组合，例如：

创造性和纪律性

创新和执行

谦逊和大胆

自由和责任

成本和质量

短期和长期

审慎和胆识

分析和行动

理想主义和实用主义

传承和变革

现实和梦想

价值观和结果

目标和利润

商业企业特别需要注意一点，我们的研究表明，高瞻远瞩的企业会摒弃这样一种思想：企业的唯一目的就是股东财富的最大化；高瞻远瞩的企业追求的核心理念是超越只知赚钱的使命感。它们不仅要赚钱，还要创造可观的财富。（关联阅读：《基业长青》第一章、第二章"插曲"部分、第三章、附录。）

处理好"斯托克代尔悖论"

我们的研究发现，第 5 级经理人重视"斯托克代尔悖论"式思想的传播。它的命名来自吉姆·斯托克代尔上将。斯托克代尔是在越南战争期间"河内希尔顿"战俘营关押过的美方最高指挥官。斯托克代尔在自己的领导才华中发挥了"兼容并蓄的融合法"的作用：你保持坚定的信念，无论遇到怎样的艰难困苦，都坚信自己必将坚持到最后的胜利，与此同时，你必须直面最残忍的现实，接受眼前的事实，无论它们是怎样一番模样。你必须相信自己能活着走出战俘营，和你爱的人重逢，同时你必须冷静地接受在这个圣诞节或下一个圣诞节，甚至在更遥远的圣诞节你都不会走出监狱的现实。千万不要落入领导者的常见陷阱，制造虚幻的希望，因为它很快就会被现实无情地击碎。但是，同样的道理，你不能向绝望屈膝投降，丧失自己终将获胜的信念。从创业之初到成就卓越，企业离不开斯托克代尔悖论的引领，企业也需要借助这个悖论从优秀走向卓越。当我们面对混乱与动荡时，它会为我们指引方向，帮助我们扭转衰退，重返成功。成功的企业需要斯托克代尔悖论，以持续不断地保持更新，做到长盛不衰。在树立愿景、确定战略之前，第5级经理人会面对残酷的现实。他们会营造一种氛围，让真理被人们听见。无法面对残酷的现实永远是灾难性衰退的前兆。（关联阅读：《从优秀到卓越》第四章。）

理解"刺猬理念"

古希腊一则寓言提到，狐狸知道很多事情，但是刺猬知道一件大事。著名哲学家以赛亚·伯林从这则寓言出发，提出了广为人知的论断。他把世上的思想者分为两大类：狐狸型和刺猬型。狐狸型思想者乐于拥抱世界固有的复杂性，追求多种想法，不会为一种单一的追求或组织思想放弃自己对多样性的偏爱。相比之下，刺猬型的思想者往往被简单性吸引。他们会用单一的组织思想指导自己的一切行动。我们的研究发现，卓越企业的缔造者往往更像刺猬，而不是狐狸。我们还发现，他们会在形成训练有素的决策过程中或隐或显地使用一种"刺猬理念"。这是一个简单、明确的概念，源于人们对三个主要方面交叉部分的深刻理解（如图 6-8 所示）：（1）你对什么充满热情；（2）你能在什么方面成为世界上最优秀的；（3）是什么驱动你的经济引擎。

刺猬理念还反映了另外一种纪律，它让我们直面自己并不热爱的事物、并不擅长的工作和无法驱动经济引擎的对象。如果在做出决策时保持与上述三个主要方面的一致性，做到训练有素，我们就会逐步产生前进的动能。这不仅包括我们要做什么，也包括我们不该做什么和不再做什么。（关联阅读：《从优秀到卓越》第五章、第六章、第七章；《从优秀到卓越（社会机构版）》。）

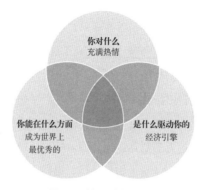

图 6-8　刺猬理念的三环图

阶段 3：训练有素的行为

我们会在第三阶段把训练有素的思想转化为训练有素的行为，积蓄前进的动能，实现突破，提升业绩。第三阶段包括三项基本原则（如图 6-9 所示）：

- 飞轮效应
- 日行 20 英里征程

● *先子弹，后炮弹*

从优秀到卓越的路径图

吉姆·柯林斯

投入				产出
阶段1 训练有素的人 培养第5级经理人 先人后事 （让合适的人上车）	**阶段2** 训练有素的思想 拥护兼容并蓄的融合法 处理好"斯托克代尔悖论" 理解"刺猬理念"	**阶段3** 训练有素的行为 飞轮效应 日行20英里征程 先子弹，后炮弹	**阶段4** 基业长青	

图 6-9

飞轮效应

我们的研究表明，企业在从优秀到卓越的转型中，没有单一起决定作用的创举，没有惊人的创新，没有幸运的突变，也没有奇迹的瞬间。相反，整个过程就像是在持续地推动一个巨大的、沉重的飞轮。你使劲地推动飞轮前进了 1 英寸，接着你继续推动飞轮，通过持续不断地努力，你的飞轮转动了完整的一圈；你不停地努力，飞轮转动得快了一些，2 圈……4 圈……8 圈……飞轮积累了动能……16 圈……32 圈……飞轮转得更快了……1 000 圈……1 万圈……10 万圈……终于，企业在某个时刻实现了突破！于是飞轮就以不可阻挡的势能持续向前转动着。一旦完全理解了如何在你所处的特定环境中应用飞轮效应，并将遵循飞轮转动规律与自我创新相结合，你就能获得战略增长的力量。当你做出一系列明智决策并对其精准执行时，你的每一次行动都能汇集上一轮飞轮运转的动力。（关联阅读：《从优秀到卓越》第八章；《飞轮效应》。）

日行 20 英里征程

必须用极致的纪律要求飞轮的每个组成部分，才能获得突破的动能。在《选择卓越》一书中，我和莫滕·汉森发现了一种特别强大的极致纪律原则：日行 20 英里。这项原则意味着，设定一个业绩标准并不懈地坚持执行下去。它就像徒步穿越一个地域广阔的国家，每天至少行进 20 英里。无论遇到什么样的天气，无论有多疲劳（或者精力充沛），也无论周遭的环境多么令人不适，你都要始终保持行进的步伐。在日行 20 英里时，你会问自己："我们需要准备什么——我们需要避免什么——才能成功地完成这 20 英里的征程？"我们的研究发现，外界环境越动荡，日行 20 英里的胜利果实越大。它是在无序中形成秩序，是在混乱中形成纪律，是在纷乱的不一致中形成一致。这里提到的一致是不间断的一致——意思是，你几乎不会中断征程。在我们的研究中，有些公司连续 40 多年完成"日行 20 英里"，没有一次失败。连贯一致的征程会产生绝佳的兼容并蓄的融合法：它会同时促进短期业绩的纪律性和长期建设。我们不仅要完成好这一轮征程，还要完成好后面每一轮征程，短则数年，长则数十年。（关联阅读：《选择卓越》第三章。）

先子弹，后炮弹

随着时间的推移，卓越的企业会依照"先子弹，后炮弹"的原则实现飞轮的更新和扩展。想象这样的情景：一艘敌船正在逼近，而你的火药有限。你把所有火药集中在一起，做成一枚大炮弹。"轰"的一声，炮弹出膛，掠过海面。它没有击中迎面而来的敌船，只激起了一道水柱。你翻遍了仓库，发现火药已经用光了，这下麻烦大了。另一种情况是，发现敌船来犯，你拿出一点儿火药做成子弹，先开一枪，偏离目标 40 度，再开一枪，这次偏离 30 度，第三枪只偏离了 10 度。第四枪"砰"的一声打中了对方的船身。有了前四枪的有效经验和已经校准的瞄准线，你把剩下的火药做成了一枚大炮弹，沿着瞄准线打了出去，一举击沉了敌船。我们的研究表明，带有瞄准线的炮弹代表的是超出预期的重大成果，而没有瞄准线的炮弹意味着灾难。实现创新规模化的能力——把微小的、经过实践检验的创意（子弹）变成巨大的成功（炮弹）——能带来飞轮动能的大爆发。"先子弹，后炮弹"是一项根本机制，它能扩大组织"刺猬理念"的范畴，把企业的飞轮延伸到全新的领域。（关联阅读：《从优秀到卓越》第四章；《飞轮效应》。）

阶段 4：基业长青

如果出色地完成了第一阶段到第三阶段的所有原则，你就极有可能创建一家非常成功的企业。第四阶段讲述的是如何打造基业长青的企业，它包括三项关键原则（如图 6-10 所示）：

从优秀到卓越的路径图

吉姆·柯林斯

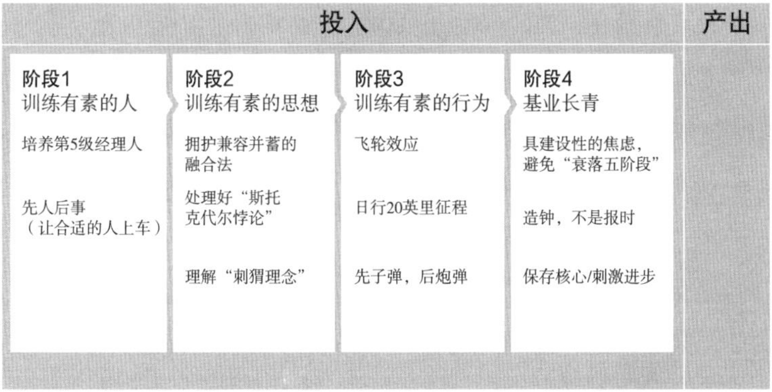

投入				产出
阶段1 训练有素的人	**阶段2** 训练有素的思想	**阶段3** 训练有素的行为	**阶段4** 基业长青	
培养第5级经理人	拥护兼容并蓄的融合法	飞轮效应	具建设性的焦虑，避免"衰落五阶段"	
先人后事 （让合适的人上车）	处理好"斯托克代尔悖论"	日行20英里征程	造钟，不是报时	
	理解"刺猬理念"	先子弹，后炮弹	保存核心/刺激进步	

图 6-10

- 具建设性的焦虑，避免"衰落五阶段"
- 造钟，不是报时

具建设性的焦虑，避免"衰落五阶段"

基业长青的第一步是活下来。只有从错误中活下来，你才有可能从错误中学习。面对衰落，每家企业都是脆弱不堪的。自然法则并没有规定，最成功的企业一定会保持在顶端。任何一家企业都可能衰落，大多数企业最终都会衰落。与不太成功的领导者相比，卓越企业缔造者的特别之处在于，他们能在企业处于高峰和低谷时始终保持高度的警觉。那些能够驾驭动荡、避免衰落的领导者认为，形势可能会发生意想不到的、剧烈且迅速的变化。他们会执着地追问："如果……会……？假如……该……？万一……要……？"无论是顺境还是逆境，他们都会居安思危，未雨绸缪。他们会提前做好准备，建立储备，预留安全空间，限制风险，砥砺纪律。这样一来，他们可以有力、灵活而从容地处理动荡的局面。"具建设性的焦虑"有利于防止组织跌入"衰落五阶段"（如图 6-11 所示）。这五个阶段包括：（1）狂妄自大；（2）盲目扩张；（3）漠视危机；（4）寻找救命稻草；（5）被人遗忘或濒临死亡。这五个阶段会阻碍飞轮转运并摧毁一个组织。

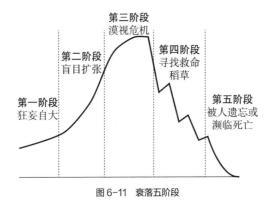

图 6-11　衰落五阶段

我们的研究发现，从外部看，经历前三个衰落阶段的企业看上去仍然很强大——常常是正在经历创纪录的销售和快速增长，但是这些企业的内部已经生病了。企业越成功，越需要"具建设性的焦虑"。（关联阅读：《选择卓越》第五章；《再造卓越》。）

造钟，不是报时

做个魅力型、远见型的领导者。"1个天才加1 000个助手"的领导是报时，所有决定都要由他一人做出；而打造一种文化，使之超越任何单一领导者所带来的繁荣，是造钟。寻求单一的伟大创意，在此基础上实现成功是报时；建立一个组织，使之能产生无数的伟大创意，这是造钟。我们的研究表明，长盛不衰的卓越企业的缔造者会完成从报时到造钟的转变。选择造钟的人会创造高度可复制的方法，推出广泛的培训项目，为领导力的发展搭建管道，通过明确清晰的机制加强企业的核心价值观。首先，他们会让合适的人上车，随后，他们会集中力量管理制度，而不是人。对真正的造钟者来说，组织的卓越不仅体现在一位领导者的任期之内，而且体现在下一任领导者对飞轮动能的进一步提升上，只有到这个时候，成功才算真正到来。打个比方，我们可以把《美利坚合众国宪法》的编写视为一种极高水平的造钟行为。它让这个新生的国家长盛不衰，国运远远长于赢得独立战争那一代人的勇气和天赋。同样，创办一家初创企业很像美国赢得独立战争，而一家基业长青的企业的建立更像是编写《美利坚合众国宪法》。（关联阅读：《基业长青》第二章；《选择卓越》第六章。）

保存核心/刺激进步

如果做到了上述所有原则，你就有可能建成一家成功的、长盛不衰的企业。但是，更高的标准依然存在：建成一家标志性的、高瞻远瞩的组织。我们的研究揭示了一种潜在的二元性，它体现在高瞻远瞩、保持卓越的企业、组织和机构中，它们都在践行一种特别有力的兼容并蓄的融合法：保存核心和刺激进步。我们可以用道家哲学中的阴阳太极图来表示它（如图6-12所示）。它的一边是"保存核心"，另一边是"刺激进步"。为了保存核心，高瞻远瞩的组织建立了一整套恒久的核心价值观和目标（它们是组织存在的原因），它们不会随着时间的推移而改变。同时，为了刺激进步，它们拥有不屈不挠的前进动力——变革、改进、创新、再造。历久弥新的卓越组织都懂得核心价值观（几乎永远不变）与运营策略和文化实践（不断适应变化的世界）之间的区别。

我们的研究还指出，高瞻远瞩的企业常常会用胆大包天的目标刺激进步。我们的核心使命就像天空中指引方向的明星。它永远高挂在地平线上，一直指引我们向前。另一方面，胆大包天的目标就像脚下的高山，是我们终将实现的目标。当面对一座高山时，我们的注意力和精力都集中在眼前的攀登上。但是，一旦登上山顶，我们就应该把目光再次聚焦于那颗指路明星（我们的目标），然后选好下一座高山（另一项胆大包天的目标）。当然，我们会在整个征途中始终忠于自己的核心价值观。（关联阅读：《基业长青》第四章、第五章、第十章；《从优秀到卓越》第九章；本书"愿景"部分。）

图6-12

10 倍速公司——运气回报

最后还有一项投入，它能放大同一框架中其他的所有原则，那就是运气回报原则（如图 6-13 所示）。在我们的整个研究中，有一个问题始终困扰着我，那就是运气发挥着怎样的作用？我们的研究表明，总体而言，卓越的企业并不比其他企业更幸运——它们的好运气不比别人多，坏运气也不比别人少，它们的运气峰值并不比别人高，红运当头的时机也不比别人多。但是，它们的运气回报高于其他企业，它们能从运气中收获更多。关键问题并不是"我们能不能交上好运"，而是"运气到来时，我们要利用它来做什么"。如果能从好运中获得更高的回报，我们就能为飞轮增加更大的动能。但是，如果我们没有准备好，不能从好运气中获得高回报，它就会拖慢飞轮，甚至对飞轮造成威胁。大约 50% 的卓越领导力体现在如何应对意想不到的事件上。

从优秀到卓越的路径图

吉姆·柯林斯

投入				产出
阶段1 训练有素的人	**阶段2** 训练有素的思想	**阶段3** 训练有素的行为	**阶段4** 基业长青	
培养第5级经理人	拥护兼容并蓄的融合法	飞轮效应	具建设性的焦虑，避免"衰落五阶段"	
先人后事 （让合适的人上车）	处理好"斯托克代尔悖论"	日行20英里征程	造钟，不是报时	
	理解"刺猬理念"	先子弹，后炮弹	保存核心/刺激进步	
10倍速公司获得更高的运气回报				

图 6-13

综观路径图的每一项原则，运气回报也许是我最喜爱的一个。一旦你明白了运气可以被精准地定义为一种离散事件，你就能随处可见运气事件。（再次强调，前面的章节提到过，"运气事件"需要满足三个条件：第一，事件不是你引发的；第二，事件具有潜在的重大结果（好的或坏的）；第三，事件具有不可预测的要素。）任何不能解释、不可预测、不可预见事件的框架都是不完整的，在努力解决运气问题之前，它无法带给我们智识上的满足。运气回报的概念帮助我们认清了一个不可否认的事实，即运气会（大量）出现。但是，我们也认识到一个至关重要的道理，即运气本身是无法带来卓越的。灾难性的厄运可能会扼杀一家潜在的卓越企业，然而好运无法让一家企业变得卓越。运气无法带来持久的卓越，只有人可以。（关联阅读：《选择卓越》第七章；本书"运气总是偏爱坚持的人"部分。）

卓越的标准

前文阐述的多项原则属于建设卓越企业的投入部分，那么，定义卓越企业的产出是什么？卓越的标准是什么？它必须满足三个要求（如图 6-14 所示）：（1）一流的业绩；（2）卓尔不群的影响力；（3）长久发展。

从优秀到卓越的路径图

吉姆·柯林斯

投入				产出
阶段1 训练有素的人	**阶段2** 训练有素的思想	**阶段3** 训练有素的行为	**阶段4** 基业长青	
培养第5级经理人	拥护兼容并蓄的融合法	飞轮效应	具建设性的焦虑，避免"衰落五阶段"	一流的业绩
先人后事 （让合适的人上车）	处理好"斯托克代尔悖论"	日行20英里征程	造钟，不是报时	卓尔不群的影响力
	理解"刺猬理念"	先子弹，后炮弹	保存核心/刺激进步	长久发展
10倍速公司获得更高的运气回报				

图 6-14

一流的业绩

在商业领域里，业绩是通过财务结果——投入资本收益率——和企业目标的达成定义的。在社会事业中，业绩是由实现社会使命的结果和效率来定义的。无论身在商业领域还是社会事业领域，我们都必须达到一流的结果。打个比方，如果你是一支运动队，你必须赢得冠军；如果无法在自己选定的领域里找到获胜的方法，你就不会被认为是真正卓越的人。

卓尔不群的影响力

真正卓越的企业会为其所触及的各个领域做出独一无二的贡献，它会在工作中表现出完全彻底的卓越，假如它不再存在，它就可能留下一个巨大的缺口，这个世界上的任何其他机构都无法轻易填补这个缺口。如果你的公司不再存在了，谁会想念它？为什么？这不一定需要你的企业有多大，想想那些小而美的本地餐馆，如果它们不在了，人们一定会很怀念它们。庞大不等于卓越，卓越也不等于庞大。

长久发展

真正卓越的组织会在很长一段时间内保持繁荣，它足以超越任何一种伟大的创意、市场良机、技术周期或资金充足的项目。当遭遇挫折时，它会想方设法地复原，变得比之前更强大。卓越企业会超越对任何一位非凡领导者的依赖，如果你的企业离开了你就不再卓越，它就还没有做到真正的卓越。

卓越的下一步

我们的整个研究就像审视一枚硬币的两个面。一方面，我们研究的是那些发展壮大并持续了几十年的卓越企业。另一方面，我们研究了未能实现卓越，或者从卓越中跌落的企业。路径图是在审视这两面之后被完成的。我们由此知道，走向卓越的道路是一条羊肠小道，我们随时有可能被灾难性的衰退和失败打倒。

2008年，《财富》杂志委托我为当年的500强专刊撰写主题文章。在准备文章的过程中，我请编辑们帮忙收集一些基础数据。以下是一些发人深省的事实。在1955年首次上榜的500强企业中，只有15%还留在2008年的榜单上。（1955年的榜单只包括工业企业，2008年的榜单还包括服务业企业。）自该榜单设立以来，已有近2 000家企业上榜。它们中的大多数早已不复存在，包括曾经显赫一时的企业。在这2 000家企业中，很多家丢掉了独立经营权，还有一些干脆关门大吉。无论是哪种结局，一个不争的残酷事实是，绝大多数企业都没有成为卓越企业。

但是，也有一个充满希望的故事。企业能在数十年里保持卓越，即使能做到这一点的企业寥寥无几。这意味着，你永远不可能到达路径图的尽头。你的旅程永远不会结束。训练有素的人拥有训练有素的思想，做出训练有素的行为，都是没有止境的。保持企业的更新，实现基业长青，也是没有尽头的。居安思危，发挥好运的作用，收获比别人更高的运气回报，同样是无止境的。总而言之，卓越是一种内在的动态过程，而不是终点。

路径图当然无法保证卓越。但是，那些坚持其中的各项原则的人——而且是乐在其中的人——比那些做不到这些原则的人更有可能建成长盛不衰的卓越企业。在这个过程中——也许更多是作为一种副产品而不是目标——他们很可能找到了一种日常的快乐。这种快乐来自有意义的工作，来自和他们真正喜爱和信任的人一起做有意义的工作。人们很难找到比这更幸福的生活了。

第七章

战略

战略很简单，但战术——日复一日、

月复一月的经营管理中必不可少的决策——很难。

——阿瑟·洛克

"战略"这个词听上去很沉重，充满了学术意味，很科学，还有些沉闷。

这个重要的词语意味着，要成为战略家，我们需要纯数学家的才智和象棋大师的技巧。价格不菲的战略咨询师要我们相信，只有毕业于一流研究生院的前 5% 的学生才能成为战略思维大师。我们可以做这样的想象：经济理论专家坐在一栋高层建筑 45 层的办公室里眺望世界，并运用决策科学的神秘严谨来制定战略，以他们的才智让世人眼花缭乱、神魂颠倒。

好吧，我坐过 45 层的办公室，我可以向你保证，这一切关于战略的想象都是假的。

我想说的并不是战略不重要，它极其重要。我也不是说战略咨询师没有帮助，他们的独立客观性很有用。

战略并不难。制定战略也不是一项复杂或纯科学的工作。

本章的目标是揭开笼罩在战略之上的神秘面纱，提出制定战略的方法。此外，我们还会解决四项至关重要的战略问题。它们都是中小型企业普遍面对的共性问题：

- 应以多快的速度发展
- 集中火力 vs 多点开花
- 要不要上市
- 做市场领跑者还是跟随者

战略概览

战略是企业为了实现当前使命而采用的基本方法。"这就是我们完成公司使命的方式。"简言之，这就是战略。它毫无神秘感可言，也不是多么复杂的概念。

好的战略并不是笨重浮夸的计划，动辄耗费战略规划部门半年时间来编写，详尽无遗地列出公司的每一步行动。经营企业和生活一样，它们都是无法被完全计划的，也不应该被计划，因为不确定因素和不可预料的机会太多了。更好的办法是遵循一种简单明确、深思熟虑的方法来实现你的使命——一个为个人的创造力、机会、变化的条件、试验和创新留出足够空间的方法。

制定有效战略的四项基本原则

在制定企业战略时，应该牢记下面四项基本原则。

1. 战略必须直接从你的愿景出发。切记一点，如果还没有清晰透彻地想好你要做什么，那就不可能有战略。一定是先有愿景，后有战略！

2. 战略要发挥企业的优势和特性。要做你擅长的事。

3. 战略必须切合实际。因此，它必须全面考虑内部限制条件和各种外界因素。要直面现实，即使它并不令人愉快。

4.战略的制定需要一线人员的参与，他们是真正落实战略的人。

制定有效战略的步骤

制定战略包括以下几个基本步骤。

第一步，回顾企业的愿景。如果还没有明确的愿景，你就应当及早建立。特别是，要确保当前的使命是清晰明确的。正如我们在第四章中提到的，使命（即愿景的第三个组成部分，前两个是核心价值观和信念、目标）就像我们脚下正在攀登的高山。

第二步，针对企业的各项能力进行内部评估。就像探险队检查自己的各种能力和资源。

第三步，针对环境、市场、竞争对手和趋势进行外部评估。这类似于研究山势地形图、天气预报，评估对登山可能有帮助的技术新趋势，留心那些一心想在你之前登顶的对手。

第四步，全盘考虑内外部评估结果，对如何完成当前任务的想法做出关键决策。这类似于规划路线：要从山的哪一侧攀爬，走哪一条路。

把战略决策分解为关键业务组成部分后，我们发现下面的分类法很有用：

● 产品（或服务），包括产品线战略和生产战略（或服务交付战略）

● 客户（或细分市场），包括你服务的客户是谁，你打算如何服务这些客户

● 现金流（财务战略）

● 人员和组织

● 基础设施

内部评估

内部评估包括三个组成部分：

- 优势与劣势
- 资源
- 创新与新想法

图 7-1 为愿景、战略、战术示意图。

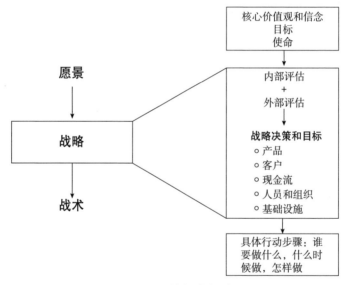

图 7-1　愿景、战略、战术示意图

优势和劣势

首先，你需要对公司真正擅长的工作及其盲点做出清晰的评价。切记，战略应当充分发挥你的优势。

为了客观地了解你的优势和劣势，我们建议挑选一部分员工和管理人员，请他们列出公司最主要的三个优势和三个劣势。可以考虑采取不记名的方式，这样能更好地确保人们坦率直言。

对这个问题来说，外部意见也很有价值。可以咨询可靠的顾问、投资者和董事会成员，看看在他们眼中你的优势和劣势是什么。你甚至可以找几位关键客户，问问他们的意见（这样做还可以拉近你与客户的关系）。

一个特别有用的问题是："与其他公司相比，我们哪里做得更好？是什么独特能力为我们带来了竞争优势？"战略管理文献用一个晦涩的术语（"独特能力"）来表述这个问题。实际上，这个想法非常简单，也非常重要。简言之，聪明的企业会坚定地发挥自己的优势。

长跑运动员为什么要参加 100 米短跑？足球后卫为什么要尝试成为滑冰冠军？以工程技术见长的企业为什么要和别人较量营销技能？擅长设计高端、精美产品的企业为什么要进军低价大宗商品市场？沃尔玛为什么要和诺德斯特龙正面竞争？

这并不意味着你不该彻底根除拖后腿的劣势。任何一家卓越企业都在持续不断地克服弱点，寻求提升。你的基本战略应该是发挥你的优势，做你擅长的事。

资源

接下来，你需要对你的资源有一个清晰的了解。你需要考虑的具体资源类别可能包括：现金流、获得外部资本的机会、稀缺原材料、生产能力和人员等。

创新与新想法

市场可以通过需求塑造一家企业，同样，企业也可以通过创新塑造市场。尽管如此，创新依然是制定战略时最容易被忽视的一个方面。

确保企业对内部的创新成果做出积极反应。注意产品开发、研发、设计和营销过程中涌现出的创新和新想法，列出所有可能实现的创新。预估创新可能被推向市场的速度，完成其研发所需的资源水平，以及所需的市场营销水平。

你不能因为新想法和创新不在计划之内，就简单粗暴地扼杀它们，这一点必须引以为戒。事实上，大多数伟大的创意都不是计划好的。如果只生产提前5年计划好的产品，你就不可能制造出任何突破性的产品。

创新是卓越企业的重要组成部分，我们会在第八章讨论它。不仅如此，创新还会对战略选择产生巨大影响。

举例来说，一战刚刚爆发时，坦克并不在协约国的战略之内。到了一战后期，坦克的发明改写了协约国军队的战略。这并不是因为将军们提出："我们的战略需要一辆坦克，快去造一辆出来。"不是这样的。英国陆军部的"臭鼬工厂"发明了坦克并演示给将军们看，于是将军们说："嗨！我们应该改变战略，把这个东西用起来。"

同样的现象也发生在企业里。惠普进入便携式计算器市场就是一个例子，此外还有耐克的"袜子鞋"产品战略、英特尔进入计算机附加板市场，以及3M公司开发的几百种产品策略。创新应该能够影响战略，就像战略应该激发创新一样。在卓越的企业中，创新和战略是密不可分的。

外部评估

外部评估包括以下7个组成部分：

- 产业 / 市场趋势
- 技术趋势
- 竞争对手评估
- 社会和监管环境

- 宏观经济及人口统计特征
- 国际机会及威胁
- 总体机会及威胁

产业 / 市场趋势

快速浏览一下你所在的行业，回答下面的问题。

- 你们的市场是如何细分的？你们的产品线属于哪些细分市场？
- 大致来说，你们现有的产品线和计划内的未来产品的细分市场有多大？
- 你的产品（服务）的细分市场是增长的、稳定的还是萎缩的？速度有多快？为什么？
- 你所在行业的主导趋势是什么？这些趋势背后的潜在力量是什么？
- 最重要的是客户的意见。需求不断发展，你的企业应该如何更好地满足客户需求？这些需求是如何变化的？听听客户的意见。客户的直接反馈是制定战略必不可少的关键一环。要定期直接从客户那里获取信息。他们会告诉你们市场上正在发生什么，因为他们就是市场。他们还会带来竞争对手的情况。每年至少做一次客户调查，把它作为制定战略不可分割的组成部分。这才是明智的做法。
- 你所处的行业正处于什么阶段？行业在接下来的 5 年里会发生怎样的变化？图 7-2"行业演进阶段"可以为这一分析提供背景。（该图的不同版本在战略管理和市场营销文献中很常见。更详细的版本可以参考迈克尔·波特的《竞争战略》。）

  注：对行业演进阶段的分析可以成为一个非常有用的工具，但是

不能因此认定，所有行业都以相同的方式演进。详见本章末尾的"关于行业演进分析的警告"。

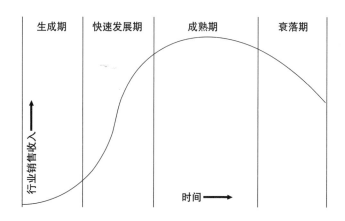

生成期	快速发展期	成熟期	衰落期
创新的早期使用者作为关键客户	早期使用者影响了更广泛、更传统的客户群体（追随早期使用者）	大众市场	成熟的客户
对价格不敏感的客户		价格下降	低/下降的价格和利润
高价格	较高的价格、极高的利润；高营销成本，但占销售额的百分比低	较低的利润率	行业产能过剩
高利润		市场细分	转向专门渠道
		生产线扩张	
高营销成本；需要"教育"群众	大规模分销渠道开放	广告和服务变得更加重要	回归更短的生产周期；更高的成本
专门的销售渠道	竞争者纷纷涌入正在形成的销售渠道，占据一席之地	持续进入大规模分销渠道	竞争对手减少
生产过程较短、成本较高		分销渠道减少渠道数量	产品滞销
早期进入者快速取得市场份额	先驱企业与早期追随企业争夺市场份额，后者往往能取代前者	更长的生产过程；单位成本下降	能否借助一个重大创新在一个理想的时间重振一个行业
竞争对手很少		部分企业确立主导地位	
许多产品设计；没有标准	竞争对手众多	竞争对手洗牌	
	营销成为更重要的技能	更少的产品差异化、标准化；更少的产品变化	
	产品快速改进		

图7-2　行业演进阶段

技术趋势

所有行业的发展都会涉及技术因素，即使是"低技术"行业也不例外，或者体现在产品上，或者体现在过程中。每个行业都会或多或少受到技术变革的影响。以银行业为例，一直以来，人们从未把银行业归入"高技术"行业，但是计算机技术的发展依然极大地改变了银行业的面貌。仅就后台处理而言，迅速掌握计算机技术的银行占足了关键战略优势。在客户服务方面，ATM（自动取款机）也成了银行服务必不可少的标准配置。

审视你所在行业的技术发展趋势，认清你应该如何最好地利用这些趋势，为自己带来竞争优势。关键问题不是技术趋势是否会影响你所在的行业，而是如何影响。

竞争对手评估

永远不要低估你的竞争对手。在制定战略时，最严重的错误之一就是忽视竞争对手，或者更糟糕的是蔑视竞争对手。

- 你目前的竞争对手是谁？
- 潜在的竞争对手有哪些？
- 他们具有哪些优势和劣势？
- 你预计竞争对手将在市场上采取什么行动？他们的愿景和战略是什么？
- 与竞争对手相比，你的优势、劣势和产品线如何？对方的弱点在哪里？你的弱点在哪里？
- 与竞争对手相比，你是否具备明确的、差异化的定位？它是什么？

获取竞争对手的信息并不难。你可以订阅竞争对手的新闻通讯、出版物和宣传材料。参加展会。听取销售团队和供应商的信息。倾听客户的意见。咨询始终紧跟技术发展的技术团队的看法。阅读商业及行业期刊上关于你所在行业和／或竞争对手的文章。阅读竞争对手所在城市的报纸的商业版面。

要谨慎对待获取竞争对手信息的方式。迫于压力，有些人可能会禁不住诱惑，隐瞒身份，帮助你获取你的竞争对手的情报。这种情况经常发生在外部顾问身上，他们冒充学生正在做"相关行业的调查作业"，或者打电话给你的竞争对手，谎称他们正在"进行一项内部审计"。这样的做法有两大问题：第一，这是一种有违道德的行为；第二，这会让你很容易被起诉。

举例来说，20 世纪 80 年代初，一家著名的战略咨询公司和它的一个客户被起诉，并且输掉了官司。事件的起因是，这家咨询公司的一位年轻研究员打电话到竞争对手的工厂，谎称自己是总部财务人员，取得了竞争对手保密的成本信息。

社会和监管环境

每家企业都是作为整个社会不可分割的一部分而存在的，并受到各种社会、监管和政治力量强有力的影响。要了解这些因素，评估它们对公司的潜在影响。敏锐地预测政府的举措和监管机构的政策，这可能给你带来巨大的机会。反过来说，漠视这些因素可能造成灾难性的后果。

宏观经济及人口统计特征

考察宏观经济环境，评估整体经济情况对企业可能产生的影响。

要特别留意人口统计趋势。人口结构变化可能会极大地影响整个行业。举例来说，美国的"婴儿潮"（指美国出生率在 1945 年至 1960 年急剧增长）为很多行业带来了深远影响，这种影响至少持续到 2020 年之前。这只是众多人口因素的冰山一角。

耕耘美国市场的企业都应该订阅《美国人口统计学》杂志，它非常有用。我们还建议参考和阅读每年的《美国统计摘要》，以获取人口趋势的整体认知。

国际机会及威胁

即使尚未进军国际市场，你也要把国际因素纳入战略思考的范畴。国际战略关系到所有企业，无论规模如何，你都有可能被某些力量推上国际舞台。拥有卓越产品的小型企业常常收到外国分销商、零售商、中间商和潜在客户的要约。

戴维·伯奇做过一项非常有趣又出人意料的研究。在分析了3.4万家出口企业的数据后，他发现，员工数量在50到100人的企业实际上比规模更大的企业更有可能从事出口业务。

在制定战略时，假定你已经身处国际舞台，这是一种很现实的可能性。我们甚至可能与国际市场机会不期而遇。你的愿景可能完全没有考虑国际市场，但是，即使已经决定专注于国内市场，你也应该明确地把国际化作为公司战略的一部分。

即使已经决定不参与其他国家市场的竞争，你的主要竞争对手至少也会有一家来自国外。纯粹经营国内市场的日子早已一去不复返了，你对竞争对手的分析应该包括对国际形势的密切关注。

总体机会及威胁

在筹备战略研讨会期间，请选出一些员工、管理者和客观的外部人士，请他们列出公司面临的三个最重要的外部机会和三种最严重的外部威胁。这种方法快速高效，可以迅速获取人们的看法，作为外部评估的基本意见。

在内部及外部评估的整个过程中，要尽可能保证你看到的是事实，这一点至关重要——要保证你看到的是事物的真实样貌，而不是你希望看到的样子。

卓越企业的一大特点就是，其领导者和管理者愿意不懈地追求真相，无论真相带来的是好消息还是坏消息。但是，我们很遗憾地发现，大多数企业的行为刚好与此相反，这样的情况太普遍了。

我们中的一个（吉姆·柯林斯）在职业生涯的早期曾为一位非常胆小的经理工作过。产品即将上市，可是他不敢把产品存在的问题告诉上司。这位经理告诫吉姆："高层管理者不想听到坏消息，我们只能说他们想听的和让他们高兴的。如果不小心说了实话，别人就会认为你是个态度消极的人。"

这种做法的风险在于，事实终将以一种让人啼笑皆非的方式露出自己的真面目。纸包不住火，这样只会让你反受其害。在这个例子中，产品的问题一开始确实没有显露出来，但是上市后这个问题被彻底暴露了。如果这家公司能在产品上市前积极面对并纠正问题，那么一场数百万美元的灾难本来是可以避免的。

（顺便说一句，吉姆没有听那位经理的话。他向公司高层提出了这个问题。结果，吉姆发现那位经理说得很对：公司高层真的听不进实话。他们自顾自地奋力推出一款注定失败的产品。）

令人遗憾的是，这样的故事并不是孤例。我们大多数人都很熟悉这样的情景：人们不愿或者不敢说出令人不快的真相。很多时候，我们无法责怪他们。太多企业都有一条不成文的规则：即使事实如此，我们也不想见到任何消极的东西；我们喜欢一片大好的太平景象。

罔顾事实、巧言推卸和掩耳盗铃都无法改变现实，这些做法只会招灾惹祸。

为了说明这一点，我们想引用世界史上一个生动的例子。二战爆发前的 10 年，20 世纪 30 年代，英国、美国和法国政府面临着一连串令人不快的事实。它们排山倒海般涌来，压得人喘不过气来：德国罔顾《凡尔赛和约》，建立了自己的军队；德军开进莱茵兰地区；希特勒下令征兵；德国侵吞奥地利和捷克斯洛伐克。

然而，让人难以置信的是，这些行动没有引发任何反应。希特勒正在谋划一场大战，而协约国的领袖们对此置若罔闻。他们根本不想看到令人不快的事实（更不要提这些事实在政治舞台上是多么不受欢迎了）。于是，他们选择了不闻不问，好像这一切根本没发生一样。

温斯顿·丘吉尔在他的著作《风云紧急》中描述了当时的英国首相张伯伦（任期从 1937 年到 1940 年）是如何自欺欺人的：

他一心想成为伟大的和平缔造者，名垂青史。为此，他不断地选择对事实视而不见。我苦苦恳求英国政府，希望它能正视这些残酷的事实。如果我们能在这些事实刚刚出现时果断采取行动，这场战争本来是可以避免的，也不会有流血牺牲。

然而，这些"残酷的事实"一直未受到重视，直到后来一切都太晚了，一场毁灭性的战争席卷了整个欧洲。

世界历史上的教训是否适用于制定企业战略？当然适用。无论是领导一个国家还是管理一家企业，道理都是一样的：罔顾事实只能是搬起石头砸自己的脚。一定要防止这样的情况发生在你的企业里，这一点极其重要。

你可以做很多事以确保你不会罔顾事实。

第一，要让你的周围充满敢于说实话的人。这么说可能有些奇怪，但这一点真的没那么容易做到。一方面，大多数人都知道，说真话在政治上是一种危险的做法。很多人像前文提到的那位经理一样，对政治后果怀有极深的恐惧感。

你至少要让身边有几位不害怕你、不需要为政治挂怀的人。这正是客观的外部人士（咨询顾问和独立董事）的价值所在，他们能做到超然物外，冷静客观。你也需要诚实的内部人士——那些非常诚实直率的人，和他们在一起你甚至会觉得很不舒服。其实，你不需要喜欢他们，只需要认真倾听他们的意见。

丘吉尔深谙这一道理，他甚至为此成立了一个独立的部门。这个部门只有一项任务：关注迫在眉睫的事实，发现赤裸裸的真相，向丘吉尔汇报。卓越企业的领导者会毫不犹豫地奖赏这样的人，小托马斯·沃森这样形容他们："敏锐、生硬、严厉、近乎讨厌，他们总能看清事情的真相，并且直言不讳地说出来。"

第二，要深入现实，了解实际情况。不要仅仅依靠报告或季度总结，以及其他正式汇报的方法获取信息。使用你公司的产品。直接听取各级员工的意见。与客户交谈。阅读自家产品的消费者报告。亲自回复客户的投诉。简言之，你要尽你所能了解真实情况。

第三，永远不要惩罚敢于讲真话的人。我们都知道彼得大帝的故事：信使带来了战败的消息，彼得大帝处死了信使。

没有人愿意看见不愉快和令人失望的现实。至少在某种程度上，我们所有人都喜欢透过玫瑰色的眼镜看世界。但这不能成为惩罚实话实说者的借口，必须坚决抵制这种倾向。在人们提出问题，或者指出令人不快的事实时，不要批评责怪他们，也不要把他们当成态度消极的人。要感谢他们。

这里的重点并不是你的企业应当容许无端的牢骚、冷嘲热讽和彻底的绝望。我们没有时间干这种无聊的事。关键是，只有在不逃避现实的情况下，你才能做出行之有效的战略决策，无论现实多么令人不快。

战略的精义

自创作本书起，我始终在反思战略问题。立足于我们对卓越企业成功之道的研究，感谢博尔德管理实验室的合作组织，得益于伟大的军事领袖和思想家的教诲，我逐渐认识到，良好的战略思维（一旦你有了清晰的愿景）可以归结为对三个关键问题的回答。我们对这三个问题的回答必须是深刻的、经过实践检验的。

1. *最大的赌注下在哪里？*
2. *如何确保侧翼安全？*
3. *如何持续发挥优势？*

最大的赌注下在哪里？

战略的思想基础可以追溯到历史上最伟大的军事思想家。克劳塞维茨和他的《战争论》对整个战略思维领域的影响可谓至深至远。克劳塞维茨明确提出集中优势力量攻克冲突中心（它的胜利会极大地影响军事上的胜利和国家目标的实现）这一观点。克劳塞维茨写道："集中兵力是最简单的战略，也是最高的战略。"（旁注：如果你对此感兴趣，希望进一步了解包括克劳塞维茨著作在内的军事战略史，那么我推荐你学习美国海军战争学院安德鲁·威尔逊教授在大学教育课程制作公司 Teaching Company 录制的一门课程"战争大师：历史上最伟大的战略思想家"。我还推荐你读一下西点军校退休教授迈克尔·亨内利的相关论文。亨内利教授对将军事战略转化为商业领域的战略进行了广泛思考。）

当然，我们对此要慎之又慎，不应原封不动地把军事战略整体移植到商业战略中。在军事领域，战略的制定是为了摧毁敌人，在明确的国家/政治目标的指引下，在具体情境中迫使敌人投降。而在商业领域，战略的制定是为了在明确的企业愿景之下创造价值，从而赢得客户，让客户的生活变得更美好。话虽如此，军事战略核心思想——集中力量，出色地抓住最佳机会，实现超出预期的成果——与卓越的战略成果直接而紧密地联系在一起。

我们研究过的每一家卓越企业都在其历史上的关键时刻进行过一些极其优异、高度集中的豪赌。纽柯本来是一家濒临破产的钢铁企业，业务五花八门，毫无关联。由于对小型炼钢厂的大手笔投入，纽柯实现了从优秀到卓越的跨越，跻身全美最赚钱的钢铁企业之列。微软在 Windows 操作系统上押下重注，这让它从一家小型计算机语言初创企业跃升为全球最成功的软件企业之一。华特·迪士尼先是豪赌动画电影，后来又在迪士尼乐园项目上孤注一掷，这让迪士尼从一家小型动画公司转型成为大型娱乐集团。克罗格公司豪赌大型超市，而它的主要竞争对手 A&P 放弃了大型超市，从而进入漫长的衰落期，最终被淘汰出局。苹果公司的历史就是一连串的豪赌，从 Apple Ⅱ（第二代苹果电脑）到 Mac，再到后来的 iPhone 和 iPad。成立之初的安进公司利用基因重组技术尝试过很多创意，随后豪赌 EPO 并取得重大突破，这帮助安进公司跃升为全球首批实现从优秀到卓越的跨越的生物科技企业。西南航空豪赌的是将低成本简单运营模式与充满关爱的企业文化结合起来，这给那些从未坐过飞机的人带来了空中旅行的自由。依靠这次豪赌，西南航空从一家只有 3 架飞机、资金短缺的初创企业摇身一变，成了美国持续盈利能力最强的航空公司之一。

当然，你需要做出优质的豪赌。糟糕的豪赌可能会损害一家非常成功的企业，甚至会使其崩溃。那么，优质的豪赌与糟糕的豪赌之间的区别是什么？是经验验证。这正是《从优秀到卓越》一书中"先子弹，后炮弹"这一原则的要义所在。

罗伯特·诺伊斯和戈登·摩尔从仙童半导体公司辞职，创办了半导体芯片公司英特尔，它当时并不是唯一的一家，在新兴的硅谷，同时成立的半导体企业有十几家。诺伊斯和摩尔没有具体的产品，但他们已经通过经验验证了"摩尔定律"。摩尔算出，以不变的最低成本计算，集成电路上可容纳的晶体管数目每隔18个月就会翻一番。他们决定把自己的新公司押在这项不可阻挡的、呈几何级数增长的突破上。

接下来，诺伊斯和摩尔必须在一条特定的产品线上来一场豪赌。选择哪条产品线？他们把自己有限的火药分成三份，做成三颗子弹，也就是三种不同的存储芯片的设计方法。莱斯利·柏林在她的著作《微型芯片业的幕后巨人》（*The Man Behind the Microchip*）中详细指出，诺伊斯和摩尔无法确定哪种设计方法值得下重注，他们不得不把这三种方法都尝试一遍。安迪·格鲁夫和魏德升领导的团队追求使用 MOS（金属氧化物硅）技术构建的存储芯片。他们的第二款基于这项技术的芯片 1103 为英特尔带来了突破：它是首款价格可以与传统芯式存储器价格相抗衡的半导体存储器。紧接着，当时规模尚小的英特尔决定豪赌一把，把剩余的火药做成炮弹，押在 1103 芯片及其后续型号上。结果，1103 成了全球最畅销的存储芯片，它的后续系列产品为英特尔的突破打下基础，帮助它从一家挣扎在生存边缘的初创企业一跃成为一家成功的企业。如果没有先发射几颗子弹，探明正确的方向，英特尔很有可能就会做出糟糕的决定。幸运的是，英特尔的创始团队严格要求自己，在放手一搏之前先完成了测试和评估。

所有真正成功的战略都需要事先经过缜密校准的豪赌。你需要经验验证，这个豪赌符合你的热爱和专长，能驱动你的经济引擎（也就是你的"刺猬理念"）。要确定某件大事是否行得通，最好的办法就是先通过小事来验证它。切记"先子弹，后炮弹"。

如何确保侧翼安全？

历史的主导模式不是稳定，而是不稳定；商业的主导模式不是掌舵者的永存，而是颠覆者的胜利；资本主义的主导模式不是均衡，而是熊彼特提出的著名的"创造性破坏的永恒风暴"。这个危险的、动荡不安的世界充满了威胁和颠覆，你必须学会"保护你的侧翼"，也就是发现并保护你的软肋，这些软肋一旦暴露或者被利用，就可能造成轻则伤残、重则丧命的后果。

1940年5月，二战刚刚打响。温斯顿·丘吉尔面临一个关键的战略决定。在德国空军俯冲式轰炸机的掩护下，纳粹装甲师畅通无阻地穿越法国乡间，英国人积极部署军队，协助法国抗击纳粹的钢铁洪流。5月14日，德军突破了法军防线。法国政府请求英国派遣更多英国皇家空军战斗机中队参与作战，以挽救法国的命运。英国早已决心尽一切可能帮助法国击退纳粹侵略者，但与此同时，丘吉尔不得不做好准备，因为希特勒很有可能先打败法国，再将他疯狂的愤怒转向英国。一个事关成败的战略问题摆在丘吉尔和他的战时内阁面前：如果法国陷落，英国人需要多少战斗机来保家卫国？答案是：25支中队。

丘吉尔写道："我和我的同事们决心为了战斗不惜冒一切风险，坚持守住那个极限（25支飞行中队）——这里的风险大极了，但无论结果如何，都不能超过这个极限。"法国真的沦陷了，希特勒把目光投向英伦三岛，前提是获得制空权。帝国元帅戈林信心十足，认为德国空军一定能赢得不列颠空战，把英国人炸得跪地求饶。但事实证明，英国 25 支飞行中队足够了。英国飞行员在空战中占了上风，希特勒搁置了入侵英国的计划，英国人始终没有屈服。

1941 年 12 月 7 日，风云突变。由于日军突袭珍珠港，美国终于从孤立主义的迷梦中惊醒，投入战斗。后来，丘吉尔记录了自己听说珍珠港遇袭的那一刻："我们走回大厅，努力把自己的思绪拉回到这件震惊全球的大事上。这个事件太惊人了，就连近在中心的人也不免倒吸一口凉气……英格兰有救了，不列颠有救了，大英帝国和英联邦有救了！没人知道这场战争还要持续多久，也不知道它会以什么方式结束，我现在也不关心这一点。无论我们遭受了怎样的伤害，英国的漫长历史都将再次迎来崛起的一刻，安全和胜利终将属于我们。我们甚至不必为此抛头颅、洒热血。"

但是，如果没有当初那 25 支飞行中队，这一切怎么可能发生？

只有让你的企业活得足够长，你才能等到柳暗花明的那一天。如果你的企业早早地关门大吉，或者被市场淘汰了，那么以后好运是否会改变你的命运也不重要了。这意味着你必须拥有自己的缓冲空间和储备——属于你的 25 支飞行中队——以消解挫败、攻击、坏运气，甚至你自己犯的错误。只有这样，你才有可能坚持到最后。你的 25 支飞行中队在哪里？

在我们为《选择卓越》所做的研究中，我和莫滕·汉森系统分析了为什么有些初创企业能在高度动荡混乱、充满颠覆的行业里获得 10 倍速的增长，而其他企业却做不到这一点。我们的一个重要发现是，卓越企业大多有极高的具建设性的焦虑。我们的研究表明，和那些不太成功的企业相比，卓越企业的现金资产比率要高得多，这是它们从发展初期就养成的一种高度自律的习惯。（把保守的资产负债表当成 25 支飞行中队的一项要素。）它们的忧患意识近乎偏执，它们会未雨绸缪，为可能的外部打击留出缓冲的余地，让自己更好地活下去。它们还会避免不知深浅的冒险，因为这样的风险可能招致灾难性的后果。

新兴行业，尤其是那些由新兴技术驱动的新行业，常常会经历类似寒武纪生命大爆发式的发展阶段——几十家、数百家新企业如雨后春笋般涌现出来。但是，随着行业的自我调整，这些新企业中的很多家都消失不见了。一些企业直接关门大吉，因为它们没有在大发展阶段管理好可用的现金，没有保护好自己的25支飞行中队。如果你的公司也是寒武纪生命大爆发的产物，并且获得了成功，你就应该变得更多疑。你的成功可能会把你包裹在舒适的茧中，让你无法察觉危险正在"踮着猫的细步"（用安迪·格鲁夫的话说）悄悄潜近。

为什么有些企业不能足够快速地适应克莱顿·克里斯坦森所说的"颠覆式创新"，而另一些企业却能做到？这个问题困扰了我很多年。后来，在反思研究案例的基础上，我发现了最重要也是非常简单的答案——这些企业缺乏"具建设性的焦虑"，它们既缺乏短期的焦虑，也没有15年以上的长期焦虑。

每当高管团队造访我在博尔德的管理实验室时，我都会问他们下面三个问题：

1. 你坚信15年后你的世界（包括企业内部和外部环境）会发生哪些重大变化？
2. 哪些变化对你的公司构成了巨大或事关生死的威胁？
3. 你现在需要做些什么——充满紧迫感地——来保证你比这些变化领先一步？

我和莫滕·汉森从这些研究中学到一个至关重要的道理：你在暴风雨来临前所做的事情决定了你在暴风雨来临时的表现。那些有充分的具建设性焦虑的人不会等到自己被暴风雨困在高峰绝顶时才想起准备额外的氧气瓶。做一个偏执狂和神经过敏的怪人，为可能永远都不会发生的潜在的颠覆性冲击做好准备并持续前进，总比因为在顺境和逆境时都没有培养具建设性的焦虑而被颠覆性冲击压垮要好得多。

当经济景气时，到处一片繁荣，很难看清卓越与平庸之间的区别。然而，当动荡不安的时代到来时，二者之间的差别会变得极其明显：那些很久以前就有具建设性焦虑的企业会远远领先于毫无危机感可言的平庸企业。而且，那些准备不足的企业即使熬过了颠覆性的冲击，也可能永远无法缩小二者之间的差距。那些在暴风雨到来前做好充分准备的强大企业会一骑绝尘，遥遥领先，永不回头。

如何持续发挥优势？

1863 年 7 月，在葛底斯堡战役中，南方联盟总司令罗伯特·李没能打败北方联邦。当三天的会战临近尾声时，李将军已经损失了 1/3 的人马，至少有 2.3 万人伤亡及被俘。他手下的指战员折损严重，赔掉了几十位将军。南方联盟军能否赢得美国内战，直接取决于李将军的部队能否在北弗吉尼亚州的战斗中取胜，而这又直接取决于李将军本人的领导才能。正如弗吉尼亚大学教授加里·加拉格尔在 Teaching Company 的课程"罗伯特·李和他的最高指挥部及美国内战"中指出的，如果李将军失败了，南方联盟军几乎必败无疑。

葛底斯堡战役的胜利为北方联邦军带来天赐良机，当时他们有一个可以一劳永逸地击溃北弗吉尼亚军团的最好时机。但是，他们做了什么？他们眼看着李将军越过波托马克河逃走了。

得知李将军逃脱后，林肯把满腔恼怒发泄在一封信里，但他始终没有把它寄给北方联邦军负责指挥葛底斯堡战役的乔治·米德少将。林肯在信中哀叹："亲爱的将军，无论怎样努力，我都无法相信，你居然不知道李将军的逃脱会给我们带来多么严重的灾难。他本是你的囊中之物，如果擒住了他，加上我们后面取得的几场胜利，内战本来可以胜利结束了。事到如今，这场战争只能旷日持久地继续下去……你错过了最好的机会，这让我感到无比愁闷。"就这样，内战的杀戮又持续了近两年。直到1865年4月，罗伯特·李将军才在阿波马托克斯向尤里西斯·格兰特将军正式投降。

克劳塞维茨主张，在决定性时刻集中兵力，并在取胜后奋勇追击。任何不考虑如何乘胜追击的策略都是不完整、不充分的。他这样写道："在所有能想到的情况下，有一条原则始终是正确的，那就是没有乘胜追击的胜利算不上胜利，不管胜利带来的优势多么短暂，它都要超过单纯的追赶。"

自创作本书起，我和我的研究团队系统研究了整个商业史上最让人印象深刻的创业成功的案例。这些案例动辄跨越几十载。我们仔细研究了这些企业在从微小到卓越的过程中所采取的每一个重大战略步骤。这些企业包括3M、安进、苹果、福特、IBM、英特尔、克罗格、万豪国际、默克、微软、纽柯、前进保险、西南航空、史赛克、沃尔玛和迪士尼等等。除此之外，我还研究了持续增长巨擘，如亚马逊和先锋领航集团等等。（再次提醒，尽管这些企业大多已经成长为巨型企业，但是我们的研究可以追溯到它们还是小型初创企业的时候。我们的主要研究对象并不是大型企业，我们更多地研究普通企业是怎样实现卓越的。）我们的研究强调，最重要的成绩的取得并不是因为企业抓住了一时的好运，而是因为企业充分利用了每一次成功的豪赌。

飞轮效应说的正是如何充分发挥胜利的作用。概言之，我的研究焦点是，为什么有的企业会变得卓越，有的企业却做不到，还有的企业会从卓越中陨落。我从这些研究中慢慢发现，飞轮效应是最重要的战略原则之一。最大的赢家会让飞轮从10转增长到10亿转，而不是始终保持10转的速度，更换一个又一个新飞轮。反过来说，我们还发现一种代价最昂贵的战略错误：无法最大限度地发挥胜利的作用，未能充分利用飞轮效应。

转动飞轮并不代表重复劳动，盲目地重复之前做过的事。它意味着开发、拓展、延伸，它意味着进化和创造。这并不意味着创业初期的微软应当抓住 Windows 1 或 Windows 2 不放，它意味着微软应当创造 Windows 3、Windows 95、Windows 98、Windows XP、Windows 7、Windows 8、Windows 10，以及更多。这并不意味着苹果应当不断地重复制造第一代 iPhone，它意味着苹果应当不断进化，坚持不懈地重塑 iPhone 产品线。这并不意味着西南航空应当把自己限制在得克萨斯州一隅，不断地用自己老旧不堪的飞机重复最初的三角环线，即达拉斯—圣安东尼奥—休斯敦，它意味着西南航空应该持续升级最新型号的 737 飞机，不断扩大自己的航线同心圆，覆盖整个美国，赢得一个又一个市场。这并不意味着刚刚成立的亚马逊只应当在网上卖书，它意味着亚马逊电子商务平台及其支持的配送体系的不断演进和升级使其成为人类历史上最普遍的、无处不在的万有商店之一。

在《再造卓越》一书中，我们研究的是曾经辉煌一时的企业为什么会陷入愚不可及的自我毁灭。在该书的研究中，我们发现这些企业往往被下一步重大战略的迷梦吸引，忽视甚至放弃飞轮。这是一种极其危险的做法。只有狂妄自大的人才会蔑视飞轮效应的潜在力量（还有更糟糕的，出于厌倦，有人会彻底忽视飞轮，转而关注下一步重大战略，他们傲慢地认为，飞轮会自己转动起来）。当你必须为你的飞轮创建强大的新拓展时（假以时日，你甚至可以创建全新的飞轮），你一定要通过你的制胜战略保持前进势头。不要忘了，下一步重大战略很可能是你已经创造出来的重大战略。一定要充分发挥胜利的作用，持续不断地转动飞轮。

愿景、战略与战术

上文阐述的三项战略要素（最大的赌注、确保侧翼安全、持续发挥优势）能够指引你的战略思维（如图 7-3 所示）。但是永远不要忘记，健全的战略不可能没有明确的愿景。含混不清的战略来自含混不清的愿景，清晰明确的战略源于清晰明确的愿景。如果想要一个好的战略，你先要清晰透彻地了解你想要达到的目标。一个好的战略决定了你将如何实现自己胆大包天的目标。它一定是在你的目标的指导下做出的，并与你的价值观保持一致。必须先有愿景，再有战略，再有战术。

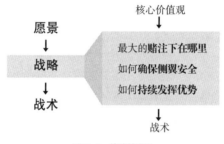

图 7-3　战略的意义

请再次把你胆大包天的目标想象成一座需要攀登的高山。只要清楚地知道自己的核心价值观和目标，你就可以确定胆大包天的目标，招募合适的人加入团队，制定战略。接下来，你可以把攀登的过程分解成多个"里程碑"，它们是让你在 3 到 5 年的时间里达到顶峰的目标。随后你确定下一年的重点工作，也就是为了达到下一个里程碑你必须完成的战略任务。一旦抵达里程碑，你就应当及时调整，确定下一个里程碑，然后不断前进，抵达第三个、第四个里程碑，直到成功登顶，实现你胆大包天的目标。然后，设定下一个胆大包天的目标。如此循环往复，永无止境（如图 7-4 所示）。

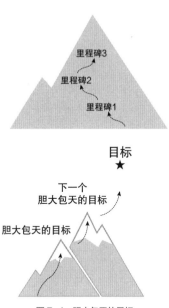

图 7-4　胆大包天的目标

战略的确立

三脚凳的平衡性最好，请记住它的形象，为了稳稳站牢，它的每一条腿都必须非常坚固。可靠的战略同样需要 3 条腿，三者缺一不可：愿景、内部评估和外部评估。在大多数情况下，只要完成了这 3 项工作，战略的制定就会变得相当清晰（如图 7-5 所示）。

一定要在冷静分析的同时关注常识、基于经验的判断和直觉。不要把战略搞得过于复杂，保持简单和直接。

落在纸面上的基本战略不应该超过 3 张打印纸的篇幅。很多人把战略想象成厚厚的、笨重的文档，这薄薄的 3 张纸也许会让他们震惊不已。要知道，没人会真的去读那些笨重的战略文件。应当反其道而行之，你可以思考如何为各级人员创建一个易于其理解和吸收的战略指南。具体战术或执行计划的篇幅也许会超过 3 页，但是基本战略应当简短明确、言简意赅。（实际上，你应当用几个精练的句子表达出这个战略的精髓。）

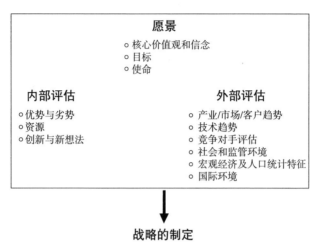

图 7-5　制定战略的"三条腿"

一种很有效的方法是将企业分为 5 个关键业务组成部分，即产品（或服务）、客户（或细分市场）、现金流、人员和组织、基础设施。然后在每个组成部分中勾画出战略的关键要素。我们为这种战略制定给出了具体示例，详见本章末尾。

那么，那些用来说明战略规划的、林林总总的线框、气泡框、网格和矩阵怎么办？它们中的一些仍然有用，但是请记住，大多数工具都是为规模巨大、多业务企业开发的。一般来说，这些工具与中小型企业关系不大。最优秀的小型企业战略专家不会采用复杂矩阵或者气泡框之类的工具。相反，他们倾向于使用最传统、最老派的方法：头脑清醒的思考。

多年滚动战略和年度战略重点

制定 5 年以上的战略几乎是无用之举。有些企业制定的战略甚至不会超过 3 年。我们更建议制定 3 到 5 年的战略，每年修订一次。把战略视为动态的，而不是静止的——随着内部情况和外部环境的变化而不断变化和发展。

还要明确未来一年的 5 项战略重点，为每项战略重点指定具体的负责人，这一点同样至关重要。

每年的战略重点尽量不要超过 5 项。如果什么都是重点，那就等于没有重点。即使是最优秀的企业，一次也只能专注于几个关键问题。（本章末尾给出的例子也显示了这种战略重点的制定。）

年度战略会议

每年召开一次战略会议，最好选在远离办公室的场所，会议主要制定或者重新讨论公司的战略，这是一种非常有效的方法。与会者应当包括公司各个部门的关键成员，理想的人数为 5 到 10 人，不要超过 20 人，我们强烈建议控制在 10 人以下。

有些企业发现，聘请外部咨询顾问或主持人参加战略会议非常有用，也有的公司喜欢会议全程由公司内部成员来控制。

会议开始前，先请每位与会者准备回答一些问题。这些问题至少应该提前一个星期分发给与会者。问题的内容每年都会有所不同，因公司而异，但是必须围绕内部及外部评估展开。

为了激励人们做好开会前的充分准备，可以请每个人就特定话题准备好一段 10 到 20 分钟的讲话。如果知道自己即将做公开演讲，人们就会更加集中精神。有些人可能会负责特定话题，如行业／市场趋势、技术趋势、创新和竞争对手分析等等。

我们建议使用以下的粗略议程：

- 回顾愿景（包括核心价值观和信念、目标、使命）
- 整体的内部评估

- 整体的外部评估
- 制定 / 修订基本战略以完成当前使命
- 确立来年的 5 项战略重点

指定专人负责以书面的形式总结会议成果。这份总结可以作为战略"指南"，应该被分发给公司所有的关键人员，供他们日常参阅，并根据它来设定个人工作目标和里程碑（第九章会详细阐述这一点）。

中小型企业普遍存在的四大关键战略问题

中小型企业普遍存在的四大关键问题是：

- 应以多快的速度发展
- 集中火力 vs 多点开花
- 要不要上市
- 做市场领跑者还是跟随者

应以多快的速度发展

在一次采访中，有人请惠普公司的比尔·休利特和戴维·帕卡德为创业者提个建议。休利特说：

不要发展过快。应当放慢脚步，这样才能培育出良好的管理。风险投资者经常过快地推动初创企业发展。但是如果操之过急，你就会失去你的价值观。

在所有的战略决策中，增长问题往往争议最大，真知灼见最少。请注意，这里提到的是决策。我们要以多快的速度增长？这应当是一个清晰的战略决策。

实际上，增长本身无所谓好坏，快速增长不应当被理所当然地视为一个理想的目标。有人认为，好的管理者就应当尽可能追求更快的增长。对这些人来说，我下面的说法可能有些离经叛道。但是，快速增长的决定不应该是一个既定的结论。事实上，可能有理由放缓增长速度。

和所有关键决策一样，增长问题应该以企业的愿景为准绳。你的公司希望成为一家大型企业吗？你愿意承担快速增长带来的种种弊端吗？

快速增长存在弊端吗？当然。

首先，快速增长可能会造成现金流短缺的局面。一种常见的模式是，出于销量迅猛增长的预期，企业砸进一大笔钱，购买原材料和劳动力，然后将这些材料加工成产品，上市销售。我们都知道，从最初采购算起，现金需要几个月才能回笼。这家企业的预期一旦落空，现金就会被套牢在库存上。对企业来说，现金就像血液或氧气，缺少现金的企业是无法存活的。而增长会耗费现金，这就是为什么大约一半的破产发生在企业创纪录销售的一年之后。

快速增长还有很多其他弊端，例如：

- 快速增长可能会掩盖总体效率低下，这种低下仅在增长放缓时可见。
- 快速增长会撑大企业的基础设施规模，经常会超过临界点。
- 快速增长战略会迫使销售团队做出低价承诺，这将严重削减你的利润。
- 快速增长带来巨大的人力成本。快速增长会给人们带来极端的紧张和压力。
- 快速增长会增加组织复杂性，减少沟通。
- 大型企业往往比较无趣，快速增长只会让无趣更快出现。

- 快速增长会迅速稀释企业文化，使得管理和强化价值观变得难上加难。

"乌合现象"

在很大程度上，文化的稀释主要由我们所说的"乌合现象"引起。我们见过，有些企业在飞速增长的同时放宽了招聘标准："我根本不在乎什么人，看在老天爷的分儿上，是个人就行。我现在急需人手！"

如果谁都可以，价值观就不可能被贯彻。平庸者无法达到卓越的标准。快速增长带来了过大的压力，你没办法对自己招聘的新人给予足够的关注，而用人恰恰是一项需要极度谨慎的工作，容不得半点儿马虎。

快速增长可能——而且经常会——演变成一种为增长而增长的心态，这可能会削弱公司的稳定性。举例来说，为了不断保持迅猛发展的势头，奥斯本计算机公司的定价一度低于成本。赔本赚吆喝的事谁都会做，奥斯本真的这样做了——仅仅持续了一小段时间。紧接着，它破产了。

过分追求增长是一个糟糕的战略决策，本书作者之一比尔·拉齐尔曾见过这种典型情况。

Lightcraft 是一家成功的照明器材厂商。它的竞争优势主要体现在卓越的设计、一流的服务和出色的内部管理（特别是库存管理）上。

一开始，这家企业追求适度的增长策略（年增长率为 10% 到 15%），取得了非常好的业绩。在此期间，公司的利润率远远超出行业平均水平。一贯稳健的卓越战术让它闻名于整个行业。

接下来，Lightcraft 被卖给了 Nu-Tone 公司。新东家决定采用快速增长策略——第一年就要达到 50% 的增长率。于是，原来的适度增长路线遭到抛弃，一套新的管理技能粉墨登场。整个公司承受着新战略带来的巨大压力。前一年的销售收入是 600 万美元，Nu-Tone 制定的新目标是 900 万美元。比尔目睹了整件事的来龙去脉，他说：

"Nu-Tone 的销售团队取代了 Lightcraft 原来的销售代表，他们开始打折促销，这严重损害了公司的利润。公司建了一家新的大工厂，用来满足销售量的增长。由于一系列糟糕的情况，厂房的建设出现了结构性缺陷，大片的混凝土从天花板上掉下来。公司的库存也开始失控——我们没办法像之前那样管理好库存，结果，大量的现金被库存套牢。公司发展得太快了，我们没办法保持之前的客户服务水准。公司的整个基础设施被挤压到了极限。我们开始失去最初让我们如此卓越的优势。"

这家公司当年的销售收入增长到 720 万美元。以之前的标准衡量，这本来是很高的业绩了。但它远远没有达到新东家规定的 900 万美元。不仅如此，由于产品生命周期缩短，为 900 万美元收入而准备的过量库存很有可能会过时。这使得公司盈利能力严重恶化。Lightcraft 逐渐失去了行业口碑和市场地位。

快速增长还有一个值得特别关注的弊端：快速增长往往会带来狂妄自大，这种"刀枪不入"的错觉可能会招致灾难性后果。商业史和世界史上到处都是这样的例子：当组织的信心膨胀到危险的程度时，一连串的胜利或快速的扩张只能让它跌入万劫不复的深渊。世界史上最明显的例子包括 1812 年的法国军队（拿破仑的大军）和 1941 年的德国第三帝国（由希特勒统治）等等。

放眼企业界，类似的例子俯拾即是。快速增长让企业觉得自己势不可当，无敌于天下，最后的结果是迷梦破碎，一地鸡毛。奥斯本、Miniscribe（硬盘技术厂商）、Televideo（电脑终端厂商）、可视公司、Trilogy（软件公司）和 Magnuson Computer（电脑厂商）都是在经历了令人头晕目眩的成功之后就衰落或失败了。这些企业都在早期被刀枪不入的错觉蒙蔽，这直接导致了糟糕的决策。骄兵必败，这是颠扑不破的道理。

有的时候，增长就像滚石下山。也许你拥有一条极佳的产品线，又逢市场蓬勃发展，这样一来，你可能会被拉进快速增长的洪流。这样的增长模式一旦开始，就很难放缓。图 7-6 说明了增长是如何做到自我加速的。

快速增长的一年

信心增长

又一年快速增长

信心倍增

建设基础设施，雇用员工，建立库存，期待进一步快速增长

"必须"继续快速增长，以抵消新增的间接成本

继续筹划快速增长（即使并不现实）

企业"被迫"进入快速增长螺旋

企业基础设施压力重重，人员精疲力竭，服务下滑，产品质量问题丛生，库存失控，销售团队承诺离谱的折扣，新产品被匆忙推向市场

最终迎来一个意想不到的缓慢增长年

现金流紧张，造成企业严重、痛苦不堪的大裁员或破产

图 7-6　快速增长螺旋及其隐患

低速增长行得通吗？

你可能会怀疑，低速增长战略行得通吗？快速增长当然有明显的弊端，但是，难道一家企业不需要以快速增长来保持健康、活力和生机吗？正如一位参加高管培训项目的高级经理所说："企业就像鲨鱼，它必须不停地游动，否则就会死掉。要么增长，要么死亡。"

"此话怎讲？"我们问他。

"因为你必须为员工创造发展的空间。如果公司增长不够快，那就会造成人员流失。人们需要成长机会，如果公司增长太慢，那就不会出现新的挑战和机会。如果没有快速增长，公司就毫无吸引力可言。缓慢的增长会限制你服务客户的能力。还有，谁会愿意冒险投资一家慢如蜗牛的公司呢？"

他的话不无道理。快速增长确实为进步提供了空间。我们承认，增长是令人兴奋的。

尽管如此，很多公司还是拥有优秀的人才、低员工流动率（快乐的员工）、满意的客户、一流的财务业绩和低速增长战略。

卡尔·施米特是大学国家银行及信托公司（UNB）的创始人兼董事长。这家成立于1980年的公司明确地把低速增长作为自己的战略基础。创立伊始，施米特就坚信低速增长的企业同样能提供卓越的客户服务和质量。

在20世纪80年代，大多数银行都以疯狂的速度增长，施米特领导自己的银行有条不紊地走上了低速发展的道路，逐步建立了优质服务的良好声誉。到20世纪80年代末，这家银行的资产回报率比美国银行业的平均水平高出45%，法定准备金率为1.3%（极其健康），几乎没有不良贷款。银行董事会成员乔治·帕克指出：

"就股东权益回报率而言，卡尔的银行远远超出股东的预期，他们在别的银行拿不到这么高的回报。稳健的发展让这家银行在细节上做得更好，实现了一流的财务业绩。"

UNB 稳健发展战略的关键在于吸引和留住优秀人才的能力。我们曾在 1991 年采访过施米特，他告诉我们：

"你们知道大多数银行的柜员平均流动率吗？ 50%。你们知道我们去年的柜员流动率吗？ 0。我们连一位柜员都没有流失。而且，我们几乎从未损失过哪怕一位顶级专业人才。人们会长期留在这里工作，并且保持饱满的干劲儿。"

UNB 是怎样在没有快速增长的情况下吸引和留住优秀人才的？它为人们提供了足够的自由和工作乐趣。它会雇用那些从高速增长环境中逃离出来身心俱疲的"难民"。这些人最清楚增长过快的代价。施米特把 UNB 变成一个充满乐趣的工作场所。他给了所有员工——包括柜员——极大的决策自主权。正如《公司》杂志指出的，施米特"……约束了公司的增长边界，同时确保自己的员工在日常决策中感到无拘无束"。

与 UNB 形成对比的是，在有些例子里，快速增长是唯一可行的战略。如果你的使命是在一个快速扩张的市场中占据主导地位，你就不能在市场快速成长阶段放任竞争对手把你落得太远。面对这样的情况，刻意低速增长是不明智的。比如，在个人计算机市场爆炸式增长时期，康柏和苹果别无选择，它们只能采用快速增长战略，其他战略都是不可行的。

如此说来，我们对增长问题的主要观点是什么？增长速度应当成为战略形成过程的一部分，应当充分考虑不同增长速度的利弊。总的来说，最健康的企业确实在增长，但是，它们的增长速度必须让它们在此过程中始终保持各个单位的卓越和整体卓越。关键的问题不是"应当如何最快地发展",而是"什么样的增长率最符合我们的愿景"。

吉姆·柯林斯最新思考

如果无法控制价格，你就必须控制成本

打造卓越的业务和建立卓越的企业差别巨大。（这里的"业务"指的是你提供的产品和服务，以及你所处的行业。）我们可以在卓越的行业里找到大量平庸或失败企业的案例。反过来说，在不那么卓越的行业里，我们同样能找到大量案例，它们说明了领导者是怎样建成卓越企业的，如西南航空公司和纽柯公司（钢铁制造行业）。当然，最好的组合是建立一家卓越的公司，同时经营卓越的业务。

你如何知道你是否拥有一家真正卓越的企业？巴菲特给出了最好的答案：你用不着为了涨价而举行祷告会。

如果你致力于一项你没有定价权的业务，但你仍想建成一家卓越的企业，那么你应该怎么办？这就涉及另一个战略重点：如果无法控制价格，你就必须控制成本。这正是西南航空和纽柯的领导者把自己的战略定为"低成本"，而不是"低价"的原因所在。

集中火力 vs 多点开花

中小型企业一项最有效的战略就是集中火力，专注于某个细分市场或产品线，或者在自己专注的领域内明显强于竞争对手。集中火力的战略可以确保有限资源被集中，以实现竞争优势的最大化。这不限于财务资源，还包括价值更高的资源：如管理者的时间和精力。

乔安纺织公司（Joan Fabrics Corporation）是一家非常成功的企业，其总部位于马萨诸塞州的洛厄尔。前首席执行官拉里·安森为我们讲述了他的集中策略：

如果你同时兼顾 5 种业务，就像我们以前那样，这些业务可能只占销售收入的 3%，却要耗费你 20% 的时间、精力和注意力，这很不划算。要集中火力，做你比别人做得更好的事。这样的结果可能会非常积极，因为一旦下定决心集中全力做好一项业务，结果对我们来说就是如此。

集中火力可以让你避免成为又一个无足轻重的"陪跑选手"。失败的陪跑者往往落入最糟糕的战略位置：规模太小，无法利用规模经济的成本优势，但差异化程度又不足以证明比竞争对手更高价格的合理性。夹在中间，不上不下是致命的。

当然，集中战略并非没有问题。增长往往存在固有的限制，主要取决于目标市场的规模。还有一个周期性的问题——容易受到单一市场涨跌的影响。另外，在面对机会主义时，集中战略的回旋余地更小。

尽管如此，我们几乎没见过哪家公司因过于集中火力而陷入困境，但是我们目睹了太多企业由于不够集中而进退失据。

克莱姆·阿特金斯在 20 世纪 70 年代中期创办了 GFP 公司，为市场带来了独一无二的钟表设计。他的钟表在特定细分市场上收获了极好的反响：这些人想要功能强大的钟表，同时希望它看起来像艺术品。

在 GFP 公司的销售收入增长到大约 300 万美元时，阿特金斯决定开展多种经营，进军自行车零配件市场。"我对自行车运动情有独钟，我认为我的工程和设计技能可以造出一些优秀的创新产品。"阿特金斯解释说。

新的自行车产品确实卖得很好，但是阿特金斯发现，钟表业务的收入开始下滑。阿特金斯认为，"这就更有理由将业务多样化了"。接下来，他又对方兴未艾的个人计算机市场产生了兴趣，并决定为个人计算机用户设计配件产品（特殊屏幕、键盘托和其他产品）。

多样化的脚步还在继续——滑雪场、园艺产品、再生纸制造，直到有一天，公司开始以惊人的速度亏损。这家公司在销售额达到 500 万美元后开始急剧衰落。

GFP 公司进入的每个市场本身都相当有吸引力。但是，它无力兼顾如此繁多的业务线。这家公司再也没能扭转颓势，最终倒闭了。

这是否意味着，一家企业永远不应该开展多样化经营？当然不是。几乎每家企业最终都会实现业务的多样化，关键在于时机和程度。

分阶段实现多样化

有些企业选择阶段性多样化，它们大多做得非常成功。我们把这种战略称为"分阶段多样化"。在这种战略中，你可以专注于一种类型的业务，直到实现在该市场的既定目标，然后（并且只有在那时）才进军下一个市场。图 7-7 详细说明了这个概念。

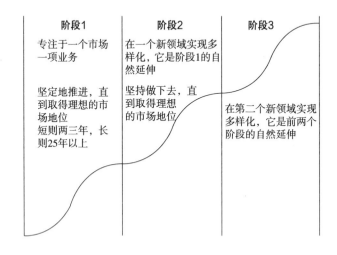

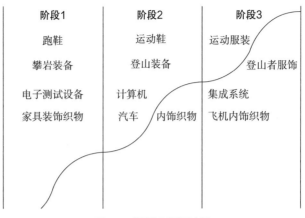

阶段1	阶段2	阶段3
跑鞋	运动鞋	运动服装
攀岩装备	登山装备	登山者服饰
电子测试设备	计算机	集成系统
家具装饰织物	汽车　内饰织物	飞机内饰织物

图7-7　分阶段多样化及实例

愿景与焦点之间的联系

在确定业务集中程度时，你应该有效发挥愿景的作用。

以赛特理克斯实验室为例，还记得它的目标宣言"通过创新的人类疗法改善人们的生活质量"吗？这决定了它只能生产创新的、与人类疗法相关的产品。乔安纺织公司为自己确立的使命是"成为内饰织物行业里的龙头企业"。为了实现这一使命，这家企业完成了彻底的"去多样化"，脱离了所有无关业务。为了成为内饰织物行业里的领头羊，首席执行官拉里·安森认为，公司必须集中力量做好这一单一业务。

为了"到2000年成为全球自行车业最受尊重和赞赏的企业"，Giro尽心竭力地专注于这个使命。公司总裁比尔·汉内曼指出：

我们的愿景宣言，尤其是关于使命的部分，帮助我们在战略决策中始终保持专注。每一种新产品的创意都必须通过这样的验证：到2000年，它能帮助我们成为全球自行车业最受尊重和赞赏的企业吗？我们还会用自己的目标来验证：它是不是创新的、高质量的，并且在同类型中无可争议地做到了最好？如果它没有通过与愿景有关的各项验证，我们就不会去做它，无论如何都不会。

要不要上市

多数卓越的企业最终都有可能上市（通过向公众销售股权来募集现金）。对很多企业来说，上市的魅力与流动性（一个"变现"的机会）是相当诱人的。

但是，一种普遍存在的误解认为，企业一旦到了一定规模或阶段，上市就会成为自然而然的事。其实你大可以选择不上市，它不是非做不可的事。

位于美国明尼苏达州的嘉吉公司就是个很好的例子。这家老字号公司成立于美国南北战争时期，其 1990 年的销售收入达到 420 亿美元（这一业绩可以在 1990 年《福布斯》上市公司销售收入 500 强中排到第 9 位），但它始终是一家不上市的私人企业。

我们强烈建议，在决定进入上市公司行列之前，请务必站在战略高度认真思考一下上市的利弊。上市的战略决策一旦被实施，就会给公司带来重大或持久的影响，恐怕没有任何战略决策的重要性能和它相提并论。

上市对公司愿景的实现有利，因为它会引入资本，有利于公司拓展业务和投资新产品。上市还为股东带来更高的流动性，有助于解决一些因大股东去世而出现的棘手的遗产税问题。

上市的弊端同样显而易见：

- 上市前后，管理层需要投入大量时间。在 IPO（首次公开募股）前的几个月里，企业的最高管理者通常会被流程压得喘不过气来。路演、全员大会、撰写招股说明书、与媒体打交道和其他活动可能（通常也会）花去管理层的大部分时间。IPO 过后，管理者还要花时间与金融界打交道，准备季度报告和年报，还要经常与媒体沟通。

- 上市非常昂贵。法律费用、会计费用、印刷费用和申请登记费用将高达 50 万美元。承销商的报酬（按照商定比例支付给协助公司股票上市的投资银行）可能是个天价，达到募资总额 7% 的情况并不少见。对很多企业来说，IPO 的预计费用将远远超过 100 万美元。

- 你的管理将毫无隐私可言，你就像在鱼缸里工作。你需要披露财务信息和工资信息。你的一举一动都要接受投资分析师的仔细审查。竞争对手可以更清楚地观察你正在做什么。

- 你会感到短期管理的压力。来自金融界的压力会让每家上市企业尽可能地保持很高的季度收益。这会本能地抑制企业为了长期健康而承受短期损失。

- 你可能会失去对公司的控制权。如果超过 50% 有表决权的股份落入外人手中，公司就可以被任何人买走，只要其有足够的能力。

- 可能会和企业的目标发生冲突。在公众股东眼里，持有企业的股票主要是一种金融投资。只要股票表现良好，他们并不会真正关心企业在做什么。因此，如果你的目标不是严格意义上的股东财富最大化，那就很有可能与股东利益发生冲突。基本上，公众股东不会在乎一家企业的愿景是什么，他们买进的是资本利得的预期。

1960 年，杰伊·门罗创办了张量公司。门罗是一个极具创造力、热情如火的人。他的主要目标是找到一种方式，把自己的创意推向市场，并从中收获乐趣。他对公司的愿景是，在做出产品决策时应该考虑美学因素，同时兼顾短期投资回报。他认为，公司应该有能力生产出这样的产品：它们也许无法带来最好的短期财务结果，但是最终会为市场带来更好、更有趣的贡献。

于是，他做出了一个重大决定，他让公司上市，而自己只持有不到50%的股份。结果，公众股东的动机（短期投资回报）与门罗的愿景发生了直接冲突。最后留给门罗的选择是，要么把公司拱手让给蓄意收购者，要么改变自己的愿景——无论怎样选择，结果都是失败。

里昂比恩与张量公司形成了鲜明对比，它决意保持自己的私有化。保持私有化的决定很大一部分是为了保持公司一流的客户服务标准这一愿景。高标准的客户服务有时会影响短期盈利能力，可是里昂比恩根本不在乎这一点。1989年，当这家企业决定从最终盈利中拿出200万美元，专门用于一项客户服务提升计划时，它的私有化得到了回报。

在《华尔街日报》的一次采访中，时任总裁里昂·戈尔曼如此评价这个决定："幸好我们不是一家上市企业，我们不用担心收益问题。"

与上市的决定相关的是外部投资者的战略决策。某些类型的投资者，如大多数风险投资者，他们的考虑主要出于"变现"价值。如果你决定寻求风险投资，或者从其他首要动机是在短短几年内成功变现的投资者那里获得资本，你就必须清醒地认识到，你同时也做出了上市甚至出售公司的战略决定。

对绝大多数依靠风险投资的企业来说，上市（或者被收购）是默认的结果，而且只是时间问题。因此，如果出于上述原因，上市并不符合你的公司愿景，那么你不应当寻求风险投资或者其他以"变现"为目的的投资。

做市场领跑者还是跟随者

总体而言，市场创新者——先行者和开拓者——会获得巨大的利益。但是，先发优势绝对不是卓越的保证，实际上，成为市场创新者是要付出很多代价的。

有证据表明，先行者通常会获得市场优势（如表 7-1 所示）：

表 7-1　平均市场份额＊先行者，早期跟随者和后期跟随者

	消费品	工业产品
先行者	29%	29%
早期跟随者	17%	21%
后期跟随者	12%	15%

＊基于 1 853 家企业的样本分析。Analyzed by W.T. Robinson and C. Fornell, *Journal of Marking Research*. August. 1985.

但这并不是故事的全貌。先行者丧失优势地位的例子比比皆是，通常是由于竞争对手推出了更好的产品，开展了更好的营销，或者两者兼而有之。事实上，早期跟随者经常会借助先行者的力量，因为实际上，先行者已经完成了市场的开发和培育。下面的例子以及更多例子来自斯坦福大学商学院的研究论文（*#10084*）《做先行者还是跟随者？关于市场进入次序的策略》，作者为马文·利伯曼、戴维·蒙哥马利。

- Bomar 公司推出了世界上第一款手持计算器，并通过大量电视广告刺激了市场的需求。这家公司随后被德州仪器和惠普公司赶超。

- Visicorp 公司发明了 Visicalc 电子表格软件，成功地培育了新市场。随后，Lotus 公司推出了性能卓越的 Lotus 1-2-3 型软件，完成了更好的市场营销，彻底击败了 Visicorp 公司。

- Docutel 公司是 ATM（自动取款机）的先驱企业。竞争对手推出了带有新功能的 ATM，Docutel 丧失了市场地位。

- 奥斯本电脑公司是便携式计算机市场的先驱企业。在竞争对手推出更好的产品时，奥斯本公司无动于衷，结果被彻底打败。
- 20世纪20年代，福特丢掉了汽车行业的龙头地位。因为当时挣扎于崩溃边缘的通用汽车推出了更优质、差异化更高的汽车，而福特未能足够迅速地做出调整。此后，福特再也没有夺回汽车行业第一的位置。
- 英国航空公司推出了全球首架商用飞机，随即被波音公司的卓越设计707机型击败。从那以后，波音公司始终主导着商用飞机的庞大市场。

它们为选择市场先行者战略或跟随者战略带来了怎样的启示？很明显，成为市场引领者的益处有很多。你可以锁定客户。你可以获得早期市场份额，并获得主导市场的金字招牌。你可以降低学习曲线。有时你还可以获得专利保护。你可以从高利润率中获益，用随之而来的现金流支持进一步的产品开发和市场营销工作。

但是，最关键的一点在于，仅仅采取市场先行者战略是不够的。先发优势不可能永远保护你，你还要很好地落实才行。

当然，最理想的情况是努力成为第一和最好的，这也是很多卓越企业追求的目标。如果你是第一，并且持续不断地改进你的产品、营销和服务，你就会处于极其有利的位置。

这将我们引向了实现企业卓越的最后两个关键组成部分：创新和战术的卓越。

在制定战略时，你不应该把所有时间都花在计划上，而没有足够的时间去创新或执行。想让企业走上正确的轨道，清晰的战略思考是至关重要的，但是，正如威尔·罗杰斯所说："就算选对了道路，如果一味裹足不前，那么你照样会被别人赶超。"

没有一家公司能做到完美规划。是的，企业应该拥有清晰的愿景，以及实现该愿景的基本战略。但是，严格地计划每一个行动细节是不可能的，这样做是对时间的荒唐浪费。卓越企业需要具备一定程度的创造性混乱。最重要的是，一家企业不能原地踏步。身处其中的人必须有所作为，要行动、做事、尝试、失败、再次尝试、奋斗、推动、抢夺、创新，还要把所有的细节落实到位。

让我们回到本书的中心主题，卓越企业的成功并不是任何单一因素作用的结果。它不是战略的产物，不是领导风格的产物，不是愿景的结果，不是创新的结果，同样不仅仅是战术上的卓越带来的结果。卓越是上述各种因素共同作用的结果，它是多年一贯地、出色地具备上述所有因素的结果。

下面是一家小型企业如何制定战略的例子。它从愿景出发，按部就班地完成了内部评估和外部评估，制定了战略并提出了一套战略重点。本章的最后一部分对行业演进分析的各个阶段提出了一些警告。

制定战略示例

硬石公司（HARDROCK PRODUCTS, INC.）公司愿景

公司愿景
核心价值观及信念
• 我们崇尚高绩效。
• 我们相信每个人都能做到最好的自己，相信每个人潜力的最大化。
• 我们珍视良好的自然环境。
• 我们进入的市场必须是自己有可能脱颖而出的；如果不能成为第一或第二，我们根本不会参与较量。
• 我们重视努力工作。
• 我们重视玩乐，我们会专门抽出时间去玩。
目标
帮助户外运动人士充分发挥运动潜能，把我们热爱的运动变成一种谋生手段。
当前的使命
到 1997 年成为全球第一的攀岩装备供应商。

内部评估

优势

- 领先的前沿技术与硬件设计能力
- 创造"核心"产品及多项衍生产品的诀窍
- 产生大量新想法和创新的能力
- 熟悉攀岩群体
- 可靠的信誉、质量和服务
- 懂得如何制作最好的产品目录

劣势

- 缺乏财务管控能力
- 从设计到生产到市场的协调能力很差
- 跨职能沟通的表现很差
- 员工培训不足
- 产品优异，但生产成本居高不下

资源

- 良好的资产情况
- 没有负债；必要时有借贷能力
- 可紧密控制的理念；没有外部投资者

创新

- 发明了新型螺栓技术
- 新型凸轮技术
- "野猫"（项目代号）

外部评估

产业趋势

- 市场趋于成熟，年增长率在 15% 上下
- 美国约有 5 万名攀岩者，全球约有 50 万
- 市场细分为竞技攀岩、传统攀岩和大岩壁攀登三部分
- 竞技攀岩市场增长最快
- 增长的驱动力量：
1. 新技术让攀岩变得更安全
2. 攀岩竞赛与电视节目
3. "婴儿潮"一代进入中年危机

技术趋势

- 凸轮设备
- 螺栓设备
- 更轻便、更强韧的原材料

竞争对手

- 市场碎片化，不存在一家独大的企业
- 来自欧洲的竞争日益激烈
- 主要直接的竞争对手：黑钻公司

社会和监管环境

- 公园管理机构禁止使用螺栓，防止对岩石造成伤害
- 预计于 1993 年达到 ISCC 安全标准
- 产品责任险成本急剧上升
- 宏观经济及人口统计特征
- 人们拥有更多的休闲时间
- "婴儿潮"一代进入中年，寻求新挑战

国际情况

德国、法国、意大利和澳大利亚市场的增长

三大机遇	三大威胁
1. 竞技攀岩	1. 不符合 ISCC 标准
2. 国际市场	2. 国际竞争对手
3. 攀岩竞赛	3. 产品责任险

战略（1991 年至 1993 年）

综述

为了实现公司使命，成为全球第一的攀岩装备供应商，我们的战略聚焦于攀岩装备，并将重点放在不断扩大的竞技攀岩市场。我们将在卓越的创新、设计、质量和服务方面展开竞争。

产品

- 我们只制造攀岩装备。在完成攀岩装备的使命之前，我们不会转战其他运动装备，也不会进入"服饰"市场。
- 我们将以卓越的技术、质量和服务展开竞争，而不是以更低的价格。我们的价格处于市场较高区间。
- 我们会开发"核心"产品组，这些产品易于面向特定需求实现定制化。这将使我们保持较低的库存成本和较高的质量。
- 我们将利用竞技攀岩和竞速攀岩的发展趋势。我们将把产品开发的精力集中在这些不断扩大的市场上。
- 我们会按照 ISCC 的安全标准生产所有产品。一旦达到这项标准，我们就会占据极其有利的地位。
- 我们会在安全方面做到"过度设计"，尽可能避免产品发生责任诉讼。
- 我们会专注于新产品的创新，每年推出两款新产品。我们会顺应螺栓技术和凸轮技术的大趋势，并从中获益。

新产品发布计划

1991 年：超轻螺栓钻头、快速卡绳装置

1992 年：硬凸轮、El Cap 销

1993 年：强力凸轮组、"野猫"（项目代号）

客户

相对于竞争对手，我们给自己的定位是，成为为攀岩爱好者提供高性能产品的供应商。

产品主要通过自营邮寄系统和专业零售商店销售。

我们与攀岩者接触的方式主要包括产品手册、在专业攀岩杂志上做广告、运动员代言和对攀岩赛事的赞助。

我们会尽力促成最知名的攀岩明星使用我们的产品，这是最好的"免费广告"。

我们会通过优质的客户服务培养忠诚的客户：24 小时送达；更愉快的订购过程。

未来三年内，至少向三个国际市场投放产品：

1991 年：法国

1992 年：德国

1993 年：意大利、澳大利亚

现金流

我们的业务资金主要来自运营。因此，产品价格的毛利率至少要达到 50%。

我们会保持与银行的良好关系，保持信贷额度（以备不时之需）；我们会尽可能不贷款或少贷款。

我们会有节制地增长；年增长率不超过 15%。

销售收入	毛利率	税后利润
1991 年：450 万	55%	10%
1992 年：510 万	50%	8%
1993 年：580 万	50%	10%

人员及组织

聘请一位经验丰富的财务总监。

成立设计—生产—销售团队，负责每一项新产品；全面解决过去存在的设计、生产和销售问题。

继续加强工程及设计团队的力量。

不断吸纳热爱户外运动的员工。

打造专门的零售商场销售代表团队。

建立国际部门。

制订一项员工培训计划。

基础设施

迁入更有利于跨部门沟通的新办公地点。采用购买，而不是租赁的方式。新址必须靠近山脉。

1991 年战略重点工作

1. 保证超轻螺栓钻头和快速卡绳装置在夏季销售旺季前及时上市（主要责任人：乔）。

2. 在欧洲设点；与两位欧洲攀岩明星签订代言合同（一位男性、一位女性）；在法国建立邮购体系，招聘销售代表；编写法文产品手册（主要责任人：贝丝）。

3. 找到并聘请一位经验丰富的财务总监（主要责任人：比尔）。

4. 组建设计—生产—销售团队（主要责任人：苏）。

5. 新办公地点的选址/购买：1992 年之前迁入（主要责任人：鲍勃）。

关于行业演进分析的警告

下面是关于行业演进分析的几点看法，它们来自作者的观察，以及迈克尔·波特的著作《竞争战略》。

行业演进的各个阶段（生成、快速发展、成熟和衰落）也许是最普遍的演进模式，但是它不一定适用于所有行业。

波特提醒我们，在使用这个概念时，务必注意四点：

1. 各个阶段的持续时间因行业而异，而且通常很难确定这个行业处于哪个阶段。

2. 行业的发展并不总是沿着 S 曲线前进。有些行业可能跳过成熟期，直接进入衰落期。有些行业似乎完全跳过了生成期。

3. 企业可以通过产品创新和重新定位来影响增长曲线的形状。如果一家企业按照既定的发展阶段前进，它就会变成一个无聊的自我实现预言。

4. 竞争的性质与不同的演进阶段息息相关，并因行业而异。一些行业会始终保持集中的样态，一些行业会经历分散和再集中，还有一些行业始终保持分散的样态。

在波特的四点忠告以外，我们还要加上第五点。我们认为，很多行业是由多重 S 曲线组成的。也就是说，产品处于持续创新的状态，这些创新会被不断地采用和发展，从生成到被接受，再到衰落，所以，一个行业可能会沿着多重 S 曲线发展。这被称为"创新－采用周期"。埃弗里特·罗杰斯 1983 年在他的开创性著作《创新的扩散》中很好地阐述了创新－采用周期。我们认为，对那些对创新如何被大众接纳感兴趣的人来说，《创新的扩散》是一本不容错过的必读书。

总而言之，行业阶段分析是一种非常有用的工具，但是必须慎用，绝对不能盲目地把它当成真理。

第八章

创新

……所有的进步都要仰仗不讲理的人。

——萧伯纳《人与超人》

人类从来不缺好点子。

的确，建立一个创新型组织的最大问题并不是如何激发创造力，而是怎样培养无处不在的创造力，以及如何让这种创造力发挥作用并转化为创新。（我们可以把一项创新视为一个完成时态的想法，一个已经被付诸实施的想法。）

这就是本章的内容。我们认为，要成为一家持续卓越的企业，必须具备持续创新的能力——不断涌现新的想法，其中一些想法已经得到全面实施。之所以说一些（而不是全部）已经实现，是因为卓越企业的好创意永远多于它的资金所能支持的创意。

大多数企业最初都有一位创造力丰富的创始人。然而，真正的挑战在于怎样成为一家富有创造力的企业，而不是一家只会依靠创新领导者的企业。

我们总结了建成创新型企业的 6 个基本要素：

1. 博采众长
2. "成为"客户
3. 试验与犯错
4. 富有创造力的人才
5. 自主权与去中心化
6. 激励机制

我们将通过具体的例子和建议逐一阐述每个要素，并在每个要素的结尾处提出有利于激发创造力和创新的管理技巧。

企业创新要素一：博采众长

高度创新的企业不一定比缺乏创新的企业拥有更多创意（所有企业都有很多好创意）。但是，二者的不同之处在于，前者比后者更欢迎创意——不仅拥抱自己的创意，还会博采众长地吸纳来自世界各地的创意。不仅如此，它们还会对这些创意采取行动。并不是说一家创新型企业会落实每一项创意，但是它更有可能对一个部分成熟的创意迅速采取行动，而不是花费大量时间把一项创意行不通的所有原因都考虑一遍。

可悲的是，我们大多数人所接受的训练都与此相反，我们在学校里接受了良好的批判主义教育。我们早已懂得，一个人展现聪明才智的最好办法就是引经据典地列举所有理由，证明一项创意是愚不可及的，或者注定会失败。

举例来说，我们发现很多 MBA 新生都很擅长发现一项商业创意的各种缺陷，但是，要让他们找出具体的办法，让这项创意更可行，他们往往会经验不足，束手无策。我们在讨论中见过太多扬扬自得的人，他们干脆利落地把一项新产品的创意批得体无完肤。我们会问这些人："好的，我们知道这是一项不够完美的创意。但是，世上根本不存在完美创意。它是有这样或那样的不足，但是你打算怎样让它成功呢？"有些人出色地接受了这个挑战，因为他们立刻意识到他们的目标不再是通过空谈来显示自己有多聪明。但是，唉，有些人根本没有意识到这一点。他们的批判精神太根深蒂固了。要建立卓越的企业，他们必须克服这种消极训练的不良影响。

请正确理解我们的意思。我们并不是说，随便一项创意都是了不起的，也不是说所有新产品的创意都能大获成功。实际上，大多数创意都会以失败收场，但是，正如我们将在下文描述的那样，从长远看，这些失败很有可能带来相当大的益处。

切记一点，很多了不起的想法最初都被贴上过"愚蠢"的标签。有一份清单（下文）罗列了一系列深具历史意义的重要发明，它们一开始都被所谓的专家（我们更喜欢戏称他们为"泼冷水专业户"）视为愚不可及的想法。

我们建议你把这份清单发给公司里的每个人，并在你办公室的墙上或桌上贴一份。让它时时出现在你眼前——也可以建议其他人这样做。它会提醒大家用更开放的心态理解各种想法的重要性。

了不起的创意清单

历史上著名的泼冷水事件

"这个叫'电话'的东西有太多缺点，我们不可能真的考虑把它作为一种通信手段使用。对我们来说，该设备本身毫无价值可言。"（1876 年，西联汇款回应贝尔电话的内部备忘录。）

"这个概念很有趣，而且形式完整，但是，想拿到比 C 更高的分数，它至少要具备可行性才行。"（一位耶鲁大学管理学教授这样评价弗雷德·史密斯在论文中提出的可信赖的隔夜送达服务。史密斯后来创办了联邦快递公司。）

"我们不会告诉你怎样当教练，所以，也请你不要告诉我们怎样做鞋。"（一家大型运动鞋厂商对比尔·鲍尔曼这样说。鲍尔曼后来发明了"华夫鞋"，也是耐克的联合创始人。）

"于是，我们来到了雅达利（Atari），对他们说：'你们好，我们做出个好东西，它甚至用了你们的一些零部件。要不要考虑投资我们？或者我们把它给你们也行，我们就是想把它做出来。我们也可以为你们打工，只要给我们发工资就行。'结果他们说：'不！'好吧，我们又来到惠普，结果他们说：'嘿，我们不需要你们。你们连大学都没毕业。'"（乔布斯谈到他和沃兹尼亚克向雅达利和惠普推销个人计算机的故事。乔布斯和沃兹尼亚克后来创立了苹果公司。）

"我对他们说：'你们应该搞特许经营，我可以做你们的小白鼠。'结果他们根本没理我！他们看不到其中的道理……他们拒绝了我们，我和巴德别无选择，只能自己创业。"（1962年，山姆·沃尔顿想说服本·富兰克林连锁商店考虑他提出的折扣零售理念。后来，沃尔顿创办了沃尔玛。）

"谁会失心疯想听演员说话？"（哈里·华纳，华纳兄弟娱乐公司联合创始人，1927年。）

"我们不喜欢他们的噪音，吉他音乐已经过时了。"（1962年，迪卡唱片公司这样拒绝了甲壳虫乐队。）

1984年，约翰·帕特森因用6 500美元买下了收银机的专利权而遭到商界朋友的嘲笑。他们认为这种产品根本没有潜力，或者潜力"有限"。（帕特森随后创办了NCR国家收银机公司。）

"你想把这些乱七八糟的计算机带入医疗行业吗？我对它毫无兴趣，不想和它沾上半点儿边。"（一位英国医学教授这样回绝了约翰·

鲍威尔博士的 CT 扫描仪。）

"开采石油吗？你是说往地下钻井找石油吗？你疯了。"（1859 年，埃德温·德雷克想找一些经验丰富的钻井专家加入自己的石油钻探项目。后来他成了石油钻探的第一人。）

"飞机很好玩。但是，飞机对军队毫无用处。"（一战期间，西线协约国军队总司令斐迪南·福煦如是说。）

"电视机永远不可能流行起来；人们要把它放在一个光线昏暗的房间里，目不转睛地看着它。"（哈佛大学教授切斯特·道斯在 1940 年这样说。）

为了建成富有创造力和创新性的企业，你的首要任务是从各地寻求想法。最关键的是，建立一种接受新想法的氛围。再次强调：我们缺少的不是好想法，而是对想法的接受能力。

来自外部的创意

不要错误地认为，只有来自公司内部的创意才是值得去做的。一些最具创意的企业会极大地依赖于外部产生的创意。

以苹果公司为例，Mac 背后的基本理念并不是苹果自己创造的，在 Mac 诞生之前，这些想法已经存在很多年了。它们最早来自一些国防研究项目，后来出现在施乐公司。再后来，一个苹果公司的高管团队参加了施乐公司关于鼠标和图标技术的产品演示会（施乐是苹果的投资方之一）。苹果就此把这些基本理念带回了自己的公司。

麦当劳兄弟在加利福尼亚州圣贝纳迪诺创办了最早的麦当劳餐厅。雷·克罗克看到了它的巨大潜力。克罗克创办了自己的公司，接管了麦当劳，把麦当劳兄弟的经营理念转变为连锁餐厅理念。

最初的个人排版软件原型（首款上市的桌面排版软件包）并不是 T/Maker 公司打造的，它来自一位外部程序员的个人创造。

强生公司并不是泰诺（一款突破性的非阿司匹林类止痛药）的发明者，它来自麦克尼尔实验室，强生后来收购了这家实验室。宝洁公司也没有发明过氧化氢或去油垢洗手皂。它是通过收购威廉·沃尔特克肥皂公司获得这些产品的。3M 的首款里程碑产品（湿干防水砂纸于 20 世纪 20 年代初上市）并不是自己发明的。来自费城的年轻墨水制造商弗朗西斯·奥基完成了这项创新，并把它卖给了 3M。

要与"排外主义"综合征（不是在这里发明的，都是不好的）坚决斗争，不让它出现在我们的企业里。要保持开放的心态，不断从企业外部寻找创意。要让广阔天地成为你的研发实验室的一部分。要让外界成千上万、不断涌现的绝佳创意轻松渗透你公司的外膜，为你所用。

下面的做法可供参考：

- 吸纳外部人士的新想法，让它成为公司里每个人的责任。指定专人负责回应提交创意的外部人士。当然，很多外部创意并不符合你公司的使命，或者是行不通的，但是不要忘了，切斯特·卡尔森先后向 20 多家公司推销自己的复印技术，屡屡碰壁。备受挫折的卡尔森最后创办了施乐公司。

- 与其他行业中广受尊重的公司交换员工。通过交换计划，安排一位你的员工到对方公司学习几个星期，并接收对方员工来你的公司学习。这种"交换"式的方法可以激发出令人赞叹的见解。

- 雇用外部设计师。一些最有创意的设计往往出自外部设计师之手（苹果 Mac 的外观就是个好例子）。外部设计师会广泛接触其他产品类别和不同的用户提出的各种问题，从中汲取灵感，形成有价值的和振奋人心的宝贵建议。（同样的原创也适用于其他类型的外部咨询顾问。)

- 鼓励员工加入技术、行业、贸易或其他团体。在这些团体中，人们可以接触到有趣的人和想法。为员工报销会员费。领导者本人最好也能参加一些这样的团体。

- 允许员工出席各类活动，鼓励他们到世界各地接触新的想法。耐克就是这样做的。它会拿出一部分设计预算，支持员工不受限制地旅行。为了激发设计师的新创意，耐克希望他们走出办公室，走进大千世界。

- 订购期刊和出版物，获取有意义的新认识、新想法、新技术和研究成果。也可以建立图书室，允许员工购买、阅读图书，并将它们放在图书室里。

- 邀请最前沿的思想家做讲座或学术研讨会。鼓励外部人士出席公司的讨论，加入热火朝天的辩论。

- 选出一部分员工，为他们支付参加教育课程、学术研讨会和大学组织的各类活动的费用，请他们在公司中（可能是在员工会议上）讲讲自己在活动中收获的"最有趣的想法"。

- 鼓励人们阅读与本职工作无关的非虚构类著作，分享自己的阅读心得。《追求卓越》的合著者罗伯特·沃特曼告诉我们，他有很多想法来自"不拘一格"的阅读书单，从建筑到世界史，无所不包。实际上，关于创造力的研究表明，重要的创造力往往来自兴趣广泛、眼界开阔、渴望新颖性和多样性的人。把原本无关的想法联系、融合起来，很多创新就是这样产生的。

- 创造条件，让用户更方便地把成千上万（真的是数以千计）的好想法反馈给你。在服务网点设立客户意见箱。可以学习 Stew Leonard's Dairy（一家单体家族企业，年销售收入达到 1 亿美元，位于康涅狄格州的诺沃克）的做法。这家公司的意见箱每天平均收到 100 条意见和建议。为了进一步鼓励客户提出意见，公司会在收到每条意见后的 24 小时内发出一封感谢函。

来自内部的创意

好的创意当然不只是来自外部，有很多最好的创新和想法都是从公司内部产生的。组织应该自然而然地成为优秀想法和创新的孵化器。

此时此刻——就在你阅读这一章的同时——就有许许多多创造性的想法出现在你的公司里，其中有一些相当优秀。正如你的企业应该广泛吸纳来自外部的创意一样，它同样应该接受来自各个级别和岗位的员工的想法。创意可能来自一线岗位，就像麦当劳的巨无霸汉堡和麦满分（它们是加盟商想出来的），也可能来自深奥的科学实验，就像 3M 的便利贴（一位研究人员在摆弄化学制品时偶然发现了一种独特的黏合剂，创造了最早的便利贴）。

还记得客户意见箱吗？你同样应该让员工就内部流程提出宝贵的意见和建议。沃尔玛有一项叫 LTC（"低门槛，大变化"）的政策。店面经理会定期向店面工作人员征集改进工作和创新的建议，有时会为特别好的建议发放奖金。

作为企业的领导者，你也应该成为创意的主要来源。实际上，我们已经注意到，很多新产品的创新都来自组织的最高层。

- Giro 的很多新产品是创始人吉姆·根茨和他的设计团队的创意。在一次计划会上，根茨一口气提出了 30 多款新产品的可能性供公司考虑。
- 索尼公司的随身听是其名誉董事长井深大最早提出的。
- 里昂比恩公司早期的很多创新直接来自里昂·比恩本人。

这里的重点并不是创始人和首席执行官必须比别人更有创造力，而是他们对一项创意的推动会极大减少（或者彻底消除）阻力。以索尼的随身听为例，它被磁带和录音机部门视为疯狂的想法，如果不是董事长井深大的创意，那么它还有可能存活下来吗？也许，但是机会恐怕会小得多。

这又把我们带回本节的核心问题，你面对的主要挑战不是增加创造力本身，而是让你的公司更多更好地接受已经存在的创意。最重要的不是建立一家只会依靠领导者完成创新的企业，而是不断努力变成一家拥抱新想法的组织，就像这些想法来自领导者一样（如图 8-1 所示）。

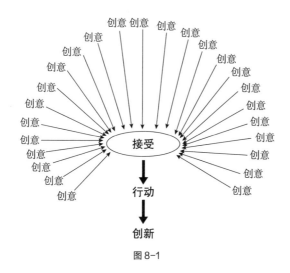

图 8-1

凭借创意推动还是依靠市场拉动？

在开始下一个部分之前，我们必须解决一个恼人的悖论。

一方面，商学院的经典教义声称，你应该首先确定市场需求（通过市场调研等手段分析客户利益偏好、价格敏感度等），然后开发满足这种需求的创新（"市场拉动"，有时也被称为"市场焦点"）。这种教义看起来是合乎情理的。毕竟，企业应该创造满足实际客户需求的产品或服务。应该先明确这些需求，然后为了实现它们而开展创新，除此之外，还有更好的方法吗？

另一方面，很多在市场上大获成功的创新既不是来自市场拉动，也不是来自传统的市场调研方法。实际上，如果带来这些创新的公司仅仅依靠市场拉动的创新方式，很多突破性产品根本就不会存在。

- 传真机是美国人发明的，但是，直到 1990 年，市场上没有一台传真机是美国制造的，为什么？德鲁克告诉我们，这是因为美国人相信市场调研的结论，认为传真机在市场上没有需求。

- 3M 公司一位研究人员在实验中发现了一种独特的黏合剂，创造了便利贴这款经典产品，这次实验并不是由预先定义的市场需求驱动的。那位叫斯宾塞·西尔弗的科学家一开始并没有想到他独特的黏合剂会有市场。相反，这种黏合剂是先有了答案，再去找问题。在此后的 5 年里，西尔弗走遍整个 3M 公司，询问人们能不能为这种黏合剂找到合适的用途。他后来回忆说："因为没有现成的商业产品，我们必须努力为它争取专利（经费）……它属于那种只要一眼看到，你就会说'它一定能派上用场'的东西……我有时很生气，因为它太独特了，我问自己：'为什么你不能为它想出一种好用途呢？'"

  不仅如此，作为一种新产品，便利贴刚刚诞生，就连续在 4 个城市的市场调研中遭遇惨败！经过一段时间的免费赠送，人们开始对这种小小的便利贴产生依赖。这款产品终于站稳了脚跟。

- 当弗雷德·史密斯想到联邦快递（全国范围的隔夜送达）的创意时，美国联合包裹运送服务公司（UPS）、埃默里航空货运公司和美国邮政早就想到这个创意了。但是公司高层都不约而同地打消了这个想法，因为他们认为不存在这种市场需求，从来没有客户要求过这样的服务。

- 在黛比·菲尔茨创办自己的曲奇连锁店（Mrs.Fields Cookies）时，人们告诫她，尽管她生产软糯可口的曲奇的能力独树一帜，但是难逃失败的命运。因为市场调研显示，人们喜欢的是脆曲奇，而不是软曲奇。市场研究专家断言，菲尔茨的开店理念注定会失败。

- 20世纪20年代，大卫·沙诺夫试图筹措资金，推广广播业务。他一再被拒绝，因为市场上不存在这样一种服务需求：把无线电信号传向天空，而不是某个特定的人。直到这项服务进入市场后，人们才开始认识到它的价值；通过无线电广播的建设，沙诺夫创造了一个全新的市场。

- 经销商和唱片市场专家告诉 Windham Hill 唱片公司，钢琴独奏专辑根本没有市场。市场上没有半点儿迹象表明这样的概念能获得成功。然而，这家唱片公司还是开创性地推出了乔治·温斯顿的钢琴独奏专辑，销量超过50万张。

- 世界上第一台微波炉诞生于1946年，它来自美国人从英国引进的雷达技术。当时的美国市场并不存在对微波炉产品的需求。实际上，是 Amana 公司把这种产品引入美国的。这家公司负责市场营销的副总裁杰克·卡默勒说："如果把这个项目交给一家结构严谨的公司来做，那么它可能会花上一年的时间，投入几十万美元进行市场调研，如果那样，这个项目可能早就被扔进废纸篓了，永远不会被付诸实施。而我们仅凭几个人的直觉就把它变成了现实。我们认为，这是在正确的时间推出的正确产品。"

此外，有些高度创新的企业非常明确地知道，它们要有意识地培养创意驱动的方法，并用这种方法完成新产品的创新。索尼的盛田昭夫写道：

我们想用新产品来引导公众，而不是问他们需要什么。与其做大量的市场调研，不如把产品做精，用更好的产品来引导大众，开辟一个全新的市场。

对突破性创新来说，引领市场——开辟市场——的理念必不可少。有了前所未有的革命性创新，消费者通常不会告诉你他们需要什么（他们甚至都不知道自己的需求），直到你向他们展示他们可以拥有什么——就像3M的便利贴、无线电广播和传真机一样。

认清这一点非常重要，否则，你的企业可能会错过千载难逢的大好机会。经验丰富的法国设计专家让·皮埃尔·维特拉克说得好："在面对全新的、突破性的事物时，消费者可能会被它深深吸引，把之前抱持的所有标准统统抛在脑后。"

兰加纳特·纳亚克和约翰·克廷汉研究了14项重大商业突破，并把他们的结论写进《创意成真》一书。他们指出："说大部分成功的商业创新来自'市场拉动'而不是'技术推动'，这简直是大错特错。"在这14项突破性创新中，没有一项其背后的原始创意是市场调研激发的。纳亚克和克廷汉指出，这些创新的原始动力来自发明者的好奇心和解决问题的迫切愿望：

当然，对市场的探索常常紧随解决问题的愿望而来。在某些情况下，它们会表现为一种伴生现象。但是，我们从未见过市场需求呼唤突破式创新的例子。总是发明者先察觉到它，它会在发明者的意识深处潜滋暗长、蠢蠢欲动。

但是，请等一下！当然，市场在产品开发中仍占有一席之地。我们并不是要整体否定市场调研这门学科，把它扔出窗外，对吗？难道说贴近客户——倾听客户对产品的看法不合时宜吗？那么像宝洁这样在消费者营销中表现卓著的企业呢？这家企业的成功很大程度上要归因于其对消费者需求的识别，以及开发产品来满足这些需求的能力。

还有很多这样的例子，比如张量公司，其张量灯失去了市场地位，就因为发明者杰伊·门罗听不进客户的意见。再比如 Visicorp 公司，这家公司的 Visicalc 电子表格工具包曾经热销一时。当用户要求添加更强大的功能时，这家公司没有足够迅速地做出反应，结果被初生牛犊的 Lotus 公司彻底击溃。还有福特公司，20 世纪 20 年代，用户呼唤更多款式和颜色的汽车，而亨利·福特对此无动于衷。他说："人们想要什么颜色都可以，只要这些颜色是黑色的就行。"结果，福特被通用一举超越。

要解决这个难题，首先必须理出头绪，明确问题。

问题不在于创新是否应该满足人类的现实需求（要想在商业上取得成功，创新最好满足某项需求）。问题是：创新首先应当如何产生？企业应该做些什么来确保满足人类现实需求的创新不断涌现，包括突破式创新在内？

我们将在这一章讨论这个问题。但第一步要认清一点，企业既需要创意的推动，又需要市场的拉动。我们不应该盲目地把商学院传统的"市场拉动"教义奉为圭臬。我们同时应该认识到，市场调研自有其必要的一面，因为忽视客户的意见可能会让我们错失良机，甚至带来灾难性后果。我们可以认为，原创的突破主要（尽管不完全）来自创意的推动，随之而来的渐进式创新主要来自客户的反馈意见。要两条腿走路，而不是单纯地依赖二者中的某一种，这样能带给我们更高的创新总量。

摒弃极端主义。如果有人说，"永远向市场要答案，一定要先搞清楚市场需要什么"，请不要相信。切记，即使客户没有呼唤某项创新，也不代表他们在面对这项创新时不会兴奋得手舞足蹈。还要警惕另一种极端的看法："我们太优秀了，永远不需要关注市场，我们知道什么是最好的。"要广泛接纳各种创意，不管它们来自哪里。

对于这个悖论，还有一个额外的回答：看似纯粹的创意推动往往恰恰相反。发明者即使没有做过整体性市场分析，也经常会尽可能地贴近他接触的客户：他自己就是客户！这就为我们带来了建设高度创新企业的第二个关键要素。

企业创新要素二："成为"客户

> 到头来，我们做衣服是为了满足自己。我们要穿它们。
>
> ——巴塔哥尼亚产品目录，1989 年

让企业实现和保持创新最好的办法之一就是，让员工为自己的问题或需求寻求解决办法。也就是成为你自己的客户，满足你自己的需求。如果做不到，如果身处一个你不能成为自己的客户的行业，你就要想方设法以客户体验的方式来体验这个世界。

解决自己的问题，满足自己的需求

这里的道理简单至极。如果你的公司里有人为了解决自己的问题或者满足自己的需求而提出一项创新，那么，在公司以外的广阔世界里，也许还有其他人会受益于这个发明创新。

回到 T/Maker 公司的个人排版产品的例子。有一次，该公司总裁兼首席执行官海蒂·罗伊森要在计算机上制作一份聚会邀请函，这激发了一项创新。罗伊森偏爱 IBM 个人计算机（她用惯了），但是 IBM

计算机缺少图形软件，这让她不得不使用苹果 Mac。海蒂想："为什么没有专为 IBM 计算机设计的图形软件呢？这太糟糕了。"她的个人体验变成了个人排版项目。这个项目专为 IBM 个人计算机设计了首款桌面排版软件包。

Giro 的吉姆·根茨的优秀创意不是坐在办公室里凭窗远眺想到的，而是在午餐时间骑上自行车，迎风骑行时思考得来的。根茨说："骑自行车上路，那是我最好的实验室。我总是尝试用更少的力气骑得更快些、再快些。"

甚至最早的个人计算机也是为了满足个人需求而发明的。有人问乔布斯，他和沃兹尼亚克怎么会想到发明个人计算机。乔布斯回答：

和很多了不起的创意一样，它来自我们眼前的事物。我们设计这款计算机的原因是我们买不起别的，所以要自学成才地搞计算机。可以说，我们两个人形成了它最早的市场。接下来的用户是我们的朋友。慢慢地，它开始扩展到身边的其他人，这让我们变得越来越激动。我们并没有坐在那里白日梦："哦，我的天，10 年后，市场调查会告诉我们，每个人都会用上自己的个人计算机。"事情不是那样的，它是一个循序渐进的过程。

1920 年，厄尔·迪克森发明了创可贴。迪克森是刚起步的强生公司的一名普通雇员，他发明创可贴是为了帮助自己的妻子，他妻子在做饭时经常会不小心割伤自己。这样的事故发生得太多了，迪克森决定做一个随时可用的绷带，以帮助妻子随时包裹伤口。他先铺开一段长长的医用胶带，在上面每隔一段就放上一小块纱布，为了防止胶带粘在一起，他还在胶带上贴了一层薄薄的棉衬。后来，迪克森偶然和同事提到这项小发明。就这样，它成了有史以来最成功的商品之一。

潜藏因素

还要考虑到"潜藏因素",当我们解决自己的问题时,其他面临同样问题的人(传统的市场调研技术很难识别这些人)可能会突然冒出来。

西咪替丁是有史以来最成功的处方药之一,其"潜藏因素"是它的发明团队最早提出来的。(西咪替丁可以在不需要手术的情况下治疗溃疡。它彻底改变了人类治疗溃疡的方式。)西咪替丁美国团队的负责人托马斯·柯林斯这样描述:

在我这个年龄段的人里,我能想到很多人都患有溃疡。但是,他们并没有接受积极治疗,而是想尽办法应付。所以,我经常说,根本没人知道这个市场有多大。这就是所谓的"潜藏因素"。他们都是我的朋友,我看到他们作为患者从我眼前冒出来。

海蒂·罗伊森、吉姆·根茨、乔布斯和厄尔·迪克森都亲身经历了"潜藏因素"。实际上,"潜藏因素"和惠普著名的"邻座综合征"①有异曲同工之妙。

你可以在自己的公司里尝试下面的做法,激励员工变成客户,复制"潜藏因素":

- 聘用用户。耐克公司聘用过很多运动员。我们出席过一次耐克公司的产品开发会议,发现它的市场主管汤姆·哈特格——一位长跑爱好者——正在和设计团队合作设计他自己跑步时穿的

---

① 邻座综合征:出自惠普公司,用来指座位相邻的员工之间的相互影响。最简单的例子是,实验室里的一位工程师创造的某项设备可以帮助隔壁座位的工程师,或者引起他(她)的兴趣,二人合作开发出一款全新的产品。这种做法的优点和缺点都很明显,因此被称为综合征。——译者注

鞋。耐克还聘请精英运动员做产品测试顾问。他们会在最严峻的环境下完成新产品的测试，把想法和问题反馈给耐克。

- 允许员工花时间实地测试产品或服务。在里昂比恩，所有高管都可以额外申请一周的假期，进行产品测试。即使这意味着在阿拉斯加进行一次飞绳钓鱼旅行，赶在狩猎季开始前去安大略省打野鸭野鹅，或者去不列颠哥伦比亚省测试极端天气下丹纳育空寒地狩猎靴，也是可以的。

- 人手一份"年度个人创意日志"，鼓励员工记下他们在工作和生活中遇到的问题和想到的新创意。

- 在公司内部期刊或新闻通讯中撰文，分享关于"潜藏因素"的故事，讲述个人或团队是如何在满足自身需求的同时发明出成功的新产品的。人们通常会在听故事的同时学到新知识。要让"潜藏因素"理论变成公司方法论的一部分。

如果你公司的产品或服务并不是你和你的员工常用的，那该怎么办？"潜藏因素"还适用吗？依然适用，但是做法可能不大一样。

模拟客户

如果你确实不可能成为自己企业产品的客户，那么你可以模拟成为客户，主要有两种方式。

第一种方式是解决具体问题或者满足个别客户的具体需求——注意不是一个客户群体，而是一个单独的客户。其中的道理与前面相同：如果你能为一个客户的问题找到解决的方法，那么很有可能其他的潜在客户对这个创新也充满兴趣。

以婴儿爽身粉为例，1890 年，一位医生写信给强生实验室的弗雷德·基尔默，他说一位患者抱怨使用膏药引发了皮肤刺激。为了解决这个问题，基尔默给这位患者寄去了一小瓶意大利滑石粉。随后，强生决定在膏药产品中加入滑石粉。紧接着，数百位客户突然冒了出来，都索要这种粉末。就这样，强生婴儿爽身粉诞生了。

第二种方式是尽可能接近客户，体验他们的体验。不要只是知道你的客户是谁，还要了解他们。关键不在于收集大量的市场数据，然后对它们进行分析、排序和解读。关键是，在现场实时地直接观察客户的体验。当客户努力解决某个问题或者试图使用你的某项产品或服务时，你最好就在现场，而不是让他稍后回忆当初的体验。我们把这种方法称为"接触体验法"。

1987 年，巴拉德医疗用品公司的年销售额为 1 000 万美元。该公司的战略是，通过丰富多样的新产品创新来开发和主导大型企业忽略的细分市场。

据《公司》杂志报道，巴拉德公司的第一个前提是，客户本身就是产品创新过程中不可分割的一部分。第二个前提是，销售人员——实际上与客户直接打交道的员工——也是这个过程的一部分。公司希望销售人员能在开展工作时走进现场，直接与客户互动。一位巴拉德的销售人员这样说："如果有问题，你不能图省事只问呼吸科主任或护士长。你必须自己走下去排查……问问护士们有没有问题。"

巴拉德的第三个前提是，研发人员必须对销售人员关于产品的想法做出回应。有一次，负责销售的副总裁提出了自己的产品创意，协助完成了产品设计，并与研发人员合作，把产品推向市场。从概念到交付，整个产品创新周期只用了短短几个月。

很多最优秀的产品创新企业都在通过这种实时接触体验法获得客户反馈。比这更进一步的做法是开展轮岗，让研发人员到销售岗位上真正工作一段时间，或者至少让他们到一线与客户直接互动。（顺便说一句，我们认为，企业领导者也应该拿出一些私人时间接触和感受客户的问题，这个主意非常不错。）

耐克、赫曼米勒、邦奥陆芬、宝马、好利获得和巴塔哥尼亚都希望自己的设计师能和产品的最终使用者建立紧密的个人联系。正如好利获得的设计主管保罗·维蒂所说：

当然，你可以说，这是一种不大科学的营销形式，但是它经常能让设计师的洞察力和直觉得到更好的发挥，它的效果比阅读枯燥的书面报告要好得多。

这真的不科学吗？看起来是这样。但是，请仔细想一想：科学的本质是什么？科学家主要做些什么？他们会整天坐在那里，阅读别人写出来的报告吗？不是的。他们会想方设法地接触和感知世界。只有这样，他们才能对世界做出精确的观察。他们会走出去，自己去观察这个世界。

科学家还会做试验。

企业创新要素三：试验与犯错

重要的是试验。只要能达到 10% 到 20% 的成功率就够了。

我就是这么干的。我会尝试很多不同的东西，有的成功了，

那纯粹是瞎猫碰上了死耗子。

——维诺德·科斯拉，太阳微系统公司联合创始人

行文至此，我们希望你已经受到启发，博采众长地吸收来自各处的新想法，兼顾"创意推动"和"市场拉动"的作用，并成为客户。

尽管如此，可能还是存在一个令人烦恼的问题：你要如何知道一项创意是不是好创意？我们给出的例子难道都是单纯幸运的结果吗？怎么看待那些没有成功开发出"潜藏因素"的创意推动案例和单一客户解决方案？在把一项创意付诸实施之前，你能排除所有风险，确定地知道它算不算好创意吗？

很遗憾，创新本身充满了未知。想知道一项创意是好是坏，最好的办法就是做试验，先试一试。这自然会有失败——因为有些创意并没有那么好——但失败是题中应有之义。创新离不开试验和犯错，三者是不可分割的。无论离开哪两者，都不可能有第三者，这是一定的。

爱迪生在成功发明电灯泡之前坚持不懈地完成了 9 000 多次试验。一位同事忍不住问他："为什么要死钻牛角尖呢？你已经失败 9 000 次了。"爱迪生怀疑地看着那位同事说："我一次都没有失败过，我证明了 9 000 多种材料是不可用的。"爱迪生这种试验、犯错、校正的理念正是创新的精神命脉。

我们非常喜欢约翰·克里斯（Video Arts 视频制作公司联合创始人）讲述的"小导弹戈登"的故事。它生动形象地体现了这个道理的精髓：

戈登是颗小导弹。它要打中目标。一飞上天，戈登就开始发射信号以检查自己能不能打中目标。信号回来了——"哦，不行，你跑偏了，往上些，再往上些，稍微往左来一点儿"。

于是，戈登修改了方向。接下来，聪明伶俐的小戈登又发出了信号。它问信号："怎么样？我现在方向对吗？"信号告诉它："还差一点儿，只要把现在的方向往左一点点儿，你就对了。"就这样，小戈登再次调整方向，再一次发出信号。信号说："哎呀，戈登，你又搞错了。往下来点儿，还要往右 1 英尺。"

这枚导弹的理智和坚持教给我们一个道理：我们都会不断地犯

错，要不断地听取反馈意见，并且根据反馈意见调整自己的行动，这样才能命中目标，把大坏蛋炸上天。

我们要为小导弹戈登的做法鼓掌。如果有高明的批评家说："它在飞行过程中犯了不少错误。"我们会回答："你说得不错，但是这并不重要，对吗？它最终命中了目标。前面的小错误微不足道，因为它们都得到了及时纠正。而且，正因为数以百计的小错误得到了纠正，导弹最终才能成功地避免一个大错误，那个犯不得的大错误——偏离目标。"

有时候，这种错误驱动的创新过程是非常偶然的。以锐步为例，20世纪80年代，这家公司柔软的褶皱鞋革点燃了消费者对锐步运动鞋的需求。这种面料并不是计划之内的，它来自一次生产上的失误。

实际上，有很多创新都来自某种形式的放手一搏——尝试、试验，只是为了看看它行不行得通。让我们再次回到3M便利贴的例子上，斯宾塞·西尔弗曾经这样描述这种黏合剂的起源：

便利贴黏合剂的关键在于试验。假如我只是坐在那儿思考，就不会有试验。假如死啃书本，埋头于文献，我可能早就停手不干了。因为文献里的例子多如牛毛，说的都是"你不能这样干"。

像我这样的人就喜欢找寻原材料的新属性，这让我激动不已。我发现，把原有的结构稍加打乱，观察接下来会发生什么，这个过程给我带来了极大的满足感。说服人们这样做很不容易。我的经验是，人们不愿意尝试、试验——就为了看看会发生什么。

用微波炉烹饪同样来自一次简单的试验。微波技术工程师莱斯·温德买来一袋爆米花，把它放在了微波功率管前。另一位工程师这样评价：

它们（爆米花）暴跳如雷。这次试验跟董事会和任何领导都没关系，只有莱斯·温德和那袋爆米花。

提到试验带来的创新，我们最喜欢的一个例子来自加利福尼亚州一家小型企业 Powerfood。这家企业发明了一种革命性的能量棒。运动员——跑步者、登山者、骑行者或游泳健将——都可以在运动前甚至运动中食用该能量棒，以迅速提升身体的能量水平，而不会导致肠胃不适。多年以来，"运动前至少3个小时不许吃东西"的金科玉律一直让运动员深受其苦。能量棒让这个问题迎刃而解，它改变了全球成千上万运动员的生活。

能量棒的发明能代表迄今为止的很多创意。它的创意来自奥运会马拉松选手布赖恩·马克斯韦尔。由于身体缺乏能量，他经常会在比赛中遭遇"撞墙期"问题（成为客户，解决自身的问题）。马克斯韦尔带着这项创意找到一些大公司。这些公司给他的回复是："生产这样的能量棒是不可能的。就算能生产出来，市场也太小了。我们不感兴趣。"马克斯韦尔只好自己创办了一家公司。（再次说明了广泛采纳各种创意的重要性。）最后，经过大量的试验，产品解决方案大功告成。马克斯韦尔这样描述当时的情景：

我和詹妮弗还有比尔在我们伯克利的厨房里开工了。到处都是成袋的白色粉末和装满棕色液体的瓶瓶罐罐。一台天平占据了餐桌的正中央。来访的人第一眼看上去，一定以为我们是某个毒品犯罪团伙的头目。不过没关系，因为他们接下来就会发现烤盘和馅饼盒，它们和内衬锡纸放在一起，上面还标着编号，占满了所有能放东西的平面。走近观察，你会发现每个馅饼盒里都放着面团，它们看上去黏糊糊的，颜色很奇怪。走进这间屋子里的人至少要品尝四五块这样的试验品，还要在档案卡上记录自己的看法，否则我们是不会放他们走的。不仅如此，常来的人还要带走一小袋玻璃纸包装的样品，以便"下次运动之前试一试"。

马克斯韦尔和他的朋友们调制了数百份试验样品，温德把爆米花炸得满地都是，西尔弗在实验室里混合化学制剂，还有爱迪生的9 000次灯丝试验，这些都是你在思考如何让你的企业保持创新时必须牢记的。

我们甚至在自己的教学中发现，最好的创新来自课堂试验。我们从未停止过在课堂上尝试新鲜事物。有些试验取得了成功，变成了课程的固定组成部分。还有些失败了，我们在第一次尝试之后就彻底放弃了。我们勇于做出各种尝试，观察尝试的结果，正因如此，我们才做出了一系列教学创新。一定要乐于试验，即使它意味着不断失败（我们失败过很多次）。

做就对了

在尝试保持创造力的努力中，我们还发现"做就对了"这句简单的口号对我们有极大的帮助，所以我们希望把它带入企业界。我们为一家企业制作了大量印有"做就对了"字样的贴纸、记事本和钥匙链，发给公司里的每个人。我们想提醒他们，"做就对了"——不需要在15层的领导签字同意。实际上，我们一直想告诉人们：事后取得原谅远比事前获得批准容易得多。做就对了！

非必要，不做大

成功的试验需要简单的结果。也就是说，要乐于尝试很多不同的事物，保留行得通的部分，然后干脆利落、了无挂碍地终止行不通的部分。

尽可能长时间保持项目的小规模。只有这样，你才能更轻松地说："哦，这个行不通，那我们试试别的吧。"如果一个项目变得太大太快，它就会开始为自己的生存而战，尽管知道终止这个项目、开始新的试验更明智，但是人们仍会说："你看，我们已经在这个项目上投入了 17 个人，化了一年的时间，不能说停就停。"

诺发系统公司就是个很好的例子。一直以来，这家半导体设备企业在新产品开发过程中坚持"少即是多"的原则，击败了众多规模 10 倍于己的竞争对手。在产品设计的早期阶段，诺发只用三四位关键工程师，只有在证明了新产品行之有效后，它才会为项目增加人手。

失败产品的作用

试验应当做到什么程度？是不是应该一直进行到产品上市？在实验室里做试验是被普遍接受的，但是在产品上市的过程中呢？这个阶段的试验一旦开始，成本就会高出很多。

这是一个令人左右为难的问题，一方面，如果不能 100% 确定产品会获得成功，你就永远不会推出新产品（你会被不断推陈出新的企业远远甩在身后）。另一方面，产品的失败当然会耗费资金和时间，影响声誉，还会打击信心。对于这个问题，我们有两种看法。

第一，在全面推出新产品之前，你可以先做一些小规模的市场测试，这同样是一种试验。你可以先在某个地区上市，观察效果。也可以先针对部分客户群体实施彻底的产品测试，并从他们的反应中学习。宗旨是把大量的小规模试验、试错、学习和纠错的过程延续下去——就像我们的朋友"小导弹戈登"那样，它会在成千上万次"错误"中进行自我纠正，但它最终会把"大坏蛋"炸上天。

第二，高度创新的企业从不畏惧产品的失败。这并不是说这些企业喜欢产品遭遇失败，而是说，它们甘愿冒市场失败的风险，然后从中学习。

以苹果为例。在 Apple Ⅱ 之后，这家公司跟进推出了两款产品（Apple Ⅲ 和丽萨电脑），都遭遇惨败。但是苹果把自己从失败中总结的教训用来制造 Mac，收获了无与伦比的成功。亨利·福特推出过很多款产品，有些遭遇了众所周知的惨败，如最初的 B 型车，最终他成功地推出了 T 型车。福特从每一种新上市的产品（和失败产品）中吸取经验教训，设计出了革命性的 T 型车。摩托罗拉同样遭遇了一连串代价不菲的产品失败，并从中不断学习：Model 55 对讲机（1933 年）、第一款按键式汽车广播（1937 年）、汽油取暖装置（1947 年）、第一款彩色电视机（1957 年）——它们都是摩托罗拉曾经的失败案例。

你可能会说，它们都是大公司，完全负担得起一部分产品的失败。小公司怎么办？这个问题问得好，但是请仔细观察，前文提到的每个例子都发生在这些公司的早期阶段。它们当时远比现在弱小得多。事实上，这些公司之所以能度过早期阶段，实现了从优秀到卓越的跨越，部分原因就在于，它们早期经历过很多次产品失败。

我们的目标是拥有多个产品周期——产品上市，迅速从产品的缺点中吸取经验，并根据市场反馈持续创新和改进。（注意：这同样适用于新服务。）日本人的突破式创新远远不如美国人，但是日本人深刻掌握了渐进式改进流程，这对日本企业在某些行业取得霸主地位起到了举足轻重的作用，如汽车行业。

图 8-2、图 8-3 说明了突破式创新／渐进式创新的周期是如何展开的，以及它是如何在苹果发展的初期发挥作用的。

［注意：考虑到苹果自 1985 年以来的管理层动荡，我们曾经很犹豫，不知是否应当在书中引用苹果的案例。这家公司体现了 4 个卓越要素中的 3 个（业绩、影响力和声誉），但是，我们当时对第四个要素怀有疑虑（长久发展）。2040 年的苹果还会是一家卓越的企业吗？考虑到 1984 年，也就是 Mac 诞生的那一年，直到 1991 年，苹果并

没有重大突破式创新出现，加上公司高层令人沮丧的领导（高管的天价薪酬导致了 20 世纪 90 年代初的大裁员，并因此饱受诟病），我们一度对苹果是否能保持长久卓越深表疑虑。

尽管如此，我们还是相信，这家公司从 20 世纪 70 年代末到 80 年代中期对世界产生了现象级的影响，这让我们有理由引用其发展初期的多个案例。读者会发现，本书引用的苹果案例都发生在 1985 年之前。]

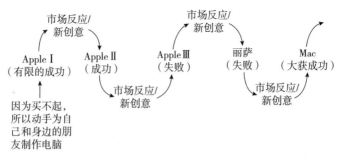

图 8-2　苹果电脑的产品创新周期

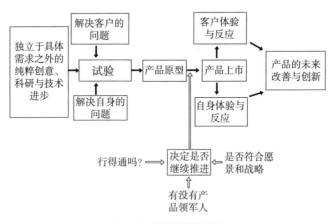

图 8-3　突破式创新的周期

好的错误和糟糕的错误

应该接受和容忍所有的错误吗？所有的错误都是好的吗？

好的错误来自追求某个目标时的诚实努力和落实工作时的勤勉尝试，糟糕的错误发生在人们因草率、轻慢或者玩忽职守而造成一项创意失败的时候。"错误是有价值的"并不代表"我们不必倾尽全力把事情做好"。在市场上推出错误产品是一回事，草率地把产品推向市场是另一回事。

最糟糕的错误是一而再、再而三地犯同样的错误。错误的价值在于我们能够从中学习，而不是错误本身。

爆米花

我们喜欢把创新型企业比作爆米花。你也可以把自己的组织想象成一个巨大的爆米花机，优质创意的种子就像尚未爆开的玉米粒。创新型组织和爆米花机给我们的感受非常相似——大量的优质创意存在于一个有利的环境里，"砰"的一声，"弹到"众多的试验中。下次看电影时，你可以仔细观察一下爆米花机是怎样工作的，并把那幅画面记在心里。

有一次，我们走访了巴塔哥尼亚的主办公楼（设计、生产、研发、市场和财务部门都在那里）。我们当时的感觉就像走入一台巨大的爆米花机。那里人员活动的程度——员工走动、尝试、交谈、设计、绘画、写作、开会、做决定——是惊人的。那里没有寂静的午休时间，没有让人昏昏欲睡的无聊会议，也看不见有人沮丧地等待允许行动的指令。那里没有钟表，更没人看时间。下午4点30分，忙碌的程度没有半点儿减缓，和早上8点时一样。那里的人说话就像放连珠炮，"我们得快些，我还有个正在进行的项目需要处理……"，类似这样的风格。

另一种方法是预留一部分自由资金，用来激发内部创意。每年留出一部分资金作为内部风险投资基金，希望推进创意的内部员工可以申请使用这个基金。某个人——或一个团体——将充当内部风险投资人，并决定为哪些项目提供资金支持。

坚持就是胜利

我们的一位同事问英特尔首席执行官安迪·格鲁夫，他的公司是怎样对充满创业精神的工程师的海量创意做出取舍的。格鲁夫回答说："要允许人们坚持不懈。每个人都可以提反对意见，但必须拿出更好的论据才行。"

"允许人们坚持不懈"，这句话说得太好了。它抓住了"达尔文主义"或自由市场风格的精髓。在这些环境中，人们的想法永远不会被彻底扼杀，但只有最合适的创意才能生存下来。

再举一个英特尔的例子。一群中层管理人员尝试为个人计算机开发附加板，但是这个想法最初没能进入公司的产品战略。这些中层管理人员得到了英特尔内部风投资金的支持，这项产品最终为英特尔打造了一项独立业务。

充满了试验者和工匠的企业

为了保持创新，你必须让各个层级的人做大量的试验和发明，鼓励人们积极行动，这样才能产生爆米花效应。怎样做到这一点？如何为它创造条件？答案涉及以下三个基本方面。接下来，我们会逐一讨论：

- 聘用创造性人才
- 为人才让路
- 奖励创新者

企业创新要素四：富有创造力的人才

企业要保持创新，就离不开富有创造力的人。

请稍等！可能你会认为，这也太明显了，不值得继续阅读下去。请少安毋躁，继续读下去，它并不像看起来那么明显。

实际上，大多数关于企业创新的文献主要或者完全专注于结构化的解决方案。我们并不否认结构化要素在维系创新中发挥着作用（我们会在下文详细阐述），但是，创新的实现终究是因为结构中的人富有创造力。

令人遗憾的是，人们普遍认为，创造型人才属于某个特殊的、不一样的人种，创造力是他们的独有属性。换句话说，人们普遍认为，人分成两种，一种有创造力，另一种没有创造力，没有创造力的人永远都不会有创造力。

胡说八道！

所有人都有创造力。世上不存在所谓天生缺少创造力的人，创造力是我们每个人与生俱来的能力。从来就没有什么特别的人种，生来具备某种创造的天赋。我们大多数人天生没有这种福分的说法纯属胡说八道。

让组织的各级人员富有创造力的第一步是，要相信人们有与生俱来的创造能力。如果根本不相信人们拥有这种能力，又怎么指望他们创新呢？

帮助人们发展创造力

第二步是帮助人们发展个人创造力。以下步骤可供参考：

- 针对创造力提供教育培训。关于个人创造力的培训课程和研讨会可以非常有效地帮助人们认清自己是充满创造力的，以及如何获取更高的创造力。一些最具创新精神的企业，如耐克，会提供很多这样的培训机会。

在耐克的一次创造力研讨会之前，我们问："为什么请我们来讲授创新？这似乎有点儿奇怪，给耐克讲创造力有点儿像教杰西·欧文斯跑田径。"耐克的培训主管皮特·施密特答道：

创新是我们公司最重要的一面，我们必须在发展壮大的过程中始终保持创新。随着招聘的人越来越多，我们希望人们都能理解创新的重要意义。我们想帮助人们变得更富有创造力，以此做到持续创新。我们不能想当然地认为，人们已经充分发挥了他们全部的创造才华，我们必须在这个方面持续不断地激发大家。

● 提供有关创造力过程的教学资料。当新员工入职时，送给他们一本关于个人创造力的书。购买和分发关于创造力的阅读材料，你甚至可以考虑每年挑选一本书，由公司购买并作为礼物赠送给每位员工。下面是我们推荐的几本关于创造力的著作：

• 《企业创造力》（*Creativity in Business*），迈克尔·雷，罗谢勒·迈尔斯

• 《思维突破》，詹姆斯·亚当斯

• 《解决问题的艺术》（*The Art of the Problem Solving*），拉塞尔·阿科夫

• 《水平思考》，爱德华·德博诺

• 《当头棒喝》，罗杰·冯·伊区

● 撰写自己的"创新宣言"。发展你自己关于企业创新的思想。采用本书的思想，结合你自身的经验，阅读其他作者的著作。写

一份一页纸的创新宣言，让每名员工都看得到、读得懂，它可以是一份简单的清单，包含10个要点，例如：

1. 我们永远不会说："这是个愚蠢的想法。"

2. 先试验，再评价。

3. 从客户那里获取1 000个好点子。

4. 年收入的25%来自近5年上市的新产品。

5. 谁有好想法，我们就听谁的。

6. 永远不做"随大溜"的产品，我们的每一项产品必须在某一方面具有创新性。

7. ……

请写下你自己的清单。这非常有趣，而且极富价值。

聘用和培养非常之才

寻找那些曾经从事创造性工作的人才。寻找那些做过不同的、有趣的事情的人才——如在大学期间创业、拥有多样化经验、在整个职业生涯中始终表现出独特才华的人，以及不拘一格的人。

比尔·瑞思发明了一种高度创新的金融证券产品，其中包括一种叫双重发行期权的东西。它涉及解决一个大多数金融专家认为无法解决的长期存在的金融难题。你可能会问，比尔·瑞思是谁？一言以蔽之，他是一位非常有创造力的金融设计师。

这个故事最引人入胜的部分在于，比尔是如何获得创造这个创新的机会的。他的简历就像一个大杂烩，完全没有重点。他做过设计师、营销经理、销售员，从集成电路跳到个人计算机，再跳到工程师工作站——这全部发生在他30岁之前。比尔说："看到我的简历，招聘人员心里会想：'哦，这真是一个大杂烩。哪儿跟哪儿都不挨着。

这个人总是跳来跳去，完全没有连贯的焦点。'"其实不然，比尔的工作经历贯穿着一条不变的主线：他有为棘手问题提出创造性解决方案的本领。

就这样，他被一家投资银行聘用。这家银行发现，比尔聪明异常，充满创造力，所以雇用了他，放心地让他自由发挥、攻克难题。

你不仅要雇用一些充满创造力的"异类"，还要包容他们偶尔的怪异行为。有些最富有创造力的人无论如何也套不进日常行为规则的模子里。他们经常有令不行，惹人发火，甚至成为脱缰之马。

吉姆·柯林斯曾在职业生涯初期供职于麦肯锡公司。那是一家极其保守的企业，人们穿着灰色西装，不苟言笑。但是，麦肯锡同时也在不断做出一些重要的创新贡献——包括《追求卓越》这部著作在内。吉姆还记得在办公室遇见这本书的合著者汤姆·彼得斯时的情景：

他的办公室就在我的正对面，中间隔着大厅。他的办公室总是乱作一团，堆满了各种滑稽可笑的帽子：消防头盔、一战时的钢盔、棒球帽等。它看上去根本不像一间麦肯锡的办公室。有一天，在一个平常的工作日里，这位老兄像旋风一样刮过我的办公室门口。他穿着宽松的大短裤、破旧的网球鞋和T恤，上面印着"不要问我任何问题，因为我真的给不出答案"。这就是汤姆，他冲进自己的办公室，只为拿几份文件。

显然，彼得斯和麦肯锡的模式完全不搭界。但是，这家公司照样接纳他，容忍了他看似失控的行为。在他和罗伯特·沃特曼完成这部著作时，任由他随心所欲。

维诺德·科斯拉是太阳微系统公司的联合创始人，谈到如何保持公司创新，科斯拉指出：

你必须维系组织各个"片段"之间的平衡。你必须心甘情愿忍受一些非常之才，因为一些最有创造力的人才就是卓尔不群的。我们有一位（男性）工程师。他上班时会穿着一件宽大的罩衫——有点儿像孕妇服，极其宽松、极其舒适的那种。这还不是最离谱的，关键是，这些人有能力创造我们竞争所需的东西。

所有的创造性创新都来自非比寻常的异类吗？不，当然不是。实际上，我们认识的一些最有创造力的人才恰恰是相当保守的。但是，为了建成一家创新型企业，接受几位桀骜不驯的狂人是明智的做法。正如赫曼米勒的麦克斯·德普雷所说："想要自己的公司取得最好的成绩，你必须想尽办法接纳和包容特立独行的人才。"

我们要清楚地认识到，随着公司的发展壮大，它吸引的人才类型也会随之发生变化——追求稳定的人越来越多，敢于创新的人越来越少。要避免这种趋势，最好的办法就是经常雇用野鸭式的刺儿头人才。

雇用多样的人才，而不是多样的价值观

广度和多样性孕育了创造性的洞察力。与经历相似的人相比，经历和背景不相同的人在解决同一个问题时，通常会给出更有创造性——通常也是更好——的答案。我们建议你雇用一群不拘一格的人。

在Giro，总裁比尔·汉内曼坚定不移地打造背景高度多样化的高级管理团队——前教师、前广告公司主管、前教务长、前游戏设计主管、施乐公司前设计师等等。但是，与此同时，Giro在核心价值观上做到了严格把关，绝不放宽标准。

我们可以学习Giro的做法，在企业里寻求多样化，但要牢牢把握核心价值观（如图8-4所示）。

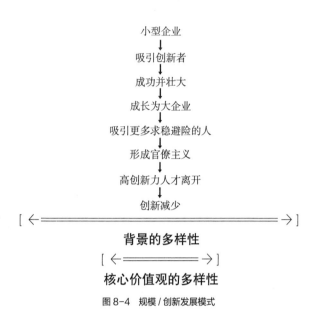

图8-4　规模 / 创新发展模式

任用门外汉

丹尼尔·布尔斯廷在他里程碑式的著作《发现者》（一部翔实的人类探索与发明史）中指出，很多重大贡献的产生是因为人们的天真。例如，在描述本杰明·富兰克林对电的发现时，布尔斯廷这样解释：

事实上，他（富兰克林）的成就证明了天真战胜了学问……他的外行和非学术思维恰恰是他最大的优势。和很多其他完成重大发现的美国人一样，富兰克林之所以能看见更多，是因为他对自己"应当"看到的东西知之甚少。

这个道理同样适用于企业。人们的传统智慧越丰富，就会越危险。很多企业创新者愿意做出新的尝试，因为他们不知道这是与传统智慧背道而驰的。正如苹果负责信息系统与技术的副总裁黛比·科尔曼所说：

"就业务而言，我在创新和创造力方面遇到的最大障碍就是传统智慧。"

让我们回到比尔·瑞思（还记得他吗？他的简历像个大杂烩）的例子。他之所以成功解决了双重发行期权的定价难题，是因为他刻意地不去学习别人学过的知识。他的上司告诉他："我们有一些签约的学术专家可供咨询，你可以获得任何与你想研究的问题相关的学术期刊或出版物。"

比尔回答："不用了，谢谢。我宁愿天真地看待这个问题。我怕看到别人走过的死胡同，那只会妨碍我。"

比尔把自己关进了一间小黑屋，几天不出来，专心致志地独立思考这个难题。最后，他用前人从未想过的方法重新建构了这个问题，终于找到了创新的解决方案。比尔说："如果事先知道传统的建构方式，我就可能永远都解不开这道难题了。"

我们想说的当然不是企业应该雇用一群天真的人，或是对本行业一窍不通的人。知识和经验是极其宝贵的财富，但它们也可能成为负累。关键是要在经验丰富、知识渊博的专家与天真纯粹的头脑之间取得平衡。不能仅仅因为某人不是科班出身或者刚刚大学毕业（甚至没读过大学，就此而言），就简单粗暴地把他拒之门外。

聘请设计师

设计人才是企业界最未被充分利用的创造力来源之一。这里的设计人才指的是经过专门训练的设计人才，以及拥有设计天赋的人才。与多数企业有关的设计可以分成两大类：平面设计和产品设计。专门的训练让设计师富有创造力，最重要的是，会帮助他们运用这种创造力解决实际问题。

想想那些伟大的产品：宝马的汽车、苹果的 Mac、邦奥陆芬的转盘唱机、赫曼米勒的家具等等。你会发现，设计是这些产品有别于其他产品的一项关键元素——它们集超乎寻常的优雅、美和功用于一身。

即使是对最平凡无奇的行业来说，设计也能成为最关键的差异化因素。以乔安纺织公司为例，这家公司是家具装饰品市场的领导者，它把自己的很大一部分成功归为高质量的设计。原首席执行官拉里·安森指出：

千万不要低估时尚的重要意义——我们通过卓越的设计人才做到了这一点。传统的老派企业存在一种倾向性，认为设计是无关紧要的。这样的看法是不对的。我们的成功在很大程度上来自设计团队。

要聘请设计师，聘请平面设计师帮忙设计商标、营销材料、宣传手册、包装等。聘请产品设计师完整地参与产品开发过程，而不是简单地充当助手，把产品做得"好看点儿"。从产品开发周期的早期概念开始，设计师就要加入进来。

有一些企业，如博朗、Giro、巴塔哥尼亚和乔安纺织公司等，会招聘设计师作为自己的员工。还有一些企业，如赫曼米勒、好利获得、邦奥陆芬和雅马哈等，会与外部设计顾问和设计公司广泛合作。无论采用哪种形式，我们都应当在业务的各个方面发挥"设计思维"，并让这种思维深入人心，渗透到公司的每个角落——办公场所、流程、组织结构、产品和所有工作。

企业创新要素五：自主权与去中心化

自由、低效和繁荣很少同时出现。
——塞缪尔·艾略特·莫里森

1998 年，波士顿凯尔特人队时任主教练 K. C. 琼斯在哥伦比亚广播公司（CBS）的一档体育节目中提到："我会给场上的球员充分的自由发挥空间，这样他们才能发挥自己的想象力和创造力。"

"难道这样不会引发问题吗？"采访者问。

琼斯回答："不会。在过去的5年里，我们4次打进决赛，两度获得冠军。"

琼斯的执教方式说明了一条关于创造力的核心真理：创造力离不开自主权。

信任、尊重和鼓励

斯坦福大学商学院被誉为全球最具创新精神的教育机构之一。本书的两位作者有幸亲身体验过它是如何做到这一点的，这在吉姆·柯林斯描述他在斯坦福任教第一年的经历中得到了很好的体现：

那一年我30岁，没有大学任教的经历。罗伯茨院长向我发出了任教的邀请，接下来，他只是简单地说："你在哪些时间段可以上课，请告诉我们。祝你好运。"这就是我当时得到的全部"指示"。我会在教室里讲些什么，做些什么，没人过问。也没人给我详细的工作指南，甚至没人看过我的教学大纲。基本上，我可以自由发挥，想讲什么就讲什么，想怎么讲就怎么讲。当然，我也有经验丰富的同事可供咨询，也有一些已经开发好的课程资料。但是基本上没人管我，我想怎么做就怎么做。

两年后，在庆祝吉姆获得优秀教学奖的午宴上，吉姆对罗伯茨院长说："你为我冒了很大的风险。你为什么要那样做？"

罗伯茨回答："哦，那是我们一贯的做事风格。我并不认为那是在冒险，它更多是一次机会。你知道吗？我们相信，放手让你发挥，你会做得更好，并带来优异的成果。当然，并不是每个人都能做到这一点，但是，总体而言，我们通过这种方式收获的创新和成果是非常值得的。"

考虑到吉姆对自己当时的工作知之甚少，我们并不完全同意这件事是无风险的。但是，罗伯茨展现出最关键的因素：信任和鼓励。他愿意为之冒险，并相信吉姆能应付得来。

雇用优秀的人才，为他们创造恰当的工作环境，并为他们让路。

这正是特雷西·基德尔在他的杰作《新机器的灵魂》中抓住的重点。他在书中提到设计团队是怎样推动一台新计算机诞生的：

……他们以非凡的精神完成了这项工作，而且原因在于，在最简单的商业情境中，它们看起来出奇地纯粹……超过24个人加班加点地为之奋斗，不期望一丝一毫的物质奖励，一干就是一年半，他们中的大多数人对此心满意足。之所以如此，是因为韦斯特和其他管理者给予他们充足的自由去创造，同时指引他们走向成功。

始终保持创新的企业很好地认识到了自由和自主权的必要性。赫曼米勒允许设计师在远离办公室的地方工作。只要有利于工作，他们就可以选择任何地方。默克是全球最富创新力的制药企业之一。它聘请了能找到的最优秀的科学家，请他们自行选择基础研究（而不是市场营销或企业研究）的目标，然后放手让他们自由发挥。

这一点适用于人类努力的各个层面，从五人篮球队到整个社会。实际上，罗森堡和小伯泽尔在他们的著作《西方致富之路》中指出，西方经济发展的根本源泉是自主试验带来的海量创新。反过来说，这些试验之所以会出现，是因为没有什么桎梏束缚人们的尝试，人们可以自主地采取行动。试想一下，假如美国每一家新企业的创办都要事先得到负责经济集中管控的政府部门的正式批准，那会怎样？（实际上，我们不需要想象，看看苏联的经济情况就知道了。）

然而，人类组织的发展趋势倾向于向相反的方向发展——寻求管控和秩序，希望把出现意外的可能性降到最低。为了保持创新，我们必须提高警惕，抵制这种倾向。

用生命和灵魂换取贫乏与秩序，这种强烈的欲望就像顽强的藤蔓，它会不断地爬上组织的各个方面，缠住它的手脚，阻碍它迅速灵活地行动。如果任其发展，这些藤蔓终将缠紧组织的咽喉，攫取它的生命和灵魂。

实际上，企业发展过程中最大的讽刺之一在于，几乎所有新企业都是从高度创新的组织开始的。但是，同样是这些企业，它们中的大多数会随着规模的增长和时间的流逝逐渐丢掉自己的创新能力——早期阶段开疆拓土的精神会被官僚主义和集中管控扭曲的、令人窒息的藤蔓牢牢缠住。

不要让这样的事发生在你的企业里！

但如何做到？企业如何在成长壮大的同时防止这种情况发生？

去中心化：切割钻石

基本的解决方案是去中心化，我们也称其为切割钻石。很多企业在规模大幅扩大时成功地保持了创新的火花，如强生和 3M 等。这些企业追求的基本解决方案就是去中心化。

去中心化的思想非常简单：不断地把企业分散成小型化、半自主式的单位。这样一来，公司整体可以变得更大，同时还可以保持小型化的各种优势。每个小型子单位里的人会因此感到自己当家做主了，有一种责任感、自主意识和个人的担当。在企业整体旗帜之下，这些感受足以激发出创新型业务。

在《公司》杂志的一次采访中，美国热电公司首席执行官乔治·哈特索波洛斯解释了去中心化是如何起作用的：

必须为美国产业找到一种新的组织形式，它要把小型企业的优势和大型企业的力量结合起来。我的答案是建立由众多小型企业组成的企业集团，它会为集团内的小型企业提供财务和管理支持，以及战略方向。与此同时，这些小型企业可以像独立企业一样自主经营。目前（截至 1988 年，集团总收入为 4 亿美元）我们已经建立了 17 个这样的业务单位。

瑞侃公司是另一个通过不断"切割钻石"保持高度创新的例子。这家公司在成长过程中不断地化整为零。借用创始人保罗·库克的话来说，就是要"让公司始终保持一系列小型单位的样态"：

假如你开发的产品达到数百种……与严格控制的企业相比，这需要一种相当松散、非结构化的企业类型。和我们竞争是件非常不容易的事。

何时去中心化

一家企业应该在什么时候去中心化？我们应当始终朝着这个方向努力——给人们自主权，给人们创造和行动的空间。一条比较好的经验法则是，企业达到100至200人时，就该认真思考如何切割钻石了。

让去中心化真正发挥效力

由于篇幅所限，我们无法在此详细介绍去中心化结构的所有细节。如何让去中心化真正发挥效力（如图 8-5 所示）？下面几点总体原则可供参考。

- 连接愿景。只要我们的愿景（价值观、目标和使命）是清晰明确的，独立自主的个人和团体就能根据这些共同的整体愿景完成自我调节。人们的目光会聚集在同一颗指路明星上，但是人们可以乘坐不同的车辆驶向它。共同的愿景是去中心化发挥效用不可或缺的关键环节。

- 通过增加沟通和非正式协调克服集中管控的缺失。人们要知道其他去中心的兄弟单位正在做什么，这样才能协同行动。以巴塔哥尼亚为例，这家公司的产品线主管每个月至少开一次协调会。此外还有一种方法，既可以提升沟通和协调，又不会增加官僚主义的负累，那就是电子通信——电子邮件、语音邮件、计算机网络、远程会议等等。

- 促进有价值的知识在各子单位之间流动和传播。举办内部研讨会，请来自各子单位的员工交流想法，做报告，学习彼此的经验。为那些贡献了重大创意和发明，或者为兄弟单位提供重要帮助的人颁奖，让他们声名远播。

- 打造一个开放的系统。只有在具备良好信息的情况下，自主运营的人才能做出卓越的决策。为了做到这一点，一个最好的方法就是帮助人们自由地获取大量信息——即使是传统意义上的敏感信息。NeXT 电脑公司就是个很好的例子，在那里，任何员工都可以自由获取任何信息，甚至包括每个人的工资水平和内部财务信息。并非每家企业都能做到这般极致，尽管如此，我们还是强烈建议你朝着这个方向努力。再来比较一下美国和苏联两个社会：前者拥有开放的系统，后者曾是集中管控的典型代表。同样的原则也适用于企业。

- 避免矩阵结构。为了兼具集中管控和去中心化的益处，有些企业错误地建造了矩阵式组织。请不要这样做，矩阵结构会浇灭人们的主人翁意识，更不要说责任感了。

你可能会问："那么，如何看待去中心化下的重复劳动？难道我们不需要一种集中管控来避免过多的业务重叠吗？叠床架屋的业务是对资源的一种浪费。"

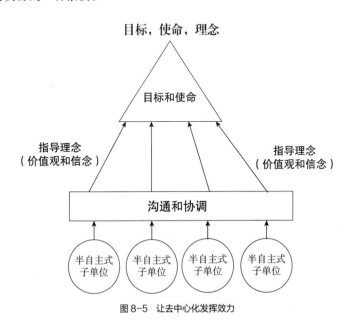

图8-5　让去中心化发挥效力

好问题！但是，请再想想高度集权的苏联经济，并把它与去中心化的、基于市场的经济做一下对比。乍一看，以市场为基础的经济似乎没有太大的吸引力。确实如此，假如有36家计算机企业同时参与一个领域的竞争，各自付出营运费用，各自开展市场营销和产品开发，这样岂不是非常低效？假如成立一家国家计算机公司，把所有职能集中起来，听上去是不是更令人憧憬？当然，我们都知道去中心化的吸引力更低。一个行业里有36家公司彼此竞争，当然会产生大量的重复劳动，但是，相比一家独大，这样可以创造更多的经济财富和创新。

这并不是说，我们应当在一个完全自由的环境下让所有部门相互竞争（尽管 IBM 和宝洁都曾在发展过程中明确宣布，让下属部门开展充分的内部竞争）。我们希望你能对这样的说法做出重新思考：与其他替代方案相比，充满重复劳动的去中心化效率更低。

这为我们带来了有关组织的一项最根本的事实：组织天生是混乱的。没有一种灵丹妙药，也没有一种万能的组织形式能解决所有问题。任何彻底消除混乱的尝试注定都会失败。确实，去中心化效率低下，而且代价不菲，但是，个人主人翁意识的火花——在自己的事业中当家做主——提升了人们的主观能动性，强有力地刺激了创新，尽管它偶尔会显得混乱不堪。

"民主当然是一个混乱、低效的体系，"杜鲁门说，"但它比周围的任何东西都好。"在某些方面，确实如此。重复的工作可能会让客户感到困惑。共享技术存在困难，它看起来太笨重了。然而，就像自由和民主一样，它比其他选择要好得多。

如果想要创新的闪电一次又一次击中你，你就要与这样的低效共存。你必须做一个基本的哲学选择，那就是，就它们带来的益处而言，低效与混乱是值得的。

一家组织不可能同时享有分权带来的灵感与热情和集权带来的高效率。选择去中心化，彻底地贯彻它，尽最大可能克服它带来的困难。如果半途而废，你就会像从靠右行驶的国家来到一个靠左行驶的国家，然后尴尬地把车开在马路中央。

企业创新要素六：激励机制

有一天，我们耐着性子听完了一家中型软件开发企业首席执行官的抱怨。他没办法让员工变得更具创新精神和创业精神。这让他苦恼不堪："我真希望他们能提出新的产品创意和业务，并主动实现它们。但是，他们把所有时间都花在管理现有部门上，根本没有时间开发新产品。"

"公司的工资待遇怎么样？"我们问。

"基本工资加奖金，奖金和部门年销售收入挂钩。"他回答。

"假如员工跑去开发新业务，会不会分散精力，影响部门当年的收入？"我们问。

"呃，会的。"那位首席执行官不情愿地承认。只用了几句话，我们就发现问题出在哪儿了。

还有一次，一家电子企业向我们提出了另一个问题：为什么很多最出色的工程师和科学家会跳槽去其他企业？我们走访了跳槽员工中最优秀的一位，得到这样的回答：

> 我唯一的晋升通道就是进管理层。但是我根本不想当领导！我只想做一名设计师，做出创造性的贡献。这是我最擅长的工作，也是我最喜欢做的事情。可是，他们告诉我，如果想获得更高的薪水（并且，我可能会补充说，相应的声望），唯一的办法就是从事管理工作。所以我选择了跳槽，来到现在这家初创企业。在这里，如果我的贡献在市场上获得了成功，我就会得到相当可观的奖金，同事们也会把我当成英雄。

这两个例子说明了一个简单的道理：组织的激励机制必须明确地认可创造性贡献的重要意义。

我们并不是说，人们的创造力完全是由金钱、权力或声望驱动的。实际上，他们常常会从有趣的工作、攻克难题的挑战、做出贡献的喜悦或者发现新事物的满足感中得到激励。尽管如此，创新仍然应该得到明确的奖励。所有人，无论动机多么纯粹，他们都会受到组织激励机制的影响。激励非常重要，想要保持创新，你就必须激励创新。

下面几点细节可供参考：

- 通过奖励、荣誉和认可等方式让做出创新贡献的人成为模范。为突出的创新贡献——无论是技术贡献还是新的业务创意——设立声望很高的奖励。在可能的情况下，不仅要奖励个人，还要奖励团队。可以考虑建立与新产品或新业务有关的奖项，以及与内部流程有关的奖项。在公司的新闻通讯或内部刊物上发表文章，宣传创新模范。甚至可以设立"勇于探索奖"，对那些做出有益尝试，明知其不可为而为之，遭遇英雄般失败的人给予应有的、与成功者同等的认可和奖励。

- 设定可衡量的创新目标，在此基础上评价创新工作。最好的衡量目标之一是，5 年内上市的新产品或服务带来的收入在年度总收入中的占比（一般来说，25% 是个不错的标准）。

- 为那些不想进入公司管理层的创新贡献者单独开辟一条职业发展通道，使之拥有与公司最高领导相当的丰厚薪酬前景。为什么主管财务的副总裁的薪酬是顶级创新设计专家的三四倍？我们认为这很不合理，然而这恰恰发生在大多数公司。与之形成鲜明对比的是赫曼米勒，为了留住一位顶级设计师，这家公司每年会支付 10 万美元，连续发放 10 年。其他设计师也会因为版税收入变得更富有。在赫曼米勒的企业文化里，设计师是大英雄，他们收获的声望和尊重丝毫不亚于公司副总裁。

- 奖励特定有价值的创新贡献。如果有人提出了一项可以降低生产成本的创新想法，并被采纳了，那么为什么不给他（她）颁发奖金？如果一个团队发明了一种有价值的新产品，那么为什么不奖励他们？可以考虑向他们支付版税，或者允许他们分享创新带来的利润。

- 允许人们玩"弹球游戏"。某些有创造力的人比其他人更渴望追求他们的工作，渴望有机会做有趣和有挑战性的事情。当个人或团队做出创造性贡献时，最好的奖励之一就是给他们机会，让他们做下一项全新的、令人激动的、意义重大的工作。在基德尔的《新机器的灵魂》一书中，汤姆·韦斯特称其为"弹球游戏"：

  "赢下了这一局，你就会想玩下一局。这台机器取得了成功，你就会想打造下一台机器。"这就像是在玩弹球游戏……"我会这样做，我想这样做。从一开始，我就清楚地知道这是一项艰巨的工作。我必须努力工作。如果这一次做得很好，我们就会希望下次做得同样好。"

关键是要认识到，真正有创造力的人基本上不会被休息放松的机会打动。那是他们最不希望得到的。他们希望有机会创造、创新、迎接新挑战、学习，并因工作而收获敬慕。

不只是产品，还有过程

本章的大部分内容都是关于新产品或新服务的创新的，但我们还想强调创造力在企业各个方面的重要性——例如营销、生产、组织以及所有相关事物。

创造性的营销对企业的成功同样重要。在市场上产品繁多、噪声巨大的情况下，你需要找到一种办法，精准地突破客户的筛选机制，在他们的脑海中留下生动鲜明的印象。这一点对中小型企业来说尤为明显，它们并不具备取之不尽的资源，没有足够的财力与大型企业比拼广告投入。我们把中小型企业的常用方法称为"游击营销"——用较少的资源产生较大的影响力。

巴塔哥尼亚打造了一个精彩绝伦的产品目录，省去了巨额的广告预算费用，这些手册充满了真实的探险照片和引人入胜的文字。多年来，该目录一直都非常精美，人们总是盼着阅读它。巴塔哥尼亚还与杂志摄影师建立了亲密关系，这些摄影师总是能影响人们外出拍照时的穿着。我们也许无法在《户外》杂志封面上刊登广告，它与预算高低无关。但是，身穿巴塔哥尼亚服装的探险者曾经多次登上这家杂志的封面。这家公司花在平面广告上的费用仅占销售收入的约千分之三。

鲍勃·穆格是 University Games 游戏公司的首席执行官。他通过主持电台游戏节目提高了游戏产品的知名度，在这个节目中，听众会打进电话参与游戏。人们在游戏中收获了乐趣，记住了穆格，并且购买了他的产品。

即使拥有充足的营销预算，你也要切记，创意比数量更重要。

回想一下 Mac 的问世。那些在 1984 年 1 月 25 日观看超级碗的人永远不会忘记看到数百个面无表情的被动的人在不停地听"老大哥"语调激昂地说教时那超现实主义、怪异、灰暗的形象。这条著名的"1984"广告仿佛冲出了电视屏幕，迅速抓住了人们全部的注意力。它让兴高采烈的球迷陷入沉默，他们坐在客厅或酒吧里，不由自主地被逐渐展开的精彩情节吸引。这条广告只播出过一次，但它给人们留下了难以磨灭的印象。有人还记得那天播出的其他广告吗？

> 创新产品 + 创意营销 = 魔力

请不要停止创新。即使是金融这样被人们认为最缺乏创意的领域，也存在着大量发挥创造力的机会（我们指的是合法的创造力）。班杰瑞冰激凌公司以充满个性化的风格绕过了传统 IPO 的诸多麻烦。他们没有雇用昂贵的华尔街承销商，而是通过"来一勺，尝尝行动的滋味"这句口号（印在冰激凌的盒盖上，旁边印着800开头的电话号码，方便人们打电话认购股票）完成了股票发行。当地居民（主要是冰激凌顾客）争先恐后地认购这家公司的股票。

创新对日常生产和运营同样重要，联邦快递就是个绝佳的例子，这家公司在日常经营中很好地展现了创造力。有一段时间，这家公司位于孟菲斯市的主分拣中心包裹堆积如山，其控制系统也不能很好地解决这个问题。接下来，有人发现了其中的原因：兼职工人故意放慢了系统的速度，因为这样可以延长他们的工作时长（获得更高的报酬）。

想想看，如果你是联邦快递的负责人，你会怎么做？

显而易见的答案是设立速度标准，通过详尽的衡量与奖惩机制贯彻这些标准。联邦快递找到了更简单、更有创意的办法：只为工人提供最低日工资保障，并宣布早干完的人可以早下班回家。结果，短短45天，之前的问题就被解决了。

本章阐述了组织创造力的基本要素——博采众长、"成为"客户、试验与犯错、富有创造力的人才、自主权与去中心化、激励机制等。这些要素适用于所有商业领域。要把它们用起来，把它们教给每个人，要随时随地激励创新。人类从不缺优秀的创意。

激发创造力的八种管理技巧

本章用很大篇幅描述了创新企业的各项特征，接下来讨论的是，为了激发创造力，管理者个人可以做些什么？

1. 多鼓励，不要吹毛求疵。记住，好的、可行的创意并不缺乏，但对创意的接受却非常缺乏。无论是广播、电话、联邦快递、个人计算机还是耐克鞋，在"泼冷水的人"的眼中，它们统统都是"愚不可及的想法"，不要做那样的人。

在 3M 的发展初期，其整体创新能力主要是由威廉·麦克奈特一手塑造的，他在公司的影响力无人能及。麦克奈特的座右铭是"多鼓励，不要吹毛求疵"。麦克奈特以身作则，无论是谁，只要有好主意、好想法，他都乐意倾听。每当年轻的发明者向他提出"荒诞不经的想法"时，麦克奈特总会认真倾听。他经常这样回答："听起来很有意思。试试看。动手做起来，动作要快。"

不要在未经验证的情况下就指出一项创意的缺点来否定它。这个世界到处都是批评家——激发真正了不起的事物的从来都不是批评家。不要成为他们中的一员。

2. 不要批评。苛刻的批评会摧毁创造力和积极性。害怕遭到批评或被人视为愚蠢，是人们开展试验、积极主动探索和尝试新鲜事物的最大阻碍。问题并不在于人们天生缺乏创造力，而在于人们害怕发挥自己的创造力——害怕被嘲笑，害怕成为别人的笑柄，担心遭受人身攻击或其他形式的心理折磨。这是一种根深蒂固的恐惧，它就像初一数学老师当着全班同学的面惩罚我们、杀一儆百一样可怕。

再说一遍，关键还是尊重二字。要尊重人们的心灵。不要让人觉得自己愚不可及或者一文不值。如果有人犯了一个诚实的错误，要就事论事，对事不对人（此处可参考第三章"硬性/软性社交技能"的内容）。

领导者对员工的错误和失败的看法极大地影响着他们的创造力。要常常问问自己："如果我犯了那样的错误，我希望别人怎样对待我？什么样的做法对我吸取经验教训、继续保持尝试更有帮助？"

3. 帮助腼腆的人。有些绝佳的想法永远不会实现，因为它们的主人过于腼腆，不敢把这些想法表达出来。实际上，一些最好的创意恰恰来自安静腼腆的人。这些人通常是最好的观察者和思考者，他们就像猫，总是警醒而专注，永远充满好奇心，但是他们同样小心翼翼，不敢轻易表达自己的想法。

我们发现，比较安静的学生常常能提出最有洞察力的看法。只要让沉默寡言的学生感觉到安全，相信可以放心地分享自己的看法，我们就有机会见证绝佳想法的出现。我们经常见到这样的情况：腼腆少语的学生终于鼓足勇气举手发言，尽管他们的声音带着一丝颤抖，但他们的观点往往极具洞察力，令人惊叹。其他学生不禁称奇："哇！这么精彩的看法是从哪里来的？"

要利用这一点，让腼腆的人更容易做出贡献，你需要做的可能不仅仅是鼓励。有些看似简单的做法其实很有用，如意见箱，或者明确规定任何人都可以以书面形式（可以匿名）提出自己的想法。收到好创意后，可以与所有人分享，比如，可以在全员大会上说："意见箱里出现了一个非常了不起的想法，我想在这里和大家分享一下。"

4. 激发好奇心。无止境的好奇心是一种单纯的愿望，能促使人们认识和检验世界，验证某事物是否可行。好奇心会孕育创造力。创造力丰富的人会提出很多问题，就好像永远走不出童年时代的天真，他们凡事总爱问个为什么。创造一个可以问问题的环境。我们自己也应该多提问题——不是批判性的问题（再次强调，不要做"泼冷水的人"），要提出探究性、开放性的问题。我们最喜欢的一个问题是："你从那次经历中学到了什么？"

里吉斯·麦克纳的公司曾经为苹果和英特尔制定了极具创意的营销活动，他认为，富于创意的组织一定善于提出问题："在任何一场会议之前，我都会让员工写出至少两页纸的问题。实际上，把问题写出来，你很少能读完第一页，因为这些问题总会引出更多问题。"

永远不要这样回答人们提出的问题："这是个愚蠢的问题。"不要用鄙夷的态度对待任何一个问题。坦率地回答，"这个问题问得好"，或者"很高兴你这样问"，或者"嗯，这个问题很有趣，你怎么看"。

无论如何，都不要让人们感觉自己提出问题是在犯傻。

5. 创造需要。人类有一种令人称奇的能力，可以通过创新摆脱看似不可能的局面。常言说得好："需要是发明之母。"无论听起来多么老生常谈，这句话说得都很对。实际上，很多企业之所以能够提出伟大的创意，是因为它们缺少资源，无法获得理想的条件。

1985 年，Giro 的创始人吉姆·根茨发现，他发明了一款足以颠覆整个自行车头盔行业的新产品。那款头盔非常轻（只有 7.5 盎司[①]重），符合所有的安全标准。头盔的原材料是发泡聚苯乙烯泡沫塑料，没有硬塑料外壳。

但是，根茨面临一个很大的难题。少了装饰性外壳，这款产品看上去非常丑陋，戴着它骑车就像头上顶着一台泡沫塑料啤酒冷冻机一样。但是，如果加上硬塑料外壳，这款产品就会失掉重量上的优势。根茨想出一种解决办法，为头盔罩上一层极轻极薄的塑料。

真是个很棒的解决方案，对吗？也不尽然。还有个问题没有解决：用来加工这种轻薄外壳的工具非常昂贵，近 10 万美元的成本远远超出这家小公司的承受能力。根茨为此发明了一种彩色的莱卡布料帽子，这种帽子可以包住头盔，可以拿下来清洗，也可以更换颜色。因此，对时尚极其敏感的自行车骑手可以根据他们的服装搭配不同颜色的莱卡帽子，车队也可以定制统一的头盔外罩，印上车队的标识和赞助商的名字。

这款头盔获得了极大的成功，确实彻底颠覆了头盔行业。这在很大程度上要归功于莱卡盔罩。根茨指出："莱卡盔罩是个绝妙的创意。它真的对产品有帮助，并且吸引了所有人的注意力。颇具讽刺意味的

---

① 1 盎司 ≈28.35 克。——编者注

是，假如当时有足够的资金购买工具，我们可能就提不出莱卡盔罩这个解决办法了。"

（顺便说一句，Giro 的莱卡头盔获得了极大的成功，为公司带来充足的资金，让公司开发出了超薄盔壳技术。3 年后，基于这一技术的新型头盔进入市场。）

我们可以通过很多方式复制 Giro 的经验。在有些情况下，我们甚至可以有意识地限制资源。实际上，我们认为，即便在资源充足的情况下，企业也有必要保持精益运营。我们还发现，募集了太多风投资金的硅谷企业往往会丧失创新的灵感，反而无法达到卓越。加维兰电脑公司就是个例子，它成功募集了数千万美元的风险资金，却未能坚持足够长的时间，找到通向成功的路。

设定硬性的、几乎不可能实现的目标，同样有利于创造必要的需求。当摩托罗拉还是一家挣扎在生存边缘的小型企业时，它的创始人保罗·高尔文就通过设定看似荒唐的目标来迫使员工发明创造。有一次，他要求员工优化工程设计，为一款产品减掉 30 美元成本。员工告诉他，那是不可能的。他回答说，他相信他们一定能想到办法，而且他们必须想出办法。10 天后，他的儿子鲍勃（那个项目的负责人）不好意思地告诉保罗，他们真的做到了削减 30 美元成本的目标。

6. 给人们时间静思。有些极富创造力的人需要独处的时间。为了最好地思考，他们需要远离喧嚣，需要时间沉思默想。耐克的创始人菲尔·奈特相信，人们在远离办公室的地方、在海滩、在跑步时能获得最好的创意。这也是耐克建成宽敞的办公空间，拥有跑道、网球场、篮球场、健身房和体操馆的原因之一。赫曼米勒让设计师自己选择创作场所，有的人选择在家完成大部分工作，有的人选择了其他远离办公室的场所。

允许人们"在家办公"。允许人们溜出去，在一间安静的房间里不受打扰地工作一段时间。以罗森堡资产管理公司创始人克劳德·罗森堡为例，他在办公楼里设置了两间"静室"，"……我一直在努力让人们使用，因为我真的认为，坐在办公桌前处理日常事务并不是人们创造力最旺盛的时刻"。罗森堡得出的结论是：人们需要假期。"我认为假期应该是真正的休息——当我的合作伙伴在度假时给办公室打电话时，我会真心为他们感到难过。只有真正放空心灵，你才能产生更多创造力。"

在巴塔哥尼亚，制版组（属于设计部）在自己的工作区域附近挂了一块告示牌，上面写着：

> **闭关勿扰，以免走火入魔**
>
> 时间：8:00—12:00

7. 依靠团队解决问题。巴塔哥尼亚的办法远远不止"闭关时段"。除了给人们安静独处的思考时间，让多重思维碰撞产生创造力也很重要。头脑风暴之类的团队活动会产生非凡的绝妙创意。

在巴塔哥尼亚的办公楼里，办公桌摆在一个宽阔的开放空间里，那里宽敞得就像个大牛栏。公司希望员工能更紧密地合作——无论是自发的还是有计划的——以提出新的想法和解决问题的方法。

我们在自己的商业和学术工作中发现，最有创造力的答案往往来自两种时间的结合：远离争吵的安静时间加上小组讨论时的头脑风暴时间。在创意产生的过程中，一加一大于二的情况会常常出现。

需要特别提醒一点：团队中不能有"泼冷水的人"。为了让团体创造力会议发挥作用，一定不能出现杠精式的人物。他们非把所有的创意批判得体无完肤才肯罢休。就算是一个被过早地提出的批评意见，也会破坏整个团队的创造力。一定要把那些吹毛求疵的人赶走！

8. 要有乐趣。丹麦国际设计公司的创始人特德·尼伦贝格说："在我看来，最重要的事情就是玩得开心。如果不能在工作中获得乐趣，你就应该停下来，找些别的事做。"

我们一向以严肃认真的态度对待乐趣。乐趣会带来创造力。问问大家："你们找到乐趣了吗？"也问问自己同样的问题。把乐趣当作工作的必要条件，如果没有乐趣，我们就无法在工作中发挥创造力。你有没有注意到，某些最具创造力的人很像孩子？他们喜欢玩乐，对他们来说，工作就是玩乐。

乐趣与勤奋并不矛盾。创造是一项艰苦的工作，但它同样可以充满乐趣。

对创新过程满怀信心

通过上文的论述，相信你对企业创新已经有了一个总体认识。这里还要提到另一个因素：要对创新过程满怀信心。

没有人确切知道创新过程是如何运转的。它通常是个令人痛苦的过程，充满了不确定性。创造性的洞察力往往像电光石火般稍纵即逝，无法预料。它们通常出现在长时间的奋斗、挫败和酝酿之后。我们不可能说："明天上午 10 点，我会提出一个石破天惊的好想法。"我们可以说，那是每个人都想要的，但是它不一定如愿发生。因为它本来就不是这样发生的。创造性灵感的火花往往出现在意料之外——在我们洗澡时、在高速公路上驾车时、在园子里侍弄花草时、在健身房里挥汗如雨时、在翻山越岭地远足时、在高尔夫球场挥杆时、在阅读一本书时、在早上醒来时，或者在其他任何一种情况下。

关于创造力，真正令人着迷的是，只要创造出有利的条件（前文详细阐述了这些条件），它就一定会出现。我们也许不知道它何时出现，如何出现，或者以怎样的面貌出现，但它一定会到来。

保持企业的创新需要这种信念的飞跃——相信每个人都有能力创新，相信到处充满着绝妙的想法，相信潜藏因素，相信试验的力量，满怀信心地给予人们行动的自由。人类天生就是发明家、发现者和探险家，我们被赋予了一种强烈的创造欲望和与之相称的创造能力。

创造新事物令人激动不已。每一次豁然开朗都会让我们欣喜若狂。每一次发明出新产品，或者对既有方式做出改善时，我们都能体会到哥伦布发现新大陆或者伽利略发明望远镜时的感受。

实际上，创新不仅能让一家企业保持健康和繁荣，还能满足人类创造的本能，并通过创造推动人类前进。还有什么是比这更令人心满意足的呢？

吉姆·柯林斯最新思考

创新的复制与规模化

回想一下五六岁的时候，你是否喜欢做一些充满创意的事情——也许是画画，发明一种游戏，在后院搞发明创造，或者做其他充满奇思妙想的事情？每当我向一群人提出这个问题时，几乎每个人都会举手。当我们还是孩子时，我们很自然地会做一些充满创造力的事。这是人类的天性。"要有创造力"这种说法有点儿像"要记得呼吸"。只要活着，你就一定充满创造力。

现在，问自己第二个问题：当你五六岁时，你能坚定地做到自律吗？当我问出第二个问题时，很少有人举手。创造力是天生的、丰富的、注定的、无限再生的、编码式的，但纪律不是。真正的挑战并不是如何变得有创造力，而是你如何在保持天生的创造力活力的同时变得自律。

此外，创新本身只能带来有限的竞争优势。正如杰勒德·特列斯和彼得·戈尔德在他们的著作《野心与愿景》中指出的那样，在新行业的竞技场里，最大的赢家几乎从来不是作为先驱的创新者（甚至不到1/10）。同样，在我们严格的对照组研究中，我们发现，实现一流业绩并保持长久发展与取得市场先发地位之间没有系统相关性。

对卓越企业的研究越深入，我就越相信，美国企业的主要优势不仅仅在于其强大的创新能力。相反，美国企业真正的优势在于其扩大创新规模的能力。虽然先发者可以拥有初始优势，但是建立一家能够不断创新、以规模化水平良好运行的企业是一个更加重要和可持续的优势。

很多创业者会把创新视为理所当然的事，它带给人们深层次的满足感，就像作家必须写作、画家必须绘画、作曲家必须作曲、雕塑家必须雕刻一样。但是，为了建成永续经营的卓越企业，你不能只把力气花在充满乐趣的创造上，你还需要建立一个训练有素的组织。无论是创新的复制与规模化，还是以卓越的战术做好创新的落实工作，都离不开这样的组织。从长远看，做得最早不如做得最好。

第九章

战术卓越

神明就在细节中。

——路德维希·密斯·凡德罗

　　试着把建设卓越企业比作在酋长岩平滑如镜的崖面上开辟一条新的攀登路线。到目前为止，我们讨论的所有元素都是必要的：明确的目标（共同愿景）、保持团队前进的能力（领导风格）、攀登计划（战略），以及对途中遇到的各种挑战的创造性解决方案（创新）。然而，还有另一个关键因素：攀爬。如果做不好小细节（比如正确地系紧绳结）或者不密切注意你手脚的位置，那么等待你的也许是粉身碎骨。企业也是一样。

　　再打个比方，打造一家卓越的企业很像写一本出色的小说——离不开总体的构思（愿景）、整体的情节（战略），以及推动情节发展的创意。尽管如此，你还是要奋笔疾书，写好每个句子，逐字逐句、逐行逐页地写好这本书。有人问海明威，为什么他要把《永别了，武器》的最后一页重写 39 遍。海明威的回答言简意赅："我得把话说对了。"

　　为了实现企业的卓越，必须做好愿景和战略在战术层面的落实，要"系好每一个绳结",要"把话说对了",这一点至关重要。你可以拥有最鼓舞人心的领导者、最隽永的愿景、最出色的战略和取之不尽、用之不竭的优秀创意,但是,如果不能很好地执行,你就永远无法实现卓越。想想奥运会跳水运动员格雷格·洛加尼斯一气呵成的优美动作,想想海明威的 39 次修改,这就是你应该努力做到的。

实际上,很多杰出的企业之所以能成功,主要在于其出色的执行。《公司》杂志曾对《公司》500 强企业(增长最快的 500 家私营企业)做过一次调查,结果显示,88% 的首席执行官把企业的成功主要归结为对某个理念的出色执行,只有 12% 的首席执行官认为成功来自理念本身。

Giro 的创始人吉姆·根茨会告诉你,他对愿景和创造力深信不疑,但是他同样热忱地相信"要把头盔做好"。他喜欢这样说:"我没什么特别之处。如果有个好主意,我会把它真正落实好。"

比尔·汉内曼是根茨为 Giro 招聘的总裁兼首席运营官。汉内曼解释说,Giro 对战术卓越的不懈追求让他不畏风险地加入这家企业。那时的 Giro 还是一家微不足道的小公司,它只有一款产品,而且尚未接受市场的检验。

放眼整个市场,Giro 的产品是同类型中的首款。但是,你应该问问自己:"成为第一的价值在哪里?"如果做不到战术层面的卓越,先发优势很快就会消失殆尽。这正是吉姆给我留下深刻印象的地方,在落实想法时,他从不会偷工减料。

想想康柏电脑的例子,它(曾)是全球三大个人计算机厂商之一(与 IBM 和苹果并列)。令人称奇的是,康柏是一家克隆制造商,它复制了 IBM 的架构。这家公司之所以成功,是因为它在 IBM 兼容战略方面做得比 IBM 更好。（顺便提一句，康柏电脑的售价并不比 IBM 低。同样的产品，康柏做得比 IBM 还要好。）有趣的是，康柏在 1990 年取得了计算机行业最高的人均税前利润，高达 62 579 美元，苹果和 IBM 屈居第二、第三名，分别是 53 608 美元和 26 955 美元。

沃尔玛的山姆·沃尔顿并不是折扣零售商店的发明者，实际上，在 20 世纪 60 年代初，有志于此的企业还有很多，那时的沃尔玛才刚刚起步。万斯·特林布尔曾对沃尔玛做出过历史性分析。特林布尔指出：

> 后来的事实证明，关键因素是山姆对创意大师级的执行能力……别的零售商店也在努力做着同样的事，只是山姆做得更好。

举一个反面的例子，那就是西海岸连锁餐厅。这家餐厅的理念堪称优秀：墨西哥健康快餐也对你有益（低脂肪，健康的配料）。这让我们兴奋不已（我们喜爱墨西哥风味，又不想摄入太多脂肪，而且我们总是时间紧迫）。但是，我们早就不去那里吃饭了。

为什么？因为很多小细节：收银员操作不好计算机化的订单系统，点餐经常要排很长的队；那里的食物有时又烫又辣，有时又凉又淡；如果你恰好在接近打烊时光顾，店员会一边把椅子放在桌子上，一边盯着你看，嫌你吃得太慢。它在我们附近开了两家店，截至本书写作时，一家已经关门大吉了，另一家的生意也比刚开业时惨淡了许多。

简言之：

优异的理念 + 糟糕的执行 = 失败

好吧，这样说可能过于绝对了。就算不会失败，最好的结果也只能是惨淡地平庸。

截止日期与训练有素

我曾经有个在建的建筑工程，由一家工作非常细致的承包商负责。但是我们遇到一个问题：项目在夏季的几个月进展过于缓慢，而这个时候项目应该进展得更快（因为建筑工作在冬天会不可避免地慢下来）。

我对承包商说："我们需要设定一个截止日期。请用一个星期的时间想一想，星期五告诉我你的最后期限。然后我们再商量。"

星期五到了，他告诉我："10月31日怎么样？"

"我无法接受。"我回答说。

"那已经是最激进的工期了，"他把我的话顶了回来，"我的意思是，我们必须全力以赴才能赶在10月31日完工。"

我对他说："不，你没听懂我的意思。这个工期太紧迫了。你我都清楚，你们不可能在10月31日前完工，这个期限根本没用。"稍停一会儿，我继续对他说："能不能再想想，提出一个你们最有把握的截止日期。无论什么天气，无论出现什么意想不到的问题，你们都能保质保量准时交工。"

他想了想说："明白了，明年3月31日怎么样？"

"3月31日几点？"我问他。

"还要准确到小时？"

"当然，不然我怎么百分之百确定你按时交工呢？"

"好吧，3月31日下午5点，怎么样？"

"这听上去好多了，"我对他说，其实我心里清楚得很，即使是3月31日，工期依然非常紧张（但是做得到），"这样你能百分之百按时交工吗？"

"可以，没问题。"他对我说。

工程继续进行。9 月的一天，晴空万里，气温 21 摄氏度。我发现工人们到下午 3 点之前还没有完成多少工作。

我慢悠悠地走到承包商面前，对他说："你们赶得上截止日期吗？你也知道，这天气说冷就冷，这几天就要变天儿了。"

"我们正在赶你的截止日期。"他说。

"哦，你错了，不是我的截止日期，"我故意停了一下，"那是你的截止日期。"

工程速度明显加快了。不出所料，工程队赶在截止日期前交了工：3 月 31 日下午 4:45，只比截止日期提前了 15 分钟。

截止日期可以激励进步。但它只能在成为一项承诺时发挥作用。在截止日期前完成工作意味着什么？我们要非常优异地完成既定目标，非常准时，不留尾巴，干净彻底。假如人人都知道我们的截止日期说了不算，那和没有截止日期有什么区别？

在训练有素的文化里，只有两种错过截止日期的情况可以被接受：第一，委托人更改了截止日期，而不需要你请求（确凿无疑的免责）；第二，你真的被发生在你或你关心的人身上的事（疾病、事故、灾祸）弄得无能为力，让你在最后期限完成是不人道的。

如何确立截止日期？这是一门学问。有些领导者喜欢简单粗暴地规定最后期限，还有一些领导者会请人们提议截止日期。根据具体情况，我会综合使用这两种方法，但主要使用第二种。我会请人们提议截止日期，切实按照商定的时间执行，不容有失（就像我要求那位工程承包商那样）。无论采用哪种形式，最重要的是确保人们明确截止日期，不能含混不清。确保人们坚决地为截止日期而努力，确保企业文化容不下错过截止日期的情况。反过来，这意味着你的员工必须训练有素，他们可以拒绝自己无法做到的截止日期。如果错过截止日期成了家常便饭，那么设定截止日期弊大于利。但是，如果我们拥有合适的人，他们会把截止日期视为庄严的承诺。这时，我们可以给予人们充分的自由，让他们管理自己。

最好的训练有素的文化实际上是自由——价值观和责任边界内的自由。它说的不是如何用纪律约束人，而是如何找到自律的人——言必信、行必果的人。它期望的不是对规则盲目遵从或者对上级无条件服从，而是合适的人渴望拥有恰当的自由，以便做出最好的成绩。

不要忘记我们在对卓越企业成功之道的研究中得出的关键经验：所有企业都有自己的文化，但是很少有企业拥有训练有素的文化，更少的企业能在建立训练有素的文化的同时保持着企业家精神。当你把这两种互补力量融合在一起时——也就是训练有素的文化与企业家精神——你就找到了一把神奇的钥匙，一把获得一流业绩和持久发展的钥匙。这就是兼容并蓄的融合法的神奇力量。很多富有创业精神的企业在成长壮大的路上丢掉了它。截止日期可以成为强有力的工具，帮助我们掌握兼容并蓄的融合法，让自由和层级、创造力和训练有素罕见融合，它是真正卓越的企业区别于其他企业的明显特征。截止日期应当成为实现兼容并蓄的融合法的手段……如果做不到这一点，那还不如弃之不用。

从愿景和战略到战术执行

愿景和战略一旦被确定下来，你就必须脚踏实地把它们转化为战术层面的执行。

先要保证关键岗位上人手一份纸质版的公司愿景、战略和当年的战略重点，确保人们能随时看见它们。在每次员工大会上提到它们，不厌其烦地引用它们。

Giro 的比尔·汉内曼总是随身带着一份战略重点清单，他会在每次员工会议上提到这些工作。汉内曼说："我总是想方设法通过具体的方式保证公司的重点工作得到落实。"

里程碑式的管理

最重要的是，每项战略重点必须被精心分解成小块——也就是里程碑。回想一下攀登酋长岩陡峭崖面的比喻。谁都不会想着一口气爬完 3 500 英尺，而是会按照自己的能力，把它分解为多个 100 英尺的小段（每一段被称为一个绳距）。一次只专注于完成一个绳距，你才能最终登上 3 500 英尺高的崖顶。

为每个里程碑指派专人，对它的完成负责。除此之外，每个里程碑还要有明确的完成时间，这一点极其重要。

领导者不能一厢情愿地把截止日期和里程碑强加于员工。人们总会对自己参与设定的目标和进度安排表现出更强的责任心。我们建议由员工和主管领导共同设定里程碑，在可能的情况下，应该由员工来选定完成日期（当然是在主管领导可以接受的范围内）。接下来的建议是，员工个人（而不是主管领导）把双方商定的里程碑和截止日期写下来。这种类似"签字画押"的过程通常能带来显而易见的心理承诺。

实际上，想要把事做成，就必须把宏大的愿景和战略转化成具体而微的里程碑，并由具体的人按照明确的截止日期完成这些里程碑，这一点必不可少，如图 9-1 所示。

当然，仅仅完成工作是远远不够的，还要把工作做好。为了建成卓越的企业，人们要始终如一地把工作做好，并且持续不断地改进和提升。这需要企业为此建立适宜的环境。

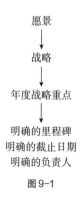

图 9-1

SMaC 方法

谈到持续不断的战术卓越，它的精髓可以用"SMaC"来概括（它的发音和 smack 相同，结尾处有个响亮的重音"k"……smmaack！）。SMaC 的含义是"具体的、有条理的、始终一致的"（specific, methodical, and consistent）。

你可以用 SMaC 形容纪律性极强的人，例如"梅利莎特别SMaC"。

你可以把 SMaC 用作动词，例如"让我们来 SMaC 一下这个项目"。

你可以把它用作形容词，例如"让我们打造一个很 SMaC 的系统"。

你还可以把它用作名词，例如"SMaC 可以挽救生命"。（实际上，这句话就在我们位于博尔德总部办公室的墙上。每个人都能看到它。它始终提醒着我们：做个 SMaC 的人！）

SMaC 不只是个朗朗上口的有用词语，更是一种心智模式。它是一种思维方式、行动方式，也是在一片混乱中让你保持睿智、做好执行工作的方法。这种方法能帮助你抓住正确的细节，把它们做好。

我的研究团队的一位前成员曾在美国海军陆战队服役。他讲过一个关于海军陆战队直升机技师的故事。那个故事完美地说明了 SMaC 方法的本质。请想象这样一幅画面，在一个交战区，炮火连天，一位技师正在紧急修理一架直升机，那架飞机的发动机出了问题，无法起飞。迫击炮弹在不远处不断爆炸，子弹横飞，呼啸而过。在混乱、巨响、呼喊与慌乱中，这位技师打开了发动机舱门，飞快地工作着。他解决了发动机问题，然后卧倒在地上。这时飞来了更多子弹和迫击炮弹，恐惧和巨响越来越密集。但是，这位技师并没有立即向飞行员竖起大拇指，发出可以起飞的信号。他把自己的工具摆在地面上，仔细检查，清点工具数量，确保自己没有因为混乱和紧张而不小心把某件工具落在发动机舱里，造成机毁人亡的惨剧。真 SMaC！

我和乔安妮有幸在克利夫兰医学中心旁观过一次体外循环心脏手术。它简直是对 SMaC 的完美演绎。备用系统、检查清单、交流规则全部到位。手术助手会认真清点每一件手术器械，就像那位直升机技师一样。SMaC 真的可以拯救生命。

因为没有做到 SMaC，不少攀岩者遭遇了奇险，甚至发生致死致伤的事故。我 19 岁时遇到过一次这样的事。当时，我正在从酋长岩顶攀下。因为没有做到 SMaC，我差一点儿送了命。当时的 SMaC 错误可以总结为，错误一，我和搭档没有充分研究东侧平台速降路线的绳结顺序（攀岩者依靠阻力装置沿着攀岩绳滑下），结果，我们在错误的地方开始了我们的速降。错误二，没有佩戴长距离攀岩必备的头灯，所以，我们是摸着黑开始的。错误三，没有在绳子末端打结，这是一种最起码的避险保护措施，以防我在没有到达锚点的情况下从绳子末端滑下去。错误四，我遗忘了一件装备，如果我被困在一片空白岩壁的中间，上不着天、下不着地，这种装备可以通过机械的力量帮助我爬回绳子顶端。就这样，我摸着黑并始了速降。当距离绳子末端还有20英尺时，我惊恐地发现，那里没有锚点。我被困在岩壁中间。接下来，我会从几百英尺的高空跌落而亡。幸运的是，我有足够的体力爬上去。就这样，我双手交替，沿着绳子爬回了平台。在整个过程中，我心里很清楚，只要一松手，我就完蛋了。就这样，我和队友在平台上瑟瑟发抖地熬了一夜。天亮了，我们终于找到正确的速降路线。假如当时我死了，那一定不是因为飞来的横祸，而是因为我没有做到SMaC。

真正的SMaC包括以下四个基本要素：

1. 明确的、可复制的流程与机制，它们会带来极高的一致性。
2. 检验与交叉检验系统，防止出现灾难性失误。
3. 缜密思考，考虑各种突发情况和应对之策。
4. 理解SMaC背后的为什么，实现SMaC的不断演进。

最后一个要素是重中之重，只有理解了为什么，你才能做出革新和改变。这个要素把先进的SMaC方法与呆板的流程和官僚主义的种种政策区别开来。在你的企业里，如果人们对新员工说"我们这儿就这么干"，而不是说"这就是为什么我们如此行事"，那就说明你的企业正在从训练有素的文化退化为官僚主义文化。如果盲目地遵从流程，腐蚀了SMaC，企业就会面临失败的命运。就好像它一开始就没有SMaC一样。

在美国军队的工作与教学中，我了解了AAR（战后总结）的强大力量。每次任务结束后，军人们会专门拿出时间回顾和检讨这次任务，总结学习。哪些地方做得好？可以从中学到什么经验，用于将来的任务？哪些地方做得不好？哪些地方没有事先做好准备？每一次AAR 的总结都会被直接融合到下一次任务的准备工作中。AAR 的系统开展早已融入美国军队，成为日常训练的一部分，也是不断开发和优化最有效的 SMaC 方法的一部分。

我们在从优秀到卓越的研究项目中运用了 AAR 模式。无论什么工作任务，在没有进行团队 AAR 之前，都不算被完成。我们通过AAR 获取了各种经验教训，并且把它们整合、调试，融入 SMaC 方法。我们在这种训练有素的 AAR 上花 1 个小时，至少能为我们接下来的工作节省 10 个小时。与此同时，它还直接为我们的运行体系带来可预期的、始终一致的战术卓越。一段时期过后，我把 AAR 过程简化为三个关键问题：

AAR 问题一：哪里做得好？我们可以从中获得哪些可复制的新经验？

AAR 问题二：哪里做得不好？我们可以从中获得哪些可复制的新教训？

AAR 问题三：结合问题一和问题二，我们可以对 SMaC 方法做出什么改变，以系统地、持续不断地提升我们的战术卓越性？

它就像一个重复的循环：你把来自 AAR 的学习所得反馈给系统性训练和准备工作；你采取新的行动；在实施行动的过程中你获得SMaC 纪律；你开展 AAR，继续学习和提升；然后你回到循环的起点。就这样一直不断地循环，周而复始，永无止境，让它成为你训练有素的文化的核心。

创造环境，帮助人们持续不断地实现战术层面的卓越

低质量与低产出的原因多如牛毛，

它们的根源是（由管理层创造的）体系，

因此，仅凭员工的力量无法解决这些问题。

——威廉·爱德华兹·戴明

　　一次偶然机会，我们在《华尔街日报》上读到一篇绝妙的小文章，它就是理查德·巴伯撰写的《里昂比恩公司修好了我的鞋底，也温暖了我的灵魂》。巴伯的文章讲述了里昂比恩员工如何不辞辛劳地修复了一双他穿了30年的超轻休闲靴。这种靴子已停产多年，公司没有针对这种靴子的标准修复流程。

　　巴伯描述了经手此事的每一位里昂比恩员工，他们每个人都很负责。他们告诉了巴伯自己的名字（玛吉、史蒂夫、安），并且把这件事当成自己的事来办："我叫史蒂夫·格雷厄姆，分机号4445，有事请打电话找我。"他们的声音"响亮、清脆、对生活充满热爱"，而且他们对意料之外的延迟表达了发自内心的歉意。巴伯写道："一想到这么多人为我（靴子）操心，我的心里热乎乎的。"

　　巴伯在文章的末尾写道：

　　再过30年，我希望自己有机会亲口告诉玛吉、史蒂夫和安，他们为我的生活带来了幸福快乐。一年前，他们为我带来的幸福感不亚于一次美妙的假期。在这一周年的美好时刻，我祝愿他们幸福快乐，就像他们曾让我幸福快乐一样。

　　巴伯的文章让我们不禁好奇：里昂比恩的员工是特殊材料做成的

吗？缅因州的弗里波特有什么不同寻常的地方吗？

应该都不是。里昂比恩并没有什么特别的方法，能吸引富有献身精神、认真勤勉的员工——至少和你的公司没有什么不同。它只是创造了一个大环境，帮助人们认真做好自己的工作。

这就引出了战术卓越的核心原则：如果你的员工执行不力，那就不是他们的错。

是你的错。

卓越企业的领导者满怀信心，他们相信平凡的员工能做出不平凡的工作。他们知道，真正本性懒惰、漫不经心的人很少见，只要环境适宜，大多数人都能表现出色。糟糕的工作通常来自草率的招聘、糟糕的培训、模糊的要求、差劲儿的领导、缺乏认可、糟糕的工作安排，或者企业的其他失败之处，而不是员工本身。

在以下五种基本情况下，人们通常能很好地完成工作：

1. 如果清楚地知道自己应该做什么，人们就能很好地完成工作。如果人们连"做好"的含义都不清楚——对工作目标、衡量标准和工作要求一无所知，他们怎么可能做得好？

2. 如果员工具备必要的技能，他们就能很好地完成工作。优秀的技能来自天赋、性情和恰当的培训。

3. 如果拥有自由空间和支持，人们就能很好地完成工作。没人能在别人的监视下出色地完成工作。如果被当成孩子对待，人们就会按照这样的预期降低对自己的要求。此外，人们还需要拥有工作必备的工具和支持。举个极端的例子，你能想象联邦快递的员工在没有卡车的情况下准时送快递是多么困难吗？

4. 当自己的努力得到认可时，人们通常能很好地完成工作。每个人都希望自己的努力得到认可。在这里，我们精心选择了"认可"这个词，而不是"奖励"，因为前者能够更准确地捕捉到至关重要的一点：绩效卓越的人通常更看重他人的尊重与认可，它们和金钱方面的奖励一样重要，甚至更重要。

5. 一旦认识到自身工作的重要性，人们通常就会很认真地完成工作。

最后一点格外重要，需要展开讨论。

有一次，我们在旧金山机场等飞机，走进了一间擦鞋店。我们发现，为了擦好我们的皮鞋，擦鞋匠工作得无比认真。擦完后，他还会从各个角度检查自己的工作成果。

他问我们："请问，你们赶时间吗？我想修补一下这条划痕，再额外上一层油。这要多占用你们几分钟。"时间多得是，我们欣然同意了。

他一边忙着手上的活计，一边和我们聊起自己的工作。他说："我得把人们的鞋擦得好好的，这特别重要。我的客人都是大忙人，他们要出差参加各种重要会议，最不想看到自己的皮鞋不顺眼。我希望，当走进会场时，他们脚上的鞋子漂漂亮亮的。有时候，让人看起来很糟糕的都是些微不足道的小事——比如一双擦得不好的皮鞋。"

他的话里藏着战术卓越的精髓：人们在意自己的工作，因为他们看到了工作的重要意义。

德鲁克提到这样一个例子，二战期间，一家飞机厂遇到严重的劳工问题——旷工、罢工、怠工和敷衍了事的情况层出不穷。

那么该怎么办？施加更大的压力？不行。开除害群之马？不行。提高工资？也不行。这些办法都不能从根本上解决问题。

工人们从未真正认识到自己工作的重要性！他们从未见过装配完成的轰炸机，那些飞机上装着他们亲手生产的零部件。他们不知道这些零部件对轰炸机的性能有多重要，更不知道这些轰炸机对战争的结果有多大的影响。于是，工厂运来一架成品轰炸机，请机组人员为工人讲讲轰炸机对战争进程的重要影响，以及工人生产的零部件对轰炸机的重要意义。德鲁克说："糟糕的士气和不安的骚动立刻消失了。"

这则例子有着非常有趣的一面：机组人员现身说法。这样一来，工人们不再是为了轰炸机上的一个简单的零件负责，而是对活生生的人负责——对乔治、约翰和萨姆负责，这些鲜活的生命和轰炸机的性能牢牢系在了一起。机场擦鞋匠也是一样的道理，无论面对哪位客户，他都会表现出直接的个人责任感。

当人们发现别人需要自己时，他们就会发现自身工作的重要性，因此，他们会全身心地投入，出色地完成工作。

卫生教育福利部原部长、共同事业组织创始人约翰·加德纳告诉我们，他做过一次关于英雄主义的有趣研究。该研究提出这样的问题：是什么驱使人们做出了英雄行为？压倒性的回答并不是荣耀、国家或爱国主义，而是一种个人信念：我是伙伴们的依靠，我不能让大家失望。

如果能创造一种氛围，让人们彼此依靠——让人们认为"我不能让大家失望"，你就一定能收获超乎寻常的成果。

你有没有想过，联邦快递是怎样在公司快速增长的同时完美地做到"隔夜送达"这个承诺的？因为这家企业的创始人创造了一个"人们彼此依靠"的组织。（顺便提一句，我们认为联邦快递是个很好的成功典范，这主要得益于它出色的执行素养，而不是天才般的创意。在全国范围内隔夜送达并不是新概念，其他企业同样想到了。真正做到——并且做好——才是最难的。）

创始人弗雷德·史密斯参加过越南战争，担任过连长和侦察机飞行员。战场上的经历对他影响深远。史密斯发现，当战友依靠自己时，"普通人"也能做出不平凡的事。这条朴素的道理就是他建立联邦快递的立足之本。

在一次采访中，史密斯对比尔·莫耶斯说：

联邦快递是越南战争的产物。（如果没有这次经历）我想我不会创办一家这样的公司。只要有机会，人们就会迎难而上。要敢于把重担交给他们，相信他们有足够的智识和眼界完成挑战。

阿特·巴斯是联邦快递早期的首席运营官，他对这种精神的解读是：

我们的员工也许在生活中并没有太多机会感到自豪，但是，他们都对自己的工作充满了自豪感。无论你的工作岗位是在卡车里、飞机上还是在集散枢纽，你都是一个人在那里，但你并不是在孤军奋战，每个人都依赖你，你必须把工作做好。

"必须把工作做好"，这句话说得太好了。它抓住了我们心中的重点：人与人的相互依靠。

里昂比恩正是依靠这样的精神温暖了理查德·巴伯的心。里昂比恩的玛吉、史蒂夫和安相信，为了巴伯，他们必须把工作做好。对他们来说，理查德不只是一位顾客、不只是第3 365号订单，也不是鞋子遇到问题的大叔，他就是理查德，他想要——他需要——修好自己的鞋底。他们不能让理查德失望。

作为公司的领导者，你有责任确保每个人的工作都是重要的，而且要让每个人都知道为什么她的工作是重要的。

预期管理

请想象这样一幅画面，夏日午后的丹佛国际机场，一场雷雨滚滚而来。空管控制中心叫停了所有航班。这时，有两架飞机停在跑道上：飞机 A 和飞机 B。

飞机 A："乘客朋友们，这里是机长广播。由于天气原因，空管部门要求我们暂时等待。我们预计 30 分钟之后起飞。"于是，乘客们安心地在座位上等待。30 分钟过去了，飞机还停在跑道上。35 分钟过去了，40 分钟过去了。飞行员再次广播："看来我们还要多等一会儿。预计 10 到 15 分钟之后可以起飞。"10 分钟过去了，15 分钟过去了。终于，在苦苦等待了 65 分钟之后，飞机发动机的轰鸣声响起，飞机咆哮着冲向跑道尽头。

飞机 B："乘客朋友们，这里是机长广播。由于天气原因，空管部门要求我们暂时等待。根据塔台的预报，我们大约需要等待半个小时。不过，根据本人对丹佛天气多年来的观察，这里的夏季暴雨通常会持续较长时间，而且可能出现气流。为了大家的安全，我们可能需要等待较长时间，预计需要 80 到 90 分钟。"机舱里一阵叹息，然后人们很快安静下来，打盹儿、看电影、打电话、发电子邮件、读书，人们做着自己的事。时间一分一秒地过去了。等到 65 分钟时，机长再次广播："乘客朋友们，看起来天气放晴的速度比预计要快，我们即将起飞。"接下来，发动机的轰鸣声响起，飞机进入起飞位置，一飞冲天。

两架飞机同样等候了 65 分钟。你认为哪架飞机上的乘客更开心？

执行与愿景的相关性

如前所述，企业愿景的主要作用之一是带来意义，为人们超乎寻常的努力带来动力。人们会从自身工作中寻求意义，对他们来说，清晰而引人注目的愿景是至关重要的。如果你还没有阅读本书第四章"愿景"部分，那么你可以花些时间读一下。如果还没有确立愿景，你就要着手做起来。

此外，请记住良好愿景的组成要素之一是一套核心价值观和信念，一套指导原则和准则。它们在指导人们日常行为和标准方面发挥着重要作用。实际上，价值观和战术执行之间存在直接的联系。比如，如果你的核心价值观是"以人为本"，而且它在你的组织中得到了很好的贯彻（就像里昂比恩那样），员工就会真的像对待亲友一样善待客户。

持续改进的心态

战术的卓越并不是终点，它是一条长路，一条持续改进的漫漫长路。

日本的奇迹就是个好例子。曾几何时，"日本制造"就是"质量拙劣"的代名词。不过那样的时代早已一去不复返了，如今的日本以卓越的质量闻名全球。日本人成了持续成就战术卓越的大师。他们是怎样做到的？日本人是怎样完成华丽转身的？

部分原因在于爱德华兹·戴明博士的影响。他向日本人传授了质量控制技术的管理之道。（戴明对日本影响至深，他甚至因此获得了二等瑞宝奖章——成为第一个获此殊荣的美国人。著名的戴明奖是日本质量管理的最高奖，也是角逐最激烈的奖项，它是以戴明博士的名字命名的。）在戴明的著作《转危为安》中，他提出的核心要义是持续改进。

改进和提高并不是一时之功。它的要义是衡量你今天的成果，评估你可资改进的地方，制订一个改进计划，实施它，再次衡量，如此循环下去，永无止境。

最重要的是永不止步，永不自满。本年度的优异会在 5 年后的成果面前变得平淡无奇，而 5 年后的卓著又会在 10 年后的成果面前显得不值一提，如此这般，直到永远。没有结束，也没有"功德圆满"的一天。

吉姆·柯林斯最新思考

战术层面的胆大包天的目标

创造卓越绩效最好的方法之一就是，打造以部门为单位的战术层面的胆大包天的目标。它把企业的总体胆大包天的目标拆解开来，变成众多小目标，这些小目标进一步形成了部门级别的胆大包天的目标。

在从优秀到卓越的研究项目中，我们一直在寻找一种方法来促进活动承诺的执行。经过多年的总结和学习，我们知道，至少需要提前 3 个星期做好各项准备工作。在此基础上，我们提出了"倒推 3 周"的机制：在活动日期前至少 3 个星期召开情况通报会议，全盘推演和检查整个事件。这种方法迫使我们提前做好准备，留出调整时间。后来我们发现，有时我们做不到提前 3 个星期——可能只提前 20 天、16 天甚至 14 天。因为总会出现推迟事件，如出差日程冲突、很难从外部渠道及时获取信息等等。尽管如此，我们严格要求自己，坚持做到"倒推 3 周"，所以始终能收获最好的战术成果。

就这样，我们的团队提出了一个战术层面的胆大包天的目标：连续 100 次成功地做到"倒推 3 周"，不出现一次间断。我们称这为"100 比 0 的胆大包天的目标"（即连续 100 次成功，0 次失败）。接下来，我们把 100 比 0 的胆大包天的目标写在了白板上，让每个人看到最新的分数。这件事难就难在"连续"二字上，哪怕有一次没做到，计数也要清零，从头来过。所以，每当又一次成功做到"倒推 3 周"时，我们都会欢欣鼓舞地凑在一起，修改白板上的分数（比如从 31 比 0 改为 32 比 0）。大家都知道，只要我们错过一次，哪怕仅仅错过一天，比分就会回到 0 比 0。团队中的每个人相互补位，相互帮助，确保不会发生这样的情况。这项战术层面的胆大包天的目标推动着我们不断前进，留出缓冲时间，把所有失败的可能性降到最低。当我们向前推进时，团队成员之间的友情也得到增强。

终于，2018 年 3 月 22 日下午 3:03，整个团队齐聚会议室，充满仪式感地擦掉了 99 比 0，写下了 100 比 0。我们连续 100 次做到了"倒推 3 周"，一次都没有错过。截至本书写作时，这件事已经过去两年多了，我们依然保持着完美的纪录。"倒推 3 周"早已在我们训练有素的习惯中深深地扎了根。

六步走

要创造适宜的环境，让所有人持续不断地达成战术层面的卓越，离不开一种永无止境的过程，它包括 6 个步骤，如图 9-2 所示。

- 招聘
- 文化培养
- 培训
- 目标设定
- 衡量
- 认可

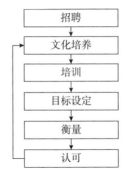

图9-2　六步走，为卓越的战术创造环境

招聘

这个过程始于招聘决策。物以类聚，人以群分。优秀的人才会相互吸引，并且进一步吸引更多优秀人才。招聘优秀人才需要投入大量时间。很多企业因为没有在招聘过程中投入足够的时间而陷入麻烦。这样的情况我们见过很多。

解雇一位错误的员工（并找新人取而代之）的代价远远大于一开始就找到合适的人。

什么是合适的人？"合适"二字，不应该以教育经历、技能或具体的职业经历来定义（尽管它们肯定会影响招聘决策）。对"合适"二字的评价应该主要看："是否与我们的核心价值观相符？是否愿意接受我们最重视的东西？会不会接受我们的各项准则？"正如巴塔哥尼亚的克里斯汀·迈克迪维特所说：

我招进公司的很多人都不具备传统意义上的各种资格，但是他们的工作出色极了。我还招聘过一些资历俱佳的人，结果他们的工作表现并不好。我看人的主要标准是与价值观的吻合程度——尤其要看他们是不是热爱户外运动——以及对待工作的基本态度。我们对产品质量的追求近乎狂热，我们希望新员工同样具有这样的狂热。

Giro 的用人标准极其严格，他们只聘用心系质量、勇于创新、职业道德标准高的人。家得宝的理想人选会"在家修理一切"、崇尚"自己动手"、热心帮助他人。炊具厂商威廉姆斯－索诺玛希望聘用对美食情有独钟的人。在弗里波特的里昂比恩，我的朋友们最理想的新人首先应该是里昂比恩产品的使用者，他们最好在待人接物中表现出积极的态度："我们喜欢乐于助人的人。"

要想找到合适的人选，就要在做出招聘决定之前对大批应聘者进行遴选，投入大量时间。以 Stew Leonard's Dairy 为例，这家公司的录用比例只有 1/25。（几乎一半以上的员工都有亲戚在这家公司里供职——这进一步加强了公司的价值观标准筛选。）为了找到合适的人，万豪国际投入很多精力，一家新开业的酒店需要 1 200 位新员工，万豪为此面试了 4 万多人。

不要面试一次就决定录用，在给出正式录用通知之前，至少要有两人面试过候选人。

做背景调查，这一点非常重要。如果非要指出一个"坑"，一个让很多企业在招聘中栽跟头的"坑"，那一定是"不做背景调查"。多联系应聘者的前上司、下属、平级同事。在招聘一个人之前，至少应该做两次背景调查。我们推荐的做法是 5 次，或者更多。

最后一点，应该尽可能避免在高级职位上任用外部人士，只要情况允许，就应该尽可能从内部选拔。原因有两个，其一，聘请外部人士有损士气："他们只会引进外人来管我，而我永无提升之日。为什么还要努力工作？"其二，新人需要融入企业，如果他们来自公司内部较低岗位，相对更容易适应和融入高级岗位。

文化培养

即使做出了最好的聘用决定，新人也需要融入组织。这里的"融入"指的是组织愿景的注入和巩固，尤其是核心价值观。我们不要奢望人们一进入公司就能完全理解组织的各项准则。你需要培训新人，而且要尽早培训。

实际上，融入的过程应该从招聘开始。可以请应聘者阅读一些与组织理念有关的材料，请公司代表在面试时谈一谈公司愿景。

在刚刚步入职场时，吉姆·柯林斯曾经面试过罗盛咨询的一个职位。他收到邀请，从加利福尼亚飞到纽约，与该公司的创始人拉斯·雷诺兹面谈。这场面试围绕个人理念和公司理念展开。当吉姆离开时，雷诺兹送了他一沓相当机密的公司资料，以帮助他更好地理解公司理念。在这家公司里，每位新人都要先和雷诺兹（或另一位高级主管）"谈谈哲学"，才能被录用。

新员工在走上工作岗位后应该在企业价值观方面接受进一步的培训。下面的步骤可供参考：

- 为每位新员工发放"新人工具包"或书面材料，明确要求他们认真阅读。显然，其中应该包括组织的愿景宣言，并对核心价值观做出特别强调。Telecare公司的安妮·巴卡尔就是这样做的，她会给每位新人发放企业价值观的相关材料。

总部位于奥斯汀市的全食超市是一家专售健康食品的超市企业，其创始人兼首席执行官约翰·麦基亲自撰写了《全食信息手册》，讲述企业的历史和价值观。它告诉人们如何在职业生涯中取得进步，以及对同事和各级主管的期望。一些店面还会通过考试来检验新员工是否理解了公司的理念。

- 写！写！写！永远不要低估书写的力量。很多企业的领导者并没有用好人类最强大的工具——笔。要把它用起来。因为你是领导者，人们一定会读你写的东西，并受到它的影响。想想看，如果美国少了成文的宪法，这个国家会变得多么弱小？

可以每年写上几篇内部信件或文章，谈谈公司的经营理念，这种方法特别有效。它们可以被单独分发（针对所有员工，而不仅仅是高管团体），或者发表在员工通讯或内部杂志上。里昂比恩的首席执行官里昂·戈尔曼就是个好榜样，他极大地发挥了《比恩掠影》（*Bean Scene*）这本杂志的作用。

用写作不断强调员工工作的重要性。讲述人们如何帮助依靠他们的人渡过难关的故事。用具体的例子说明某位员工是怎样帮助客户改善生活的。要不失时机地强调崇高的使命感，让各级员工都能（也有权）在自己的工作中感受到。

- 把公司的历史写下来，发给每位新入职的员工。追溯公司的起源、演化和发展的各个阶段，以及价值观的起源。麦肯锡的共同创始人和设计者马文·鲍尔写过一本精彩绝伦的著作《透视麦肯锡》，其中包括这样的章节：

  "目标形成期"

  "公司的早期岁月"

  "打造一家与众不同的民族企业"

  "专业精神：公司的秘密武器"

  "打造我们的管理理念与系统"

关于书写公司历史，有三点需要注意：

1. 应由你（如果你是公司创始人、总裁或首席执行官）来撰写。这些语言应该直接来自你，而不是公关部门或外部作者。让每位新员工感觉自己在和你通过文字直接交谈。鲍尔的书就是个绝佳的例子。

2. 为员工写作，而不是为大众读者写作。让它成为领导者和员工个人之间的纽带。仍以鲍尔的著作为例。该书的题记上写着"个人著述，仅供麦肯锡员工阅读"。

3. 不要等太久。如果你的企业很年轻，你可能怀疑书写这样一部历史究竟有没有意义。我们深有同感，为一家刚成立一年的企业编写史书确实有些尴尬，但是，在公司成立 5 周年之时，你应该着手撰写一部简短的历史。用不着多么精美的装帧，在复印室印制装订即可。这样一来，随着企业的发展壮大，你可以很容易更新和修订。

- 为所有新员工阐释公司理念。如果情况允许，应该尽可能地面授机宜，可以一对一或一对多交谈。如果做不到（比如，地理限制，或者企业太大），那么你也可以使用视频的方式。

举例来说，吉姆·米勒是米勒商业系统公司总裁，该公司有 300 多名员工，专门提供企业办公服务。米勒会一对一会见每位新员工，为他们讲述公司的理念，发给每人一瓶绿色的液体，上面写着"热情"，还有一面镜子，上面写着"我相信自己"。1987 年，米勒商业系统公司获得了《办公产品经销商》杂志颁发的客户服务卓越奖。

- 教练制。为每位新员工分配一位教练。教练要照顾新人，亲自教导新人，不仅要对企业的价值观"言传身教"，还要传授具体的工作技能。
- 除了传授具体技能，还可以为新员工开设培训研讨会，传达公司的价值观。IBM 成功地帮助成千上万新员工融入企业，一大诀窍就是，它的培训始终强调 IBM 的价值观和信念，而不是管理技能。

培训

尽管总体培训项目应该包含企业文化培训，但是人们仍然需要特定的技能培训。如果连怎样做都不懂，人们就不可能出色地完成工作。

要广泛培训各个层级的员工，而不是仅仅培训管理者。切记，培训并不是福利，而是一种极其巨大的商业优势。回到弗里波特，看看我们在里昂比恩的朋友们的做法。该公司的一线新员工要接受一个星期的培训，学习掌握计算机化的电话订单系统、电话沟通技巧和产品知识。该公司员工使用个人姓名（您好，我是史蒂夫）的做法并非偶然，它是培训的结果。

另一个培训一线员工的例子来自零售连锁企业 Parisan。这家企业号称每平方英尺的销售额达到全美平均水平的两倍。它把自身成功的很大一部分归结为对一线员工的岗前培训：新员工要完成 45 个小时的培训，上岗 90 天后，还要完成 12 个小时的进修课程学习。

可以考虑的培训方式有很多。

- 你可以使用书面材料，比如罗盛咨询公司的《实践指南》，这本手册详细说明了寻找和聘用高管的标准和策略。
- 你可以使用音频和视频的方式。达美乐比萨为每家店面配备了视频设备，方便员工学习视频培训课程。
- 教练制。让经验丰富的资深员工负责带新人。丹斯克设计公司和业界传奇高盛都在使用这种方法。

- 你可以通过外部培训课程教授员工具体技能。例如，Stew Leonard's Dairy 的部分一线员工接受了戴尔·卡内基课程培训，每人学费 600 美元。家得宝每星期开设修理技能课程。很多最好的高科技企业都很重视大学提供的先进技术培训。
- 你可以独立开发自己的培训课程。耐克拥有一整套长达数日的内部管理人员培训课程。麦肯锡早在 20 世纪 40 年代就开始了广泛的咨询培训，当时它还是一家小公司。
- 你甚至可以创建自己的"大学"。比如著名的麦当劳汉堡大学；亮视点拥有三所管理人员培训学校，它们被称为"亮视点精密大学"；苹果公司有独立的苹果大学。这些大学面向本企业员工推出各种各样的教育培训课程。

无论采用什么方式，你都不要过久地等待。很多小型企业抱怨自己没有足够的资源开展培训。可是，如果连合适的培训都没有，你又怎么指望自己的公司发展成一家卓越企业呢？

目标设定

一位二线田径教练问一位冠军田径教练："你是怎么让运动员跑得那么快的？"

"因为他们努力啊。"她回答说。

"可是我的运动员也很努力，"二线教练大惑不解地说，"我没完没了地叫他们跑。我告诉他们，你们得跑快些。每次训练，我都要喊破喉咙，鞭策他们。"

"我不这样做，"冠军教练说，"我从来不对运动员大喊大叫。我也不会叫他们跑快点儿。"

"那你做些什么呢？"二线教练不信。

"很简单，每个训练季开始时，我会和每位运动员坐下来谈一谈，聊聊她的目标和志向，说说我认为她能做到什么样，谈谈团队的目标，讲讲我认为她能在哪些方面为团队做出贡献。接下来，我们会一起商量好这个训练季的目标，我会为她提供建议，帮助她实现这些目标。"

"我也是这么干的。"二线教练说。

"哦，是吗？能举个具体的例子吗？"

"呃，这个，你也知道，我就是想让他们跑快点儿，我希望他们能赢。"

"哈，我明白，"冠军教练说，"也许你应该再加把劲儿，帮助队员把目标定得更好、更精确。比如那边的简，她刚在州赛中跑出 1 英里 5 分 30 秒的好成绩。她在这个训练季的目标——我们一起商量的结果——是突破 5 分 28 秒。我不需要大呼小叫，也不用催促他们。5 分 28 秒的目标在督促她，每天激励着她奋勇向前。"

稍等，让我们来想一想。贵公司的每位员工都有明确的工作目标吗？在设定目标时，员工发挥了主导作用吗？他们是否认为这些目标是可以实现的？他们想不想实现这些目标？员工有没有把工作目标分解为季度目标、每周任务和每日工作？这些目标与公司的愿景和战略保持一致吗？这些目标是否与员工个人生活中的目标匹配？

如果是，你可以直接跳到第五步。

我猜你没有跳到第五步，因为绝大多数领导者——只要他们对自己足够诚实——都无法对上述每个问题给出肯定回答。实际上，他们应该努力做到这一点。

目标设定是战术落实过程中最容易被忽视的一点。无论对员工还是他们的教练来说，这都是一项艰巨的工作。这需要时间、思考、讨论和协商。但是，反过来说，目标一旦明确，你就可以给员工更大的自由空间，不需要时时刻刻监督他们、"指导"他们的一举一动。

如果目标设定合理，传统的年度考核也许根本无从"考"起。员工会看到自己有没有完成目标，不需要管理者来告诉他们——比如，有没有突破 5 分 28 秒？

这是不是意味着年度绩效考核是多余的？并非如此。与传统意义的绩效总结（"你的工作表现是这样的"）不同，新型年度考评将更多时间花在设定目标上。反馈（"你在那个项目上表现非常好"或者"你本来可以做得更好，让我们一起来想想办法"）应该全年持续不断。另一方面，好的考评的主要目的是设定下一年的工作目标。

大多数考评流程是无效的。它们要么与升职加薪紧密相关，这样往往会阻碍人们设定认真的工作目标、开展严肃的工作考评，要么被视为一种行政上的琐事。

应该摒弃过时的年度考评流程，用目标设定与考评流程取而代之。可以考虑每个季度开展一次。是的，每个季度一次。

唐·莱尔是一位非常优秀的管理者，我们曾在多种情况下认真观察过他。莱尔在 DEI 集团设计完成了一次超高难度的大逆转，他依靠的主要就是这种季度目标设定流程。首先，他会从公司的长期愿景和战略出发，把它们分解为一系列年度目标。接下来，他会和员工一起把公司年度目标分解为每个人的年度工作目标。随后，他要求每个人为自己每个季度的工作列出 4 到 5 项季度目标。他们会为此讨论和协商，直至达成一致，双方签字。

每个季度末，莱尔都会与每位员工坐下来，共同考评目标绩效，并对下个季度的工作目标做出更新和调整。他要求每位员工都能与他们的下属完成同样的流程，这样一级一级传递下去。莱尔指出：

这个过程确保了我们不会因为紧急的工作耽误了重要的工作。它让我们专注于优先事项。它让人们清楚地认识到自己在做什么，带给人们一种客观的、前后一致的认知方法。它真的非常有用。

目标必须清晰明确。比如：

"7 月 31 日前开通 35 个新客户账户。"

"欧洲分公司在 11 月 30 日前开张营业。"

"12 月 31 日前完成新的螺栓凸轮产品的所有量产准备工作。"

"8 月 1 日前做好新产品导入流程。"

"12 月 31 日前写好 3 篇文章，用于发表。"

在理想的情况下，这个过程能把个人愿景与公司愿景融为一体，然后按序分解为季度工作目标、每周工作任务和每日工作安排，如图 9-3 所示。

个人愿景 ┄┄┄┄┄▷ 个人年度目标 ◁┄┄┄┄ 企业愿景
季度目标
每周工作任务
我今天要做什么？

图 9-3

我们知道，生活是混沌而不可预知的。理想的线性过程——从公司愿景和战略到个人年度目标，再到季度工作目标、每周工作任务和每日工作——是不大可能做到的。然而，这并不能成为放弃设定个人目标的理由。很多因素都有可能影响运动员突破 1 英里 5 分 28 秒的努力，尽管如此，把 5 分 28 秒定为目标仍然是至关重要的一步。

在一项关于动机的经典研究中，弗雷德里克·赫茨伯格教授发现，在工作中，带来最高满足感的首要因素是个人成就感（紧随其后的是获得认可）。人们都想有所成就，人们想设定目标并实现它们，应该注意发挥这一天然动力源泉的作用。

衡量

假设你是一名田径教练，你的目标是带领队伍达到一个新水平。进一步假设，你手里没有秒表，也没有 1/4 英里的标准跑道可用。

你会怎么办？你可能会开着自己的汽车在马路上 1 英里 1 英里地量出跑道，你可能会去买一块秒表。

就像田径教练需要准确定义"快"、测量速度一样，一家企业同样需要定义战术的卓越，衡量它，并公布结果。

里昂比恩会衡量完好交货率（1987 年为 99.89%）。所有的包装工人（不仅仅是管理者）都会收到每日更新的完好交货率。里昂比恩为此建立了一套衡量标准并认真跟踪记录，从顾客等待时间到残次品数量，都在其中。

但是，里昂比恩出色的表现并不是因为它有标准，也不是因为它有指标，关键在于它始终跟踪记录自己的表现，找出妨碍完美表现的障碍，持续不断地寻求改进和提高。

里昂比恩并不是唯一一家注重（甚至迷恋）衡量的企业。

当万豪国际还是一家小企业时，它的创始人威拉德·马里奥特就建立了对标和衡量其战术执行的传统。（马里奥特会阅读客户意见卡，并把它们做成表格。）这个传统一直延续到现在。想要入住万豪国际酒店的人很难逃脱填写评价表这个环节，这些表格会被收集、整理、剖析，然后重新组合成一个叫"客户服务指数"（GSI）的东西。每一家万豪国际酒店都会分析、跟踪记录和公布自己的 GSI，酒店的每位员工都能看到它。最重要的是，GSI 是对标的出发点和持续改进的指南。

和里昂比恩、万豪国际一样，卓越的企业都有定义和衡量战术卓越程度的优良传统。米勒商业系统公司的吉姆·米勒会跟踪和公布公司的表现，他依据的标准是 24 小时内完成 95% 的客户订单。1936 年，

Deluxe 公司（美国约一半的支票是这家公司印制的）创始人 W. R. 霍奇基斯为公司的持续改进设定了目标：努力实现零印刷缺陷和两日周转。为此，Deluxe 公司当然要衡量、追踪、公布经营结果，找出问题，持续改善提升，并不断地朝着完美的目标而努力。

你有没有光顾过鲍勃·埃文斯餐厅？这家连锁咖啡餐厅成立于 20 世纪 40 年代，因战术卓越著称于世，在服务、质量和价值的行业调查中多次获得第一名。

鲍勃·埃文斯餐厅为自己设定了苛刻的标准。客人就座后 60 秒内，应该收到一句热情的招呼和一杯水。点菜后，热菜必须在 10 分钟内上桌。翻台必须在 5 分钟内完成。即使在最繁忙的时段，客人等位时间也不能超过 15 分钟。你猜对了，它还会根据这些标准不断衡量和追踪自己的表现。（米勒商业系统公司、鲍勃·埃文斯和 Deluxe 的案例来自罗恩·泽姆克和迪克·沙夫的著作《服务优势》，这部著作介绍了 101 家服务企业取得战略卓越的案例。）

人们会注意被衡量的事物。为什么人们喜爱体育运动？因为它是生活中为数不多的人们可以客观地看到自己的表现，跟踪记录自己的提高的领域之一。

你可以自己做个试验。找出一项你最痛恨的家务——倒垃圾、修剪草坪或洗碗。衡量你在下一个家务日时的表现。假设你上次倒垃圾用了 14 分钟，现在为自己设定一个新目标，比如 10 分钟，而且不能敷衍了事。为自己计时，跟踪自己的表现。接下来有两种可能：第一，你可能会找到窍门，把这项家务做得越来越好；第二，你可能会发现趣味，像玩游戏一样乐在其中。

同样的道理也适用于战术执行。找到一种方法来定义战术（层面的）卓越，对其进行衡量、跟进、公布，并从中学习，把它变成持续改进的方法。让它变得有趣，让它成为伟大的商业游戏。

"休哈特循环"准确地捕捉了衡量与持续改进之间的关系（见图 9-4）。它是沃特·休哈特最早提出的。休哈特循环在日本得到广泛应用，主要被用于追求持续的战术卓越。该框架对任何一种改进过程都是有用的。

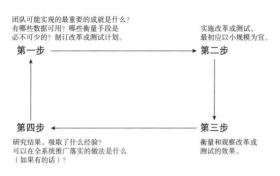

图 9-4　面向持续改进的休哈特循环

认可

　　理查德·巴伯的故事温暖人心。在它的启发下，我们也给里昂比恩打了个电话——我们不仅订购了商品，还问了个问题。

　　"欢迎致电里昂比恩，我是泰里。"

　　订单下好了，我们和泰里愉快地聊了聊即将到来的春天（当时是3月初）。我们问她："是什么让里昂比恩的人如此善待客户？泰里，为什么你的工作如此投入？"

　　一开始，这个问题让她感到很费解，好像我们问她的是"你为什么要呼吸"。但是她还是用特有的欢快语调回应道：

　　这要从我们的总裁说起。从他算起，公司里每个人都很认同我的工作。他们没有把我的工作视为理所当然。说起来其实都是小事——圣诞节最忙的时候我会收到果汁和饼干，同事会拍拍肩膀鼓励我，一句谢谢，总裁探班。我是通过招聘广告找到这份工作的。它看上去好像和别的工作没什么两样。实际上，它又和别的工作完全不同。这里的人真的在乎我的感受。我能感觉到自己是重要的。

如果你只想要平庸的表现，那么你完全可以把员工的努力视为理所当然，从不表示认同，甚至把他们当成苦力。

但是，如果你想要的是始终如一的战术卓越，你就要让人们感受到尊重与认可。这毫无神秘感可言，也不是什么复杂的、只有博士才能理解的概念。简单、诚实、真诚的认可——还有什么是比这更明显、更直接的呢？

一个重要的问题是：如果随机打电话给你的公司，请人们谈谈自己与公司的关系，我们能听到里昂比恩公司泰里那样的回答吗？

认可主要表现为三种基本形式：非正式认可、奖励和表彰、物质奖励。

1. 非正式认可。公司领导都应该练习和运用本书领导风格章节中提到的个人风格和硬性／软性社交技能。同时还要记住，你要成为楷模，人们会受到你的行事风格的影响。

非正式认可应该是连续的和及时的。随时让人们感到自己的工作是受到认可的，不要等到年终总结或每年一度的表彰大会。谁会等到情人节或对方生日时才说上一句体己话？我们都会鼓励孩子，说他们棒极了，但是我们会每年只说一次吗？当然不是。良好的员工关系就像健康的家庭关系，是建立在日复一日的尊重和认可的基础之上的。

2. 奖励和表彰。永远不要低估非物质奖励和表彰的巨大作用。赫茨伯格的研究表明，在带来最高工作满足感的因素中，"认可"是第二重要的（仅次于成就感）。应该公开承认某人工作的重要意义，并为之颁发奖状，这是最好的认可。

为你认为对建成卓越的企业意义重大的事情设立奖项，如顾客服务中的优秀表现、产品质量、成功的销售和你认为重要的其他方面。

还可以建立极难获得、声望卓著的奖项，如联邦快递公司的"金隼奖"。它专门用来表彰贡献突出或表现英勇的员工，每年的获奖者屈指可数，他们会接到首席运营官的电话。除此之外，你还可以设立比较普通的奖项。比如，联邦快递公司还设有"祖鲁奖"，每年会有几百位表现优异的员工获得这一奖项。

为获奖者颁发特别设计的胸针，或者其他显眼的荣誉徽章。仍以亮视点公司为例，只要有客户来信点名表扬某位员工的服务，这位员工就会收到一枚特制的胸针。下次在观看俄亥俄州立大学橄榄球队比赛时，你可以注意一下，有些队员的头盔上印有非常显眼的"七叶树"，那是用来表彰表现优异的运动员的。

你还应该公开表彰表现优异的员工。在公司内刊和新闻通讯上发表文章歌颂他们。在员工会议和全员大会上表扬他们。不失时机地公开宣称："某某表现优异。他／她的工作极其重要。"

3. 物质奖励。你也可以通过物质奖励进一步加强对他人工作的认可。

应该尽可能保证各级经理随时有权发放小额奖金或其他形式的物质奖励。其中的关键在于"随时"，因为人们习惯性地认为，加薪或奖金是每年一次的事。因此，传统意义上的年度"调薪"很难发挥认可作用，即使有，也极为有限。实际上，如果人们每年收到的调薪幅度低于预期，通常会适得其反。

假设一位勤奋工作的员工在一堆邮件里发现了这样一封信：

这个圣诞节期间，你加了很多个小时的班。我们深知，这给你的家庭带来了巨大压力。我们感谢你的努力，请任选一家高档餐厅，带着你的丈夫和孩子好好享受一顿团圆饭。别忘了将账单交给公司报销。干得漂亮！

假设一位年轻工程师接起电话，听到的是公司总裁的声音：

在这次展销会上，你及时解决了软件问题。我想亲口对你说，你的工作做得真出色。你为我们的产品增光添彩。我在你的账户里转入了 100 股公司股票期权。请继续努力。

或者，假设一位销售人员设定了很高的销售目标，并且成功地完成了这些目标。他收到这样的信息：

祝贺你！你设立了很高的目标并完成了它们。我很荣幸地通知你，你正式成为公司"领跑者"之一。你会收到公司为你量身定制的"领跑者"名片，你可以邀请一位朋友在城里的任意一家酒店入住一晚，费用由公司承担。明年你的经销折扣会从现在的 20% 增加到 33%。

这些物质激励本身微不足道，但是它们能带来极大的心理影响。为什么？因为这些人受到了特别的关注，他们因为工作出色而得到特别的赞赏。物质奖励只是一种手段，它传递的信息是：你出色地完成了工作；你得到了认可；你的工作非常重要。

技术及信息系统

上文主要论述了战术卓越中关于人和激励的一面。这是合情合理的，因为最终完成工作的是人。下面简单论述另一项要素：技术及信息系统的使用。

我们倾向于认为，计算机、信息系统和海量信息在某种程度上是冰冷的、非人的，与我们在本书中强调的企业温暖人心、人性化的一面正好相反。其实不然，信息技术是一种强大的工具，应当很好地加以利用。

卓越的企业会不断地想方设法发挥技术的力量，发挥信息系统的作用。沃尔玛先进的收款系统与强大的数据库就是很好的例子。里昂比恩大量使用技术系统帮助自己的客户，这家公司主管运营的高级副总裁指出："对我们公司来说，先进的技术多多益善。"里昂比恩和沃尔玛都是"以人为本"的企业，但它们也在大量采用信息技术。技术和人本来就可以完美结合，就像秒表是田径教练的重要工具一样。

及时的数据流

下次乘坐飞机时，你可以观察一下驾驶舱，看看里面密密麻麻的仪表、屏幕和读数。飞行员可离不开这些设备，在安全抵达目的地之前，他们要不停地观察这些仪器仪表。

在管理你的企业时，请不要忘了这幅画面。企业领导者和飞行员一样，都需要不断地、及时地接收信息流。目前处于什么高度？航速多少？还剩多少燃油？发动机工作正常吗？是否准点？前方可能会出现什么样的湍流？

中小型企业的领导者同样需要类似的信息体系，而且应该尽快获得。没人愿意在燃油耗尽之后（甚至坠毁之后）才收到迟来的报告：燃油将尽。不仅如此，这些信息应该汇总到位，易于解读。再次强调，别忘了飞机驾驶舱里那些一目了然的读数。

下面五类信息至关重要，需要密切跟踪：

1. 现金流，包括当前现金流和预计现金流。现金就像企业的燃油，我们不能等到仪表盘上红灯闪烁"警报！燃油将尽！"的时候才有所行动，而是要提前预见到燃油过低的情况。与现金流关系密切的还有应付账款和应收账款信息，以及它们的账龄。很多公司在快速发展时期没有管理好应收和应付账款，造成了严重的现金流问题。

2. 财务会计信息（资产负债表、损益表）和财务比率。其中比较报表的作用尤其明显（本期与前期、本期与去年同期相比）。下面是一些常用的财务比率。

下列比率可以用来追踪企业的财务健康状况。要长期持续跟进这些比率，密切注意负趋势。同时注意与所在行业的平均比率进行对比。行业平均比率可以从邓白氏每年在《邓白氏观察》上公布的"关键行业比率"中获得。

资产收益率：税后利润／总资产

可以快速评估企业资产的利用效率

销售收益率：税后利润／净销售收入

可以快速评估整体运营的盈利能力

股东回报率：税后利润／股东权益

可以快速评估股东投资回报情况

毛利率：毛利／净销售收入

说明产品线的核心盈利能力

营运资本：流动资产减去流动负债

表明企业的基本流动性

流动比率：流动资产／流动负债

表明企业的基本流动性

速动比率（亦称酸性测验比率）：（流动资产 – 库存）/流动负债

减掉库存，可以更清晰地掌握流动性情况

债转股：（流动负债＋长期负债）/股东权益

表明企业的筹资在多大程度上依赖于债务，而不是股权

应收账款回收期：（年度平均应收账款 ×365）/年度赊销额

表明企业用多少天收回应收账款

应付账款期间：（平均应付账款 ×365）/原材料采购

表明公司用多少天付清应付账款

存货周转率：COGS（销货成本）/年平均存货

表明公司存货的周转次数

3. 成本信息。很多企业错误地延续无利可图的产品线，因为它们对这些产品的亏损情况一无所知。要配备合适的系统，明察每条产品线（或服务线）的成本和盈利情况。必须了解自己的成本情况。

4. 销售信息。追踪每一类产品或服务的销售趋势，可以按照与本公司有关的维度（地理位置、价格层级、分销渠道等）进行分类或分析。

5. 客户信息。客户是我们最好的信息来源之一，他们会告诉你，你产品的优点和缺点，你应该如何与竞争对手一较高下，他们为什么购买你的产品，他们对现有产品的改进和新产品的意见，他们使用你产品的目的，以及你问的其他任何问题。他们甚至会告诉你自己的姓名、工作、收入情况和家庭住址。最重要的是，如果你偏离了主流趋势或市场需求，客户会提醒你。

应该系统性地、前后一致地、连贯及时地获取客户信息，做到这一点的方法有很多，例如：

- 客户反馈卡。请客户寄回保修登记卡，这些卡片会要求客户提供个人信息、商品情况和购买原因。利用和跟进这些信息，掌握产品（服务）购买者的情况和购买原因。

- 客户服务报告。如果你的企业有专门的客服代表，无论是线下还是电话客服，都应该建立制度，把客户的评价制成表格，持续跟进并在全公司公布。这样一来，只要客户申请服务，你就能收到信息。

- 客户调查。只要知道客户是谁，你就可以回访，向他们提问。人们都喜欢对产品和服务发表看法，喜欢分享自己的想法、建议，甚至是挫败感。定期开展客户调查，跟踪你在客户眼中的表现。客户是整个生产过程中最重要的一环——最终只有客户的满意才是最重要的。

- 焦点小组。焦点小组是一种非常简单的技术，把一群客户放在一个小组里，请他们回答问题，对产品做出评价。焦点小组可以成为一个丰富的信息源。

信息系统是个庞大的话题，此处无法展开论述。我们的意图并不是深挖这些系统浩如烟海的细节问题，而是指出它们的重要意义。你可能已经具备了这些技术和信息系统，甚至拥有极佳的技术和信息系统。下面再提出两个问题，供读者参考：

1. 你有没有最大限度使用技术？我们生活在一个狂飙突进的技术时代，企业如果没有做到不断努力地发挥技术的力量，为自己谋求竞争优势，就会被做到这一点的其他企业甩在身后。

2. 你的信息有用吗？不要由"信息专家"来决定你的信息如何打包。实际上，很多企业遇到的问题并不是信息匮乏，而是信息的封装过于蹩脚。要持续不断地解决这个问题，让自己收到的信息既易于理解，又方便使用。

信任

你会发现，在这一章里，我们并没有讨论"控制"问题——如何确保员工做正确的工作，怎样防止员工占公司的便宜。这是因为，"控制"根本不管用。

还记得领导风格那一章提到的破坏力极强的"微观管理者"吗？还记得他们是如何彻底摧毁员工士气的吗？想达到长久的战术卓越，无论是你，还是你的企业，都无法承受微观管理的代价。

人们需要行动的自由。干劲十足、培训到位、融入良好的员工不需要"控制"。成年人不需要像孩子那样被管束。如果总有一双眼睛盯着自己，人们就无法做好工作。

在你的公司里，人们——每个人——有权利（不需要任何人的审批）做出需要付出成本的决策吗？他们应该有。

我敢肯定，这个说法一定引起了你的注意。你会想，我们是不是在开玩笑？

当然不是，我们非常认真。当然，我们说的并不是公司里每个人都应该有权签署几百万美元的合同，或者一线员工应该有权购买新的办公大楼。我们说的是，人们应该拥有足够的自主裁量权，对自己的工作负责，以确保足够快速正确地完成工作。

对里昂比恩来说，为理查德·巴伯那双 30 年的老靴子换鞋底需要投入资金、时间和人力。但是里昂比恩的几位员工决定迎难而上，他们不需要事先获得审批，放手去做就对了。他们不需要坐下来仔细计算更换鞋底所需的时间，分析它的成本和收益。

想想看，如果你的每一项支出都必须有银行的批准——小到买一台计算机、安装一部电话，那么你的公司能经营好吗？你的公司会陷入审批工作的泥沼，持续的战术卓越从何谈起？

向下延伸，这个道理同样适用。即使一线员工不可能拥有和总经理一样的经费权，这个道理也是不变的。这句简单至极的口号应当适用于整个组织："我相信你会尽力做正确的事。"

严格的标准

信任只是硬币的一面，它的另一面是严格的标准。

它包括两部分：价值观标准和绩效标准。

价值观标准是最严格的。如果有人无视企业的核心价值观，他们就只能选择离开。一开始，应该仔细核查他们是不是不理解这些价值观。但是，如果是明知故犯地蔑视公司最看重的基本原则，那么他们根本不属于这里。如果有人违背了核心价值观，而领导者又不肯把他们清除出去，这套价值观就不可能在组织里真正生根发芽。

IBM 的托马斯·沃森有一条非常简单的原则：辞退那些做出不道德行为的员工——无论这个人对公司有多重要。不容商量，没有如果，也没有但是。没有临时罚下，也没有洗心革面、重新做人。走——人！

绩效标准虽然没有价值观标准那么严格，但是依然很高。公司如果容忍绩效低下的员工，就会失去绩效突出的员工的尊重。亲如一家的团结和裁汰业绩低下的员工之间并无矛盾。谈到这一点的具体作用，Giro 总裁比尔·汉内曼指出：

我们竭尽全力营造一个大家庭式的工作环境，但是，我们也希望人们出色地完成工作。我们尽最大可能为员工提供职业保障，但是这并不代表我们会容忍好吃懒做的人。

但是，请注意，业绩不佳的原因可能有很多。这个人可能没有受过适当的培训，可能没有得到应有的清晰指导，工作的分派可能超出了这个人的能力范围，他很有可能在别的岗位上表现出色（这甚至意味着他可以温和地过渡到公司之外的职位）。在做出决定前，请先分析这些可能性。

令人遗憾的是，有些人根本不把出色地完成工作放在心上，也许他们从未真正在乎过。有些人会一而再、再而三地错过工作中的里程碑和目标，有些人善于投机取巧，还有些人犯糊涂，让阴暗面占了上风。公司应该不留情面地清除这些人。你可以态度温和、言辞恳切（毕竟，一开始是你错误地雇用了这些人），但是他们非走不可。

幸运的是，这些人毕竟是少数。这一结论的基础并不是我们对人性的坚定信心，而是因为大量针对工作动机的研究得出了相同的结论：

- 1980 年，美国商会委托盖洛普开展的一项研究指出：88% 的美国劳动者认为，对他们个人而言，努力工作、把工作做到最好是极其重要的。该研究还指出，美国生产力的整体下降不能归咎于职业道德的衰落。

- 康涅狄格州相互保险公司的一项研究发现，76% 的美国人经常能从工作中获得投入感。

- 公共议程基金会的一项研究广泛调查了美国各行各业的代表，请他们在以下 4 项关于工作的描述中选择一项：

1. 工作纯属一种商业交易，多劳多得。

2. 工作是人生中最令人不快又不得不做的事情之一，除非不得已，否则我不会出去工作。

3. 我觉得自己的工作很有趣，但我不会让它影响生活的其他方面。

4.无论报酬如何，我都会尽可能把工作做到最好，这是我的一种内在需求。

结果，有 80% 的人选择了第四项，他们认为，这是对自己工作态度最好或第二好的描述，大多数人（52%）把它作为第一选择。只有 20% 的人把第一项或第二项作为他们的第二选择。

绝大多数人（尽管不是所有人）都希望把工作做好。他们想成为让自己引以为豪的事物的一分子。人们希望通过挑战和机会展现自己的能力。当有人依靠自己时，人们会迎难而上。在得到他人的尊重时，人们能做出超乎寻常的业绩。

吉姆·柯林斯最新思考

最终负责的个人

"从优秀到卓越"项目组的一位成员准备去度假，她带着一份详细的计划来找我。这份计划说的是，在度假期间，她如何完美地处理各项相关工作。她有一个计划，提前做完所有她能完成的工作，并为自己一回来就能立即工作制订了计划——堪称完美的、实实在在的计划，配有截止日期。她还和一位同事商量好，在她返回工作岗位之前，如果出现她无法远程处理的工作，这位同事就会帮她处理好。

"这真是一份完美的计划——干得漂亮！"我由衷地赞美她。

"我把自己看作 OPUR，"她说，"我拥有的不是一份工作，而是一份沉甸甸的责任。"

你也许有所不知，她是一位工作时间灵活、赚时薪的兼职人员。但她拥有顶级全职员工的心智模式——一种主人翁意识。她完全懂得OPUR 的准确含义。

OPUR 的含义是"最终负责的个人"（one person ultimately responsible）。每一项关键任务或目标都应该有一位明确的 OPUR。当你问"这项工作的 OPUR 是谁"时，有人应该站出来，清楚地、毫不含糊地回答："我是 OPUR。"

保持 OPUR 文化的关键在于，每个人都应该具备 OPUR 式的心态和明确清晰的 OPUR 任务。但是，与此同时，想让 OPUR 的理念发挥最大作用，还需要建立一种守望相助的文化，让人们愿意站出来"帮邻居扫雪"。

这种"帮邻居扫雪"的比喻是这样发挥作用的：假设你居住的地方冬季多雪，每次暴风雪之后，你就是自家门前道路除雪工作的最终负责人。无论是不是在休假，作为房主，你都是清理这段道路积雪的 OPUR。如果它结满了厚厚的冰，你不能对街坊说："哦，对不起，我在休假。"如果你居住的社区民风淳朴，邻里关系融洽，你可以在外出时委托邻居帮忙扫雪。等到他们出门时，你也会帮助他们。

当你把 OPUR 精神与睦邻政策结合起来时——接受全部责任并"帮邻居扫雪"，你就会收获极高的个人／团队绩效和一支无比团结的队伍。这会创造出一种神奇的组合：高绩效的环境加上理想的工作场所。

最后的"秘诀"——尊重

卓越企业的创建毫无神秘感可言。我们有幸亲眼观察过很多杰出企业的缔造者，在本书中我们也以他们中的许多人为例。他们并不是超人，也不比别人更聪明，更不属于魅力四射的企业家那个稀有物种。

他们中的很多人都会被一个问题困扰："你的成功秘诀是什么？"他们最普遍的回答是："秘诀？哪有什么秘诀！"他们会提到本书阐述的基本原则：要设定愿景，做出良好的战略决策，要创新，而且还要——他们永远都会强调这一点——做好执行工作。

如果它并不神秘，那么为什么只有极少数企业实现了卓越？它又不是火箭科学，不存在复杂难懂的概念。我们究竟遗漏了什么？

我们想起了弗雷德·史密斯在比尔·莫耶斯采访中说的话：

> 大多数企业管理者……瞧不起工厂里的车间工人。他们对普通人充满了鄙夷和不屑，尽管他们不可胜数的财富都是普通人创造出来的。

就这样，那个隐藏在我们观察过的几乎所有对象背后的真相终于浮出水面：尊重。

我们总是会被海梅·埃斯卡兰特的故事打动。这位洛杉矶高中老师的故事被改编成了电影《为人师表》。埃斯卡兰特接收了一批来自少数族裔贫困社区的高中生，教他们大学水平的高阶微积分知识。他的学生通过大学微积分预修考试的比率一直高于美国所有的高中生。

大多数人不敢相信这些学生通过了微积分的预修考试，为什么埃斯卡兰特能做到这一切？在斯坦福大学的一次演讲中，他提到两个简单的词语：爱与尊重。他爱自己的学生，他的学生对他报以尊重。他尊重自己的学生，所以才会更严格地要求他们。他的尊重超出其他任何人所能想象的程度。

如果非要说什么秘诀，这就是秘诀。卓越企业是建立在尊重的基础之上的。它们尊重自己的客户，尊重自己，尊重各种各样的关系。最重要的是，它们尊重自己的员工——不管什么级别、什么背景。

这些企业尊重自己的员工，进而信任他们，用开放和坦诚的方式对待他们。它们尊重自己的员工，进而赋予他们行动和决策的自由。它们尊重自己的员工，所以会相信他们的创造力、智慧和解决问题的能力。

这些企业尊重自己的员工，所以会期待高绩效。它们会设定高标准和高难度的挑战，因为它们相信，自己的员工必将达到标准，知难而进。说到底，卓越企业的员工会不断地实现战术卓越，因为有人相信他们能做到。

从这种尊重中成长起来的企业本身就是值得敬重的，这样的企业会为社会带来积极的影响——通过其产品、服务和就业来实现，它们还会成为其他企业的榜样。

你也可以建成一家代表某种精神的企业，一家标杆企业——不仅成为业绩的标杆，也是价值观的楷模。你也可以打造一家超越竞争的组织，并用它的成功证明，卓越从来都是和最基本的人类尊严和尊重结伴而行的。你也可以创建一家企业，当你走到生命的尽头时，你会说："我为自己留下的事业深感自豪，我尊重自己的做事方式。我觉得自己不枉此生。"

致谢一

　　写成一本书仅凭一两个人的力量是难以胜任的。当然，如果没有两位作者的努力，这本书就不会存在，同样，如果没有以下诸位的帮助，这本书一样不可能存在。

　　我们要深深感谢保罗·费延和约翰·维利希，早在我们动笔之前，他们就看到了这本书的潜力。约翰是我们最早的编辑，他对我们充满了大胆而坚定的信心，这给了我们动笔创作的勇气。在本书写作过程的关键转折点，约翰给了我们非常有用的建议和指导。

　　李·安·斯内德克是我们的研究助理和案例作者。本书的书名就是她提出的。她对初稿的创造性帮助和充满思想性的批评对我们非常有帮助。

　　我们总是开朗乐观的助理卡伦·斯托克和埃伦·北村，在项目的很多阶段都给我们提供了帮助。琼·巴顿——又被称为"质量控制中心"——极为出色地完成了本书各个版本文稿的反复校对工作。

　　珍妮特·布罗克特用她非凡的创造力和人际交往才能完成了本书

的封面和图表工作。和珍妮特共事让人觉得很愉快。

我们还要向西比尔·格雷斯和 Prentice-Hall 出版社的其他成员致敬。从本书的手稿创作算起，直到上架销售，他们始终用谨慎和专业的精神指导着我们。

感谢兰加纳特·纳亚克和约翰·克廷汉给予我们的帮助。他们的著作《创意成真》堪称本书背景材料的丰富来源。本书的"创新"一章援引了该书很多案例，如 3M 便利贴、微波炉、西咪替丁、联邦快递和 CT 扫描仪等等。

还要感谢迈克尔·雷、罗谢勒·迈尔斯。首先因为他们是杰出的老师，其次因为两位老师惠允我们大量引用他们的著作《企业创造力》，以及课堂嘉宾的讲话内容。

我们感谢众多个人和企业给予我们引用许可：MIPS 技术公司的鲍勃·米勒，Giro 的比尔·汉内曼和吉姆·根茨，乔安纺织公司的拉里·安森，巴塔哥尼亚的克里斯汀·迈克迪维特，大陆有线电视公司的欧文·格罗斯贝克，曾供职于软件公司 Personal CAD Systems 的道格·斯通，Ramtek 公司的吉姆·斯旺森，Telecare 公司的安妮·巴卡尔，赛特理克斯实验室的布鲁斯·法瑞斯，Kennedy-Jenks 咨询公司的戴维·肯尼迪，西勒奇锁具公司的乔·博林，太阳微系统公司联合创始人维诺德·科斯拉，耐克的皮特·施密特，罗森堡资产管理公司的克劳德·罗森堡；苹果的黛比·科尔曼，ADS 公司的迈克·考尔，美国马拉松赛退役运动员鲍勃·布赖特，还有天腾电脑公司的唐·莱尔。

特别感谢惠普的比尔·休利特，他慷慨地接受了我们的采访，与吉姆·柯林斯和杰里·波勒斯一起回忆了普惠的早期岁月。还要特别感谢 NeXT 公司的史蒂夫·乔布斯，感谢他来到我们的课堂，与师生分享了他的真知灼见。休利特和乔布斯对我们的思想影响至深，在此向他们致敬。

万分荣幸，很多人读过我们的初稿。他们思想深刻、尽心尽力，提出了很多宝贵的意见。他们的看法、鼓励、批评和建议对我们帮助很大。这些最早的读者包括：阿特·阿姆斯特朗、苏珊·班杜拉、克里斯·布亚、罗杰·戴维森、谢利·弗洛伊德、阿瑟·格雷厄姆、伊尔夫·格罗斯贝克、格雷格·哈德利、比尔·汉内曼、戴维·哈曼、吉姆·哈钦森、克里斯·杰克逊、德克·朗、鲍勃·米勒、布鲁斯·法瑞斯、海蒂·罗伊森和理查德·维什纳。

最后，我们要把最深的谢意献给我们在斯坦福大学商学院的几百位学生和高管学员，他们睿智、才华横溢、好学、鼓舞人心。教学相长，如果说我们塑造了他们，那么他们何尝不是在塑造我们。他们让我们不敢有丝毫懈怠，始终用严格的标准要求自己。他们心怀梦想，立志建成经久不衰的卓越企业。感谢你们！

吉姆·柯林斯、比尔·拉齐尔

致谢二

本书的诞生受到 4 个人的启发。首先是乔安妮·恩斯特，她首先提出了这个想法。乔安妮是我的爱人，我们已经结伴走过了 40 年的人生长路。乔安妮一直认为本书能帮助许许多多的读者，同时，她还认为，这个全新的版本是我们向比尔·拉齐尔致敬的最佳选择。在乔安妮的启发下，我联系了比尔的遗孀多萝西，希望得到她对新版本的认可。多萝西毫不犹豫地同意了。乔安妮和多萝西希望我认真思考这个项目，我联系了企鹅兰登书屋的阿德里安·扎克海姆和奈杰尔·威尔克森（企鹅是本书原版的版权所有者），说明了写作本书的想法。在此之前，我和这两位杰出的出版专业人士合作出版过其他几部著作，他们当即表示了对新书的支持。在此深深感谢乔安妮、多萝西、阿德里安和奈杰尔，他们的热情和坚持不懈的敦促帮助我完成了这个漫长而艰辛的项目。

来自"从优秀到卓越项目"的团队成员为本书做出了极其重要的贡献。凯特·德孔布（绰号 OPUR 混世魔王）作为我的高级研究助理，以"日行 20 英里"的原则为本书文本部分的精确保驾护航。本书初稿得到埃米·霍奇金森、山姆·麦克米雷、布兰登·里德、戴夫·希宁和托里·尤德尔的大力支持，主要包括背景研究、读者反馈意见的综合整理、事实核查等工作，他们还对书稿提出了宝贵意见。凯特·哈里斯负责事实核查工作，还协助进行了领导力研究，为新文本中的想法提供了依据。亚历克西斯·本特利和朱迪·邓科雷负责审阅文本，交叉核对信息，并帮助管理关键读者审阅环节的后勤工作。

德博拉·诺克斯再一次用细腻而周到的编辑工作证明，拥有一位如此优秀的编辑我是多么幸运。迄今为止，作为我信任的个人编辑，她已经帮我完成了 5 部著作的出版，每一次她都能让文字变得更好。感谢珍妮特·布罗克特的设计才华，她总是如此充满创造力，如此独具特色。感谢我的经纪人彼得·金斯伯格，我们合作了近 30 年。感谢彼得充满想象力和开放心态的工作方法，他为每一部著作搭建了最适宜的出版合作伙伴关系。感谢企鹅兰登书屋的金伯利·美伦，她巧妙地引导我从手稿一路走到最终的出版。

感谢多位早期读者对本书整体概念提供了宝贵意见，并对初稿进行了批评指正。感谢烈·阿伦森、特洛伊·艾伦、凯尔斯·奥斯兰、卡伦·贝蒂、若埃勒·布罗克、泰森·布罗伊尔斯、蒂法尼·伯克哈尔特、博·柏林厄姆、戴恩·伯尼森、医疗大数据企业 Health Catalyst 的丹·伯顿、克里斯托弗·钱德勒、谢拉伦德拉·恰布拉（谢拉）、卡伦·克拉克·科尔、特伦斯·卡明斯（格兰德）、婴儿产品公司 SwaddleDesigns 的杰夫·达米尔（斯坦福大学商学院 1993届）和丽奈特·达米尔、史蒂文·达斯图尔、马蒂·戴维森、劳雷尔·德莱尼、戴维·邓肯、苏林·艾勒特森、吉姆·埃利斯、安德鲁·法伊勒、杰夫·加里森、兰德尔·格伯、布雷特·吉利兰、埃里克·哈根、布拉德·哈利、塞巴斯蒂安·休斯维特、哥伦比亚公司的萨莉·休斯、雅各布·亚贝尔、塔尔·约翰逊、基姆·乔丹、诺哈·基希亚、贝蒂娜·科斯基、琳恩·克罗、达纳·拉津斯基、达恩·毛尔科维奇、克雷特·马斯克、迈克·莫伊特尔、安–沃利·莫伊特尔（SFVG）、尼克·帕德罗、特洛伊·波拉斯、巴特·里德、达米安·里泽略、辛西娅·谢尔、格雷格·肖特、威廉·舒斯特、亚当·斯塔克、汤姆·斯图尔特（国家中间市场中心执行理事）、马克·斯托莱森、迈克尔·斯特里克兰、鲍勃·斯维耶、梅甘·坦特、马克·托罗、威廉·崔西亚克、伊丽莎白·扎克海姆和纳撒尼尔·佐拉。

还要感谢数量众多的第 5 级经理人，他们慷慨地贡献了自己的经历，用他们的宝贵时间检查了本书与自己有关的部分，确保准确无误。他们是：劳埃德·奥斯汀将军、安妮·巴卡尔、汤米·考德威尔、迈克尔·欧文中校、温迪·科普、豪尔赫·保罗·雷曼和 DPR 建筑公司的彼得·萨尔瓦蒂。还要感谢远在天国的史蒂夫·乔布斯，感谢他多年来通过自己的榜样示范和我们之间的对话教我的一切。

言语有尽，谢意无穷。最后，我要再次感谢乔安妮。几十年来，在我索尽枯肠地理顺概念、推敲文字时，她给了我始终不渝的支持，她是我最值得信赖的智识伴侣。我写作秘诀的第一要素就是乔安妮对我坚定不移的信心和一针见血的批评指正。写作不是码字，写作是思想的具体体现。当我的写作不够清晰时，多半是由于我的思路不够清晰。轻松的阅读来自艰苦的写作，乔安妮完全理解这一点，她总是鼓励我修改、重写、再改、再写。我好不容易写好一章，把"终稿"拿给她看，她却对我说："还不够好，我知道你一定能写得更精彩。"这样的情况可真不少。接下来，她会把稿件还给我，上面写着深思熟虑之后做出的评注，她认为哪些地方必须修改。当然，在切中要害的精彩段落旁边，有时我也能见到她画的小小笑脸。我知道，对一名写作者来说，如果有什么能代表爱，那就是笑脸。

初版序言

因为新版本与原版存在结构编排上的明显差异，如果把原版序言放在正文之前，可能会让读者产生困惑。同时，关于比尔和我最初如何介绍这本书，相信有些读者会抱有一定的兴趣。因此，为完整起见，我决定原封不动地保留初版的序言，并把它放在全书的末尾。

我们第一次见到吉姆·根茨时，他睡在自己的库房里。

他当时在自己圣何塞的家里创业。那间公寓闷热逼仄，仅有的一间卧室被改成了库房，存放成品。车库里堆满了各种零件和设备，那是4位年轻员工的"车间"，他们顶着约38摄氏度的高温，埋头生产自行车头盔。当地方实在不够用时，根茨会送一顶头盔给邻居，借用邻居家的车库。这样一来，他就从只有一间车库的初创公司变成了拥有两间车库的初创公司。值得庆幸的是，尽管每天快递卡车络绎不绝，拉来头盔外壳、取走新发订单，把狭小的车道占得满满的，但是邻居们从未抱怨过。

根茨厨房里的餐台是这家公司的"总部"，上面堆满了自行车头盔原型、书籍和一堆用 Mac 打印出来的资料。那台计算机被挤在角落里，歪着脑袋。根茨还不满 30 岁，血气方刚。他坐在这张桌子旁边，身边环绕着自行车海报，他向我们讲起自己的宏伟计划。他会很快搬出这间公寓，搬进自己的办公楼，建成一家成功的企业。

接着，他指着一堆关于创业和小型企业管理的书对我们说："这些书很有用，它们帮我迈出了第一步。但是，它们没说出我真正想知道的东西。"

"那是什么？"我们问他。

根茨望向窗外，想了 30 或 40 秒。他转回来对我们说："我想把 Giro 打造成一家卓越的企业。"

于是就有了这本书。

本书论述的是如何把一家公司建设成基业长青的卓越企业。它是为根茨这样的人写的——他们希望自己的企业独树一帜，值得敬佩，值得自豪。我们的重点是帮助领导者建成非凡的组织，保持高绩效，在行业中发挥引领作用，成为先锋和楷模，并且一代又一代地把这样的卓越延续下去。如果你是一家企业的领导者，如果你希望自己的公司基业长青，这本书就是为你而写的。

这不是一本论述如何创业的书。我们的假设是，你是（或计划成为）一家已经存在、正在运营的企业的领导者，并对它的进一步发展负责——无论这家企业是你创办的、并购的、继承的还是后来加入的。

尽管本书中的很多原则适用于所有规模的企业，但是，我们的写作主要还是面向中小型企业的（包括大型组织中的小型单位）。为什么？因为卓越的基础通常产生于企业规模较小之时。由于规模小、可塑性强，企业可以被打造成一个整体，充分而完整地体现领导者的核心价值观。

IBM 之所以伟大，是因为汤姆·沃森一手塑造了它，当时的 IBM 还未成为今日的行业巨人。耐克的伟大得益于菲尔·奈特的早期努力，那时的耐克还是一只初生牛犊。3M 之所以伟大，是因为早在几十年前，这家公司就接受了威廉·麦克奈特提出的价值观。里昂比恩公司的伟大源于里昂·比恩的言传身教。那时的里昂比恩公司籍籍无名，在缅因州弗里波特的一间小屋里默默奋斗。巴塔哥尼亚堪称卓越，是因为克里斯汀·迈克迪维特为它留下了不可磨灭的印记，当时的巴塔哥尼亚处于草创期，争强好胜，特立独行。

如果你是一名中小企业的领导者，决心做一名总设计师，带领公司走向卓越，这本书就是写给你的。

虽然我们把营利企业作为本书的主要论述对象，但是非营利组织的领导者同样会发现，本书的绝大部分内容对他们也大有帮助。创建卓越企业的原则通常适用于任何寻求长久卓越的组织。

何为卓越企业？

卓越企业必须满足下面 4 项标准：

1. 业绩。卓越的企业能产生充足的现金流（通过盈利的经营），实现自给自足。这些企业在实现其领导者和所有者设定的其他目标方面也有着良好的记录。尽管这些企业也会经历高峰和低谷，甚至可能经历至暗时刻，但是卓越的企业总能化险为夷，重回绩效高峰。

2. 影响力。卓越的企业会在塑造其行业的过程中发挥引领作用。要做到这一点，不一定非要成为最大的公司，创新的影响丝毫不亚于规模的影响。

3. 声誉。卓越的企业深受公司以外人们的爱戴和尊重，并经常被当成楷模。

4.长久发展。卓越的企业会数十年如一日地保持健康和实力。最伟大的企业都是自我更新的组织，它们的卓越可以代代相传，超越最初缔造者的存在。提到长久卓越，应该以 100 年的长盛不衰作为基本标准。

卓越并不代表完美。完美的企业是不存在的，天下没有毫无缺点的企业。卓越的企业和卓越的运动员一样，都摔过跟头，也都有过声名受损的时候。然而，卓越的企业是富有韧性的，它们是打不垮的。它们会从困难中重新站起来——就像卓越的运动员会克服失败和伤病、重返巅峰一样。

本书框架：如何建成卓越的企业

本书的每一章都涵盖了企业实现卓越的基本要素，展示了相应的思想和方法框架，并配以具体生动的案例。

第一章主要阐述领导风格。如果缺少了行之有效的领导风格，那就不可能建立起卓越的企业。也就是说，一切始于领导者。

第二章更进一步，论述了有效企业领导者的一大职责：激发愿景。每家卓越的企业在建立之初都设定了催人奋进的愿景。什么是愿景？为什么愿景如此重要？如何设定愿景？第二章主要回答了这些问题，并为企业愿景的设定提出了一个有用的框架。

第三章揭开了笼罩在战略之上的迷雾。愿景一旦被设定，人们就要做出正确的决策、绘制路径图来实现它。

第四章主要论述创新。这是一个激动人心的话题，也是卓越企业不可或缺的组成部分。如何在企业成长壮大的同时激发人们的创造力，让企业始终保持创新？我们为此提出了一个框架和多种具体建议与案例。

第五章阐释了在战术层面实现卓越的重要意义：怎样把愿景和战略转化为战术？最重要的是，如何创造环境，实现始终如一的战术卓越？

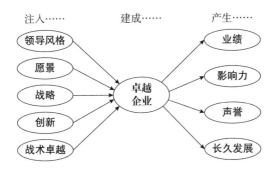

　　在创作本书时，我们大量借鉴了自己的商业经历（在斯坦福大学商学院任教之前，我们都有在私营企业工作的经历）、学术研究与理论、咨询经历和在数家企业担任董事的经验。除此之外，实地调研、案例写作和学生的报告也为我们提供了源源不断的案例和见解。本书思想的形成还得益于我们与 300 多家企业的实际接触。

　　顺便提一句，吉姆·根茨早就不用睡库房了。1986 年，我们和根茨在他的"总部"一晤，如今，Giro 早已壮大了 100 多倍。它正走在成为基业长青的卓越企业的路上。所有怀抱创建卓越企业梦想的人，希望你们也能走上和根茨一样的康庄大道。

吉姆·柯林斯、比尔·拉齐尔